大學課堂教學設計與實踐

林進材　著

五南圖書出版公司 印行

分享是相互學習的關鍵

在大學擔任教學與研究多年，總是感到孤單寂寞而需要各方的協助。由於大學的專業性和自主性很強，所以在大學服務的同儕多半秉持著「在大學，自己的軌道自己跑」的情懷，使得大學的教學、研究、服務、發展等職責，總是在閉門思索、關室探討的情境之下完成。

由於多年來在大學擔任教學工作，歷經幾次大學教學改革的朝代，面臨多次大學教學評鑑制度的更迭，希望有一個理想的課堂教學模式可以引以爲鑑，或是作爲修改調整教學模組的參考，在引頸期盼多年之後，總盼不到專書或學術報告的出爐。

因此，在經思考多時之後，決定將自己面臨的教學改革，或經歷多次的教學更新經驗，透過文字陳述的方式、經驗敘說的形式，提出來和大家分享。希望本書的出版，可以激發大學教學者更多的思考、更多的改變、更多的參與，爲大學課堂教學付出更多的心力，共同分享一堂精彩的大學課堂教學經驗。

本書的內容，包括華麗轉身階段的設計與實踐、備課階段的設計與實踐、大學課堂教學設計與實踐、非常時期的教學設計與實踐、碩士班課堂教學設計與實踐、博士班課堂教學設計與實踐、邁向教學卓越設計與實踐、教學研究設計與實踐等八個篇章，每一個篇章儘量將理論簡化，以圖像的形式分享實際實踐的經驗，進而提高本書的可讀性，透過理念與經驗的分享方式，讓大家一起爲大學的課堂教學設計與實踐，投入更多的心力，更積極的改革行動。

感謝五南圖書出版公司多年來的支持，讓我個人的理念可以透過文字呈現出來，總編輯、副總編、編輯群的用心與容忍，可以讓本書的出版更具有可看性、使用性、實用性。本書的出版，在內文方面難免有所疏漏，尚祈教育先進，不吝指正是幸。

臺南大學教育學系

林進村

2023/4/28

CONTENTS

目 錄

華麗轉身階段的
設計與實踐

一 從學生到大學教師

(一)怎樣到大學擔任教職

　　從學生到大學教師，是一段相當漫長的歲月旅程。現在要到大學擔任教職，不管是國立大學或私立大學，都需要擁有博士學位（主觀條件），還要有相當數量的學術能量（客觀條件）。前者，不一定要有顯赫大學的博士學位，但，後者就需要有相當數量的學術論文，最好是在知名期刊上發表論文，例如 TSSCI、SCI、SSCI、EI 等國際知名期刊發表專業的論文。當主客觀條件都具備了，到各大學申請教職，會比較順利一些。

(二)今日的努力決定明日的成就

　　雖然，臺灣目前的學術發展流傳一句歇後語「博士滿街走、碩士多如狗、學士當扒手」，意思是由於高等教育過度擴充，高學歷成為國內高等教育發展難以因應的現況。套用年輕人常說的話，想要進入大學教書「比登天還難」、「比被雷打到的機率還低」。然而，每個新學年度開始，仍有多數的博士生進入大學擔任教職。所以，有意願進入大學擔任教學與研究工作的博士生，有必要在求學階段就結合自己的意願與生涯發展，做教學與研究上的努力。在研究所求學階段，要經常思考自己的未來、畢業之後想要從事什麼工作、對哪些單位的工作有興趣，進而針對自己的未來，做各種的努力。

(三)發表學術論文強化研究能力

　　學術論文的發表，意味著一位新手研究生的學術能量，不管從量化的研究或是質性的研究，發表論文的數量可以看出一位研究者的學術能力。因此，想要進大學擔任教學與研究工作者，需要在研究所階

教學語錄 課程內容更新，教學活動的內容應該跟著修正。

段規劃好自己的學術專長、生涯發展、未來的展望等。學術論文的發表，包括研討會論文的發表、專書的撰寫、期刊論文的投件、研究計畫的擬定與撰寫等，透過上述途徑可以展示出自己在學術研究上的努力情形，同時也能衡量自己的研究能力。

(四)了解進入大學的途徑與管道

在完成博士學位之前，要透過各種論文發表的機會，和已經在大學擔任教授的人員，有經常性的接觸，例如透過學術研究、學術研討會、論文發表、專題演講等，多方接觸之後才能擁有豐富的「人社關係」。一般大學各系所需要教師時，多半會在公開的網站（例如國科會的人才網），或者在相關的人力資源網站公告，所以，經常上各大學的網站和相關的網站，或者從人社關係的人員，取得大學應聘的途徑，才能增加進入大學擔任教職的機會。

(五)大學需要什麼就發展什麼

想要進入大學擔任教學與研究工作，就需要了解大學系所需要的是哪方面的人才，例如臺南大學教育學系課程與教學研究所，需要的是課程專長、教學專長、實務經驗等方面的教師，想要進教育學系就需要從這幾方面努力。否則在投遞履歷表時，第一個關卡就容易被淘汰。在研究所就讀前，要先想想自己的未來，想要做些什麼工作，或者將來的理想是什麼，想要朝哪些專長發展，然後依據自己的理想和願望，發展出相關學科的學術專長。

(六)學術能力和人際關係需要並重

過去的時代裡，進入大學擔任教職工作，可能靠的是人脈關係、人社關係、人情關係等，可當今的時代想要進入大學擔任教職，

教與學的概念都是需要學習的。　教學語錄

眞正需要的專業能力是學術研究能力、行政事務處理能力。因此，在研究所學習階段跟著指導教授（師傅）學習研究能力、培養處事能力、加強人際關係等，都是需要加以精進的專業能力。想到大學工作，需要面面俱到，缺一不可，否則到大學之後就無法適應大學的忙碌生活。

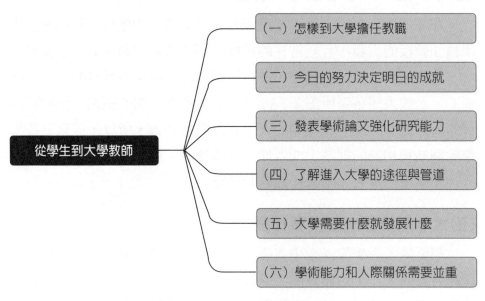

圖 1-1　從學生到大學教師

二 不同身分的轉換問題

(一)不同角色的轉換問題

　　從學生角色到教師角色的轉換，需要各種專業知識的學習，以及專業經驗的累積。雖然在過去的學習生涯中，從學生角度觀察學習教師的角色，但有一天自己轉換成教師角色時，仍然會有角色轉換與適

應的問題。Lortie 在 1970 年的研究指出，當老師的教學知識經驗從何處來？從過去學生時代幾千個日子裡對老師教學的觀察，在潛移默化中成為自己對教師角色的想像，成為對教師教學的想像模式，當有一天成為教師時，內在模式就會快速轉換成為自己的教學行為。

(二)是老師或是學生的問題

當從學生轉換成為教師時，需要的不僅僅是角色的轉換，同時也是生涯發展中的重要關鍵，需要更多的經驗累積與思考。首先，要了解學生與教師角色的差異、工作內容的不同、生活型態轉變的要領等。在學生學習階段，如果將來想要成為教師，就需要透過各種學習管道，包括模擬、觀察、演練、觀摩等方式，深入了解教師需要具備哪些條件、擔任教學與研究工作需要哪些基本能力、這些基本能力如何開展等，上述這些能力要先具備，才不會在展開實際工作時手忙腳亂。

(三)從學習中累積教學經驗

在學生學習階段中，會接觸各種不同類型的教師，不同教師有不同的教學方法與教學模式，透過向不同教師學習中，可以累積各式各樣的教與學方法，這些教學方法可望在日後的教學生涯中，成為自己的教學模式。大學、研究所、博士班的課程差異性相當大，需要透過不同的教學方法、不同的教學模式，才能達到課程教學目標。在學生學習階段中，要透過與大學教授的互動，學習各種教學要領技巧，例如大學教授採用什麼教學理論、教學方法、教學要領、教學技巧；該課程設計參考哪些重要的文獻、期刊、論文；在與學生互動時，教授採用教師中心的教學或學生中心的教學；當學生有問題時，教師採用哪些策略引導學生學習等，這些都可以為自己未來擔任大學教師，累積教學方面的經驗。

今日那些教學凌駕我們的國家，明日的競爭力將凌駕於我們之上。
（美國前總統歐巴馬）

教學語錄

(四)不同身分不同方法

生涯發展中，不同階段運用不同方法，不同時期採用不同模式。在研究生學習階段，主要目的在於完成高級學位，學習學術研究能力，加強教學研究能量。因此，學生階段採用的方法，主要在於學習方法與策略的學習、學習模式的建立等；教師階段採用的方法，主要在於教學方法與策略的運用、教學模式的建立等。教學方法與學習方法的運用，應該是相輔相成的，想要強化學習方法，就需要了解教學方法的精神內涵；想要精進教學方法，就需要掌握學習方法的精神內涵，才能在教學中達到預期的目標。

(五)從教育現場中強化專業能力

一般而言，傑出教師的教學需要靠經驗的累積。換言之，每個優秀的教師教學，都是從不斷嘗試錯誤、經年累月的經驗累積而成，並不是一蹴可幾的。所以，未來想要到大學從事教職者，就需要從學生學習階段，細膩地觀察大學的教育生態、了解大學教師的教學方法、掌握優質的教學要領等，進而從教育現場中強化專業能力。相關的研究指出，剛完成博士學位到教育現場的新手，因為大學的教學、研究、服務、發展方面的要求，加上初任教師需要熟悉大學環境、擔任行政服務工作等，會顯得異常忙碌、手無所措，形成心理上的各種負擔焦慮現象。

(六)從教學研究助理工作學起

目前大學為了教學改革，精進教師的課堂教學，持續地推了幾個精進教學政策，包括大學教學卓越計畫、教學實踐研究計畫、大學社會責任計畫等，在計畫中配置了教學助理（TA）、研究助理、教學輔導等工作，鼓勵將來想要到大學擔任教職的研究生，在學習階段可

以考慮接任上述工作，從教學助理、研究助理工作學起，了解大學課堂教學生態、教授擔任課程需要準備哪些事項、做哪些方面的備課、主持專案研究需要做哪些準備、配合哪些行政系統的運作等。透過這些工作的執行與學習，可以逐漸累積未來在大學教學與研究的各種「先備知識」與「專業能力」。

三 教師的教學經驗從哪裡來

教師的教學信念與經驗決定教師的教學行動，同時也影響教師教學品質的高低（林進材，2021）。然而，教師的教學經驗究竟是從哪裡來？

(一)從學生時期學習經驗而來

一般而言，教師的教學經驗來自於當年學生時代，長時間在學校學習，對於教師教學的觀察，內化成為自己教學模式的一部分，等到有一天成為正式教師站在講台上，學生時代內化的模式就會引導成為教學實踐的一部分。因此，教師平常除了教導學生之外，同時也在教育學生將來如何成為教師。所以，身為教師在課堂教學中，應該要隨時注意自己在教學活動實踐中的一言一行，所採取的教學策略，將來都可能成為自己的學生當教師之後，課堂教學實踐的一部分。

(二)從課本專業知識學習而來

在中小學要擔任教師教學工作，就必須修滿規定的教育學分（小學需要 48 學分，中學需要 28 學分），通過教師資格檢定考試之後，到小學現場實習滿半年，成績及格即取得正式合格教師證書，參加各縣市教師甄試之後，才能正式擔任教學工作。在大學（或高教單位）

擔任教學工作，不像中小學教師培訓的繁複，只要通過各大學系所審查工作，歷經學校三級三審同意聘用之後，就可以擔任大學教學工作。後者，需要的專業知識與具備的能力，顯得比較簡單而且便利。擔任大學教學工作的專業知識，一般是從專業教育課本的內容知識學習而來。換言之，大學教師的教學專業知識，多半是從相關的課本（或教科書）閱讀而來，因此實踐的根基是相當弱的，需要有更多的經驗和實踐相互印證，以建立堅實的教學知識基礎。

(三)從同儕相互觀摩學習而來

進入大學擔任教學工作，對於先前缺乏教學實務經驗的新手教師，需要有更多的教學經驗，以及教學技巧方法的運用。因此，建議新手教師剛進入大學擔任教學工作時，需要向專家教師（或經驗教師）請教，或者透過同儕相互觀摩的方式，了解系所教師是如何勝任教學工作的、在學期前的備課是如何進行的、在課堂教學設計與實踐是如何實施的、在面對學生時是如何得心應手的等。透過和同儕相互觀摩學習的方式，提供自己在課堂教學設計與實踐的參考，反思自己的教學有哪些需要調整、有哪些需要改變、有哪些需要維持、有哪些需要修正的。

(四)從教育現場實踐反思而來

在進入大學擔任教學工作之前的學習生涯，對於大學新手教師的學習是相當重要的階段。例如：教育大學的教育系教師主要職責在於培育未來的中小學教師、主任、校長及管理人員。因此，在教育方面的實務經驗顯得相當重要。大學教師的教學經驗，大部分從教育現場實踐反思而來，教育現場包括學生時代的教育現場或進入大學之前的教學現場，例如：部分的大學教師擔任過中小學教師，或者在各行政

教學語錄 掌握好學習成效才是教學關注的重點。

機關服務過，這些現場經驗的累積，對於大學課堂教學設計與實踐具有正面、積極的意義。如果，新手大學教師缺乏實際的教學經驗，則各大學相關單位應該提供新手教師臨床教學的培訓，或者允許新手教師可以到相關的機關去進行見習，進而增加教學的實務經驗。

(五)從相關理論學習反思而來

大學教師的課堂教學設計與實踐經驗，可以從相關理論的學習反思而來，透過學習理論的閱讀學習，可以提供大學教師有關於學生的學習理論、學習的策略、學習的方法等，讓大學教師可以在進入課堂教學前，對於學生的學習有所掌握，進而針對學生的學習情形做各種教學設計與規劃。從相關理論的學習可以大略掌握學生的學習，作為教學設計與實踐的參考基準，同時從理論的詮釋中，了解理論的實踐作為改進教學的參考。例如：學習理論專書會針對學習的相關理論、學習策略、學習態度、學習動機、學習興趣、學習成效、學習參與等，進行學理方面的探討與舉例。

(六)從教學研究報告學習而來

大學的課堂教學與實踐，和一般中小學的教學有所不同，主要在於大學重視相關學科理論的建構與介紹，進而從理論的學習中延伸到社會的工作場域等。因此，大學教師的課堂教學設計與實踐，需要將教學研究方面的報告融入課堂教學實踐中。大學教師在課堂教學實踐之前，需要將該學科相關的教學研究報告（或學科研究報告）熟讀，並且將教學研究報告的主要內容，融入課堂教學實踐中。例如：化學學科教學的學術論文研究成果，納入普通化學的學科知識中；例如：各學科的教學理論與方法的運用情形，可以從教學研究報告閱讀之後，運用在課堂教學實踐中。

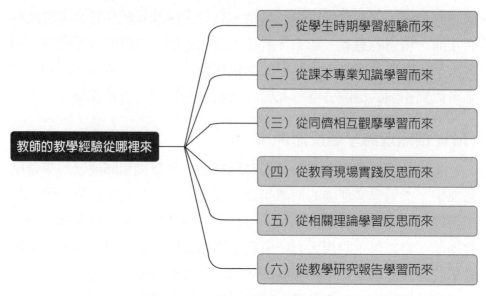

圖 1-2　教師的教學經驗從哪裡來

四 學習如何教學的問題

　　教學設計與實踐是一項相當專業的工作，需要長時間且系統的培育制度，才能培養出既專業且熟練的教學人員。目前國內中小學教師的培育，有完整的系統與計畫。然而，大學教師的教學，目前並沒有一套完整的培育制度，當完成博士學位之後，到大學任職的研究人員，就會直接進入大學系所擔任教職，沒有完整的教學培訓工作，以至於初任大學教師必須在教學準備中暗黑摸索，憑經驗、憑想像、憑理論進行教學工作。因此，大學教師的培育，有需要建立一套完整的培育制度。

教學語錄　Thorndike 的練習律，指的是學習成果和練習次數有關。

(一)學習如何教學的問題

　　在大學擔任教學工作，除了過去擔任學生的學習經驗之外，想要從學習經驗轉化成為教學經驗，是需要一段時間的轉化與歷練。身為教師應該在正式進入課堂教學時，學習如何教學的問題，例如閱讀教學理論與方法、學習理論與方法、課程設計、教學設計、學習設計等專業方面的書，透過這些專業書籍的閱讀，了解各種教學理論與方法，進而轉化成為自己的教學活動。優質的課堂教學設計與實踐，需要從「學習如何學習」（learning to learn）與「學習如何教學」（learning to teach）課題開展。例如：大學第一堂課要注意什麼？怎樣引起學生的學習動機？怎樣讓大學生喜歡你的課？怎樣讓大學生上課不會三低（低頭睡覺、低頭滑手機、低頭嘆氣）？怎樣讓大學生上課專心聽講等。

(二)學習如何教學的科學

　　一般來說，教學的科學定義指的是有組織、有系統、有流程、有步驟、有方法、有要領等，教學活動的設計與實踐，需要從專業知識與專業能力的結合，透過各種科學程序，完成各種教學目標。大學教師的課堂教學設計與實踐，需要從專業知識的學習與專業知能的加強，將各種「學習知識」轉化成為「教學知識」，例如：擔任學科教學時，要先掌握學科性質、課程特色、課程目標、課程轉化、課程評鑑等流程，發展屬於自己的教學模式，並且將課程教學有關資源建立教學的檔案，提供課堂教學的參考。

(三)學習如何教學的藝術

　　教學活動的藝術境界，指的是達到真、善、美的標準，這是相當不容易的。在大學擔任教學工作，除了運用教學的科學流程，也應該

從平日的教學進行反思，讓學生從知識、技能的學習中，進而改變情意態度等。大學教師的教學，需要先建立屬於自己特色的教學模式，透過模式的運用與經驗的累積，在課堂教學中才能收到預期的效果。想要讓大學教學達到藝術的境界，需要以教學的科學為基礎，隨時改變教學方法，才能讓教學成效進入學生的學習認知，進而改變學生的學習心智生活（learning mental lives）。

(四)學習如何教學的技巧

如何教學是需要學習的課題，透過教學技巧的學習，讓教學者了解教學需要運用的知識、技能與方法，透過教學技巧的學習，才能讓教師在進入課堂教學之前，熟悉各種學科的教學方法。大學教師的教學技巧運用，需要透過學習與經驗的累積，熟悉各種教學的技巧，以利運用在課堂教學實踐中。學習如何教學的技巧，例如：透過對教學技巧理論的研讀、與同儕教師分享教學技巧的運用、參與學校舉辦的教材教法的培訓等，提升自己在課堂教學技巧的運用層次。

(五)學習如何教學的方法

教學方法的運用，需要依據學科性質選擇不同的方法，才能在課堂教學實踐收到預期的效果。大學教師要學習如何教學的方法，可以從多重管道獲得教學方法的知識，其中包括專業教科書的學習、教師教學活動的觀摩、教師課堂教學的觀議課、學校辦理的各種教學方法技巧培訓課程、有關教學方法學術研討會的參與、大學課堂教學方面的學術研究報告、自身教學活動反思研修活動等，透過上述的教學方法學習，有助於提升大學教師的教學效能。

教學語錄 透過討論教學，可以讓學生分享彼此的經驗和想法。

(六)學習如何教學的制度

近幾年來，教育行政單位為了改進大學教師的教學，以及學生的學習效能，透過經費補助的方式要求大學設置「教學與學習中心」或相關性質的單位。一般大學除了有教育研究的系所之外，並沒有改進大學教師教學的相關單位（或措施）。在教育相關系所中的師資，要求教師必須具有教學實務經驗外，非教育相關系所單位的教師，對於教學理論與方法是陌生的、不熟悉的。

因此，建議大學（尤其是非教育性質的大學）應該要針對學校教師的教學，設置各種「學習如何教學」制度，提供大學教師（尤其是新進教師）學習如何教學的成長機會。例如：開設「教學原理」、「教學技巧與方法」、「教學理論與方法」、「教學設計與實踐」、「班級經營與教學」等專業課程，讓大學新進教師有學習「如何教學」的機會。

五 熟悉大學的生態

新進教師應該秉持「入境隨俗、靜觀其變、全身而退」的新人三部曲，才能在大學的生態中立於不敗之地，慢慢建立屬於自身特色的模式。甫進入大學任教職的新進教師，有一些簡單的守則要先熟悉了解，才不至於在未來的教學生涯中產生不適應的現象。

(一)入境隨俗的意涵是什麼

大學和中小學校園的生態差異相當大，中小學的校園重視的是學生的發展、教師的教學等，大學強調的是教師教學、研究、服務、發展等職責。每一所大學（不管是國立或私立大學）都有其特殊的生態和校園規範。大學新進教師要先了解自己的服務學校有哪些要求、哪

運用問題導向的教學可以激發學生的學習好奇心。　**教學語錄**

些規範、哪些條款、哪些支持、哪些福利等，例如有些大學訂有「六年條款」、「兼任行政工作要求」、「教師契約」、「教學與研究條款」等，這些都是新進教師需要熟悉的部分。例如：有些學校會針對新進教師訂定「升等的六年條款」，要求教師在進入學校之後，六年內需要升等為「副教授」，如果六年內無法符合這個標準的話，就要接受學校相關單位的輔導（或解聘）；例如：部分學校會規範大學教師每年要發表「I」等級的學術論文，無法達到這個指標的話，就會減少年終獎金或來年薪水無法升級等。

(二)靜觀其變的意涵是什麼

初次進入大學擔任教學工作，成為新手教師（或新進教師），需要在短時間之內，熟悉認識學校的行政與教學單位，了解學校針對教師訂有哪些權利義務條款，提供哪些必要的行政與教學支持機制。據傳大學的不同等級現象，「開會時口沫橫飛的是教授，點頭如搗蒜的是副教授，在旁邊倒茶的是助理教授。」雖然，這只是一種戲謔的傳言，倒也真實地描述不同的大學生態。大學新手教師在尚未熟悉學校的生態，或對各種事物缺乏進一步了解之前，建議秉持著「多聽、多看、多想、多觀察、多了解、多反思」心態，再提出自己的意見，且建議從正向的角度提出觀點。例如：有關系上教學改革部分，個人會先在課堂教學時多關注，等時機成熟之後，再提出個人課堂教學的反思與修正意見等。

(三)全身而退的意涵是什麼

大學所稱的全身而退，並不是要時刻去思考跳巢轉化職場的問題，而是在教學、研究、服務、發展等職責中，可以盡心盡力完成各項任務。例如：面對大學的「學生評鑑教師教學」項目，如何讓自己

的教學受到學生的肯定、如何讓課堂教學融入學生未來的生涯發展等，思考這些教學評鑑的問題，以及如何因應才不會在學生評鑑教師教學項目中，因為師生之間關係不佳而導致教學上的挫敗感；例如：學校規定每一年要發表至少一篇「I」等級的學術論文，新手教師可以向專家教師（如特聘教師）請益，了解期刊論文撰寫、審查、登出論文的要領與訣竅，必要的時候，可以請資深教授聯合掛名以提高成功的可能性。

(四)大學有哪些重要的生態

不管是國立大學或私立大學，學校生態對於資深教師或新進教師都會設有相關的規範（或條款），或者設有各種專業方面的潛規則，這些規則不一定會以文字的形式呈現，但，規則本身是存在的，或者有些嚴格嚴苛的，新進教師進入大學服務時，學校行政人員或系所主管多半會耳提面命，提醒新進教師遵守這些潛規則。例如：部分的系所單位在排課時，會有「尊老為先、後輩禮讓」的不成文規範，或者資深教授的排課時間避開「早八晚五」，新進教師不宜和資深教師搶課的規範等；例如：部分系所教師的研究室，資深教授有優先選擇權，新進教師不可以越權搶先的不成文規定；例如：排課時以資深教授為先，新進教授要禮讓等。

(五)大學新手教師重要守則

每一所大學系所單位，對於新進教師多半會設置各種禮遇條款（或培育制度），提供新進教師各式各樣的處遇，讓新進教師擁有一段適應的時期。大學新手教師在進入職場之後，建議遵守「有事情我先來、有禮遇您先行」原則，將「有需要我幫忙嗎」掛在嘴上成為口頭禪；此外，要先了解系所有哪些地雷是不能踩的、有哪些規範是需

要遵守的、有哪些條款是需要提早完成的，熟悉上述的守則，才能在大學教學生涯中立於不敗之地。

㈥大學新手教師生存要領

　　大學新進教師不一定要拘泥於各種成文與不成文的規範，但是一定要了解有哪些規範（或地雷區）是需要遵守的。例如：不與資深教授當面槓上、不和資深教授搶課、不和系所行政人員正面衝突等，這些違和的現象儘量不要發生在自己的教學生涯中。否則的話，當自己的教學研究出問題、需要他人幫忙時，就會出現孤立無援的窘境。身為大學新進教師的生存原則，建議「低著頭走路、夾著尾巴做人」，凡事以謙虛為原則，遵守「大學學術軌道自己跑」的原則，避免與其他同儕有所衝突的現象發生。

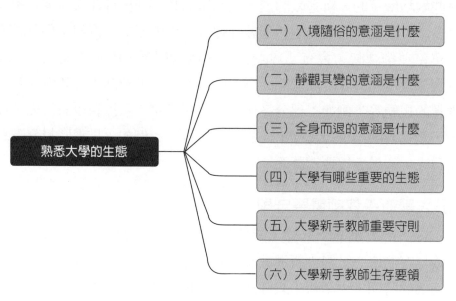

熟悉大學的生態

（一）入境隨俗的意涵是什麼
（二）靜觀其變的意涵是什麼
（三）全身而退的意涵是什麼
（四）大學有哪些重要的生態
（五）大學新手教師重要守則
（六）大學新手教師生存要領

圖 1-3　熟悉大學的生態

教學語錄　反思的運用是引導學習者透過自我覺察、反思與分享。

六 大學教師的專業定位

大學教師的專業定位，除了一般的教學、研究、服務、發展等，還需要針對不同學校性質，發展學校需要的專業定位。大學初任教師在進入學校任職之後，要熟悉大學教師本身的專業定位，依據專業定位好好的努力，才能在任職生涯中適性適任。

(一)教學的專業定位

教學活動是大學教師專業發展的主要職責，也是重要的發展關鍵。一般的大學將教師分成「教學型教師」與「研究型教師」，教學型教師的專業發展，在教學方面占 60%，在研究方面占 40%；研究型的教師專業發展，在研究方面占 60%，在教學方面占 40%。因此，教學設計與實踐對大學教師而言，是相當重要的專業活動。在教學專業發展方面，大學教師依據自身的專長，配合服務系所的課程規劃，從事與自身專長有關的教學活動。因此，大學教師在每學期擔任的專業課程時，需要依據科學的性質與學生學習上的需要，進行課堂教學設計與實踐。教學型的教師，在學校服務時，應該將重點放在教學和學生的學習成果，透過教學，關注學生的學習發展，進而強化學生的學科領域知識與技能方面的成長。

(二)研究的專業定位

研究型的教師，生涯發展的重點和教學型的教師，發展的重點在比率方面有些許的差異，研究型的教師重點在於學術研究、論文發表、學術研究計畫的申請、指導研究生完成論文等。因此，研究型的教師在研究方面必須具有相當高的專業水準，透過研究和指導研究精進在專業領域知識和技術的進步。一般而言，教學型與研究型的教

師，在學術方面的定位是可以相互轉換的。例如：新進教師如果剛進大學任教職，可以考慮先選擇擔任教學型的教師，等到教學一段時間、學術論文研究成熟之後，改任研究型的教師；或者，擔任研究型教師一段時間後，可以依據實際的狀況，調整成為教學型教師。

(三)實踐的專業定位

大學教師除了教學型與研究型之外，另一種為實踐型教師，此類型的教師在專業方面的發展，除了教學與研究之外，偏重於業界、社區與其他各組織單位相互合作關係的建立，與實踐相關活動的聯盟，透過合作關係的建立促進學生與當地社區或各行各業之間建立一種聯繫關係。例如：學校的業界教師與專長教師的延聘，就是從業界聘請有實踐經驗的人員，到大學擔任教師以協助學生發展實際的技能與經驗，如科技大學航海系聘請的「船長級」教師、航空管理系聘請的「機長級」教師、「座艙長級」教師等。

(四)綜合的專業定位

大學綜合型的教師，指的是教師可以將教學、研究和實踐等綜合起來，提供學生各式各樣的指導。因此，在專業領域上需要有多個領域的專業知識和經驗，可以將這些專業知識與經驗轉化成為課堂教學設計與實踐，以及教育學術研究的行徑，並且形成實際的教學與學習成效。此類教師在大學的比率不多，既要熟悉理論還需具備豐富經驗，除了從相關領域現場的人員，透過持續的學習取得高級學位的教師之外，想要成為綜合型的教師，是相關困難的任務。

教學語錄 每一個學生需要的學習方法不一樣。

(五)服務的專業定位

　　一般而言，服務的專業定位指的是在大學兼任行政工作，大學的行政工作包括學術行政與一般行政，學術行政指的是學術單位的系所主管所承擔的行政事務工作，例如系主任、院長、學術主管等；一般行政指的是科層體系的單位主管所承擔的行政工作，例如大學行政副校長、教務長、學務長、總務長等。大學的行政單位主管又分成一級行政主管、二級行政主管。例如副校長、教務長、學務長、總務長等為一級行政主管；各處室的組長，如教務處教學組、企劃組、學務處生活輔導組、總務處保管組等為二級行政主管。大學新進人員一般都會擔任二級行政主管，先從二級單位的行政服務做起，等到升等為副教授（或教授）之後，再擔任一級行政主管。

(六)發展的專業定位

　　大學的發展專業定位，一般指的是基於教學與研究上的需要，和社區、各機關單位等的互動關係。例如：各教育大學的師資培育生，在養成教育階段，需要和鄰近（或輔導區）中小學有專業發展的合作關係，讓師培生可以到各中小學進行臨床教學或半年的教學實習；例如：各科技大學系所的學生在大學養成教育階段，需要和鄰近或相關的產業工廠進行實務實習，以培養就業專業能力。有鑑於此，大學教師發展的專業定位方面，需要熟悉各相關單位或產業的性質，提供學生在學習上的實習機會。

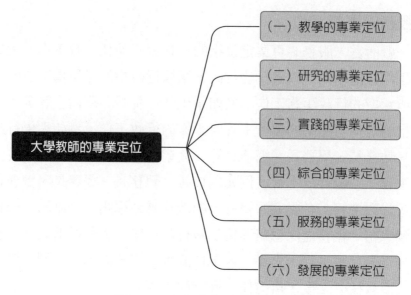

圖 1-4　大學教師的專業定位

七 大學行政運作模式

　　進入大學擔任教職，首先要熟悉大學行政運作模式，才能在教學與研究生涯中，順利完成各種發展任務。一般的大學行政運作模式，簡要說明如下：

(一)大學的組織架構

　　大學組織架構主要是描述大學運作的行政組織架構，包括學術與行政各部門、單位、人員的組織分工和組織層級，讓大學教師與相關人員了解行政單位和人員職責。一般的大學組織架構分成學術單位與行政單位，學術單位包括學院、系所等教學研究單位，行政單位包括校長室、副校長室、祕書室、教務處、總務處、學務處等行政單位。大學教師了解大學的組織架構，才能掌握教學與行政單位的運作情

教學語錄 欣賞教學的主要用意，在於讓學生眼裡可以容下他人的成就。

形，熟悉組織架構的運作。

(二)大學的行政程序

　　一般來說，大學的行政程序包括學校行政機關的決策和執行程序，例如：政策的制定、規章制度的擬定、行政程序和工作流程等方面的程序。這些程序都和教師的教學息息相關，是教師在從事教學與研究歷程中，關係密切的程序。教師在大學擔任教職，需要了解大學的行政程序，才不至於因為對行政程序不熟悉，導致教學研究工作受到阻礙，或是受到制度的影響。例如：申請一個學術研究計畫通過之後，經費核撥到學校的主計系統，後續研究專案的執行需要經過哪些行政程序，經費的申請、核定、核銷等都需要行政程序的配合，如果對行政程序不熟悉的話，不僅會影響研究計畫的執行，也會耽誤行政程序的核銷。

(三)大學的資源分配

　　大學的資源分配指的是行政部門如何分配預算和資源，資源的分配包括財務管理、設備採購、行政人員的管理等範疇。在大學擔任教職，要了解大學的資源分配問題，對於資源分配有大略的掌握，才會知道有哪些經費可以運用，有什麼資源可以支持教學與研究。例如：從系所單位申請學術研究計畫，需要有學校的配合款，以加入計畫的申請中，這些配合款的比率、學校多少經費挹注等。

(四)大學的內部監控

　　大學的內部監控，主要在於大學內部是如何運作的，包括行政部門如何監控自身的運作，經費的運用內部審核評估、風險管理和檢討等行政流程；內部監控的項目包括大學自己的經費運算、外部申請的

經費補助等。在教學與研究生涯中，對於服務大學的內部監控要能熟悉整個行政流程，了解學校內部監控的相關規定，才不至於違反學校內規，導致經費方面的運用不當，影響教學與研究品質。

(五)大學的外部關係

　　大學的運作包括內部關係與外部關係，前者指的是學校內部行政與學術單位的運作和人員關係，後者指的是大學行政部門和外部組織和機構之間的關係，包括政府單位、產業界、校友會、新聞媒體等方面的聯繫和合作關係。例如：教師如果申請學術研究計畫，要能了解大學本身和各部門之間的關係，才能在計畫執行時知道需要通知哪些單位，如果要發布新聞的話，學校哪一個單位可以協助，有哪些新聞媒體人員可以幫忙發布新聞等；例如：學術研究計畫的執行，需要哪些單位和人員的協助，這些單位和人員與大學之間的關係是上對下、下對上或平行單位。

(六)大學的人員培訓

　　一般的大學會針對行政人員進行培訓，也會針對教師（尤其是新進教師）進行相關職責的培訓，了解大學的培訓，就會了解行政部門如何進行人員培訓與專業發展，進而提高工作效率與職業素質。例如：國內有部分的大學（非教育體系的大學）會針對學校的教師，開設各種「教學原理」、「教學技術」等專業的課程，提供大學教師對於課堂教學專業能力的提升機會。由於，大學教師從完成高級學位之後，就要立即進入大學課堂教學設計與實踐，需要一段時間經驗的累積，才能在課堂教學中達到高效能的教學，對於一般大學教師是相當沉重的負擔。因此，需要透過培訓或工作坊，提供大學教師在教學理論與方法上的學習成長機會，以利提升大學教師的教學效能。

教學語錄　教師要能針對不同學生的智能發展給予教學上的特別照顧。

(七)大學的質量保證

　　大學爲了提升行政效能與教學品質，多半會在相關單位設置「質量保證機制」。透過行政部門的運作，保證大學行政與教學工作的品質，包括對工作成果的審核、監控和改進等；透過質量保證的形式，提供並監督行政系統的運作，確保行政與教學方面的品質。例如：國立各大學教務處設有「教學與學習中心」或「教師發展中心」以提升大學教師的教學品質與學生的學習效能；行政單位設有「稽核單位」或「質量保證機制」，以稽核監督行政系統的運作與經費執行的監督等。

(八)大學的數據分析

　　大學的數據中心在於透過大學行政部門設置並進行數據分析和報告，以了解和改進行政運作的效率和效益。例如：有些大學會設置「校務發展與研究中心」，透過中心的運作將學校各項事務轉化成爲大數據，透過對大數據的研究分析，提供學校校務發展的參考依據。例如：大學的教務處會針對各院系所的教師教學，在學期結束之前，請修課的學生進行「教師教學評鑑」，蒐集學生對學習課程任課教師教學的意見，透過學生對教師的教學評鑑歸納分析，提供教師在課堂教學設計與實踐的參酌；例如：大學會針對教師在課堂設計與實踐，要求任課教師將教學設計規劃上傳到 e-course，提供選課學生作爲參考，同時透過對教師上傳資料進行教學的大學數據分析，以提供教師教學設計與實踐的參考。

八 大學教學與研究問題

　　大學的教學與研究關係是相當密切的，同時也是大學教師重要的

探究教學的使用，主要是讓學生學會思考技巧。　**教學語錄**

工作職責。不同類型的大學教師,在教學與研究方面的比重不同,同時負有不同的責任。大學教師如何在教學與研究之間取得合理的比率與平衡,是大學教師需要積極努力之處。

(一)大學的教學工作

　　大學的教學工作,是大學教師最基本的職責。不管是大學部、研究所碩士班、博士班的課程,都會依據教師的專長與職責,請教師擔任課堂教學。擔任大學課堂教學設計與實踐,需要針對不同學科領域的教學,不同學級、不同程度的學生,做教學上的設計與實踐,才能在課堂教學中收到預期的效果。此外,由於國內大學學生的程度參差不齊,國立與私立大學的學生,大學部與研究所碩士班、博士班學生的程度不一,所以在教學上就需要花一些心力,使教師教學順利、學生學習成功。

(二)大學的研究工作

　　大學教師在學校中從事學術研究,需要專注的焦點包括:1.研究領域;2.研究成果;3.研究方法;4.研究經費的來源;5.研究團隊的組成;6.研究對象的選擇;7.研究成果的影響;8.研究的未來性與創新性。上述的研究關注焦點,是大學教師從事學術研究時,需要特別注意的部分。一般而言,大學教師的教學與研究是相當密切的,教師的學術研究需要從課堂教學延伸而來,從學科專門知識與專業知識進行分析,結合在大學課堂教學設計與實踐,透過學術研究提升教學品質,透過教學實踐延伸學術研究之範疇,教學與研究二者息息相關,且相互影響。

教學語錄 價值澄清教學法澄清的是教師和學生的核心價值。

(三)從教學實踐轉化成為學術研究

　　大學的學術研究計畫的擬定，一般來說都是從課堂教學延伸而言，透過課堂教學設計與實踐的歷程，思考需要進行何種方式的學術研究。一般來說，教學實踐轉化成為學術研究，需要考慮下列幾個重要的議題：1. 確定研究議題：從課堂教學實踐中確定一個研究問題，可以針對教學挑戰、學生學習問題，或者擬定一個新的教學策略，進行教學成效的實驗；2. 專題研究文獻回顧：課堂教學主題進行相關的文獻回顧，了解現有的研究在相關領域中的發現、限制以及解決和未解決的問題，以及未來的研究方向等；3. 研究方法的設計：主要在於確定研究方法的設計，包括如何蒐集現況數據、設計問卷或者訪談、資料蒐集與分析等；4. 研究的實施：包括研究方法、資料的蒐集、進行調查、實驗設計與實施等；5. 資料統計與分析：針對蒐集的數據進行分析、評估教學實踐的實施成效、學生的學習成效等；6. 提出研究結果：依據研究結果撰寫學術論文研究報告，透過文字陳述研究發現、分析和研究結論等；7. 同儕學術分享交流：將學術研究成果透過各種形式，分享給同儕教師，或通過學術論文發表，參加各種學術會議、講座等方式進行學術交流；8. 展開學術貢獻：教師可以將研究成果的應用和貢獻，提出作為改進教學的參考。

(四)透過學術研究改善課堂教學實踐

　　大學教師透過學術研究途徑，改進課堂教學實踐的方法，包括：1. 反思自己的教學策略：學術研究的方式，作為改進和改善課堂教學實踐的有效方法，並且進而反思自己的教學方法和策略是否適當，在相關時刻中調整修正教學模式；2. 運用科技輔助教學實踐：教師透過學術研究可以運用各種教學科技，如數位教材、線上學習平台、多媒體素材等，作為提升學生學習動機、學習參與、學習效果等；3. 運用

任何學科的知識都可以透過各種方法教給每一位學生。　**教學語錄**

多元化的教學策略：透過學術研究對於多元化教學策略的研究成果，教師可以運用教學策略與方法，如分組討論、角色扮演、問題導向學習（PBL）等，提升學生的學習動機和興趣；4.參與各種學術研究：教師可以參與各種學術會議和研討會，一來增加自己的學術研究能量，再則透過學術期刊和專書的閱讀，了解最新的研究成果，並運用到自己的課堂教學實踐中；5.建立反思和教學評估機制：教師可以透過學術研究成果，融入課堂教學設計與實踐中，運用反思評估機制，針對自己的教學進行自我監測，以利改進課堂教學等。

(五)透過課堂教學實踐精進學術研究

　　大學教師的教學活動，不僅僅是教學設計與實踐的開展，同時也是學術研究的起步，透過教學活動實踐可以開展許多基礎的研究計畫。教師應該透過課堂教學實踐，作為學術研究的基礎，將課堂教學實踐的各種議題，融入教育學術研究中。例如：了解學生的學科學習需求，透過各種形式的研究方法運用，了解學生的學習需求和興趣，進而調整課堂教學內容與形式；透過課堂教學研究，設計結合學科的學習活動，如小組討論、問題導向教學、問題解決等，進而激發學生的學習興趣和主動學習的動機；透過評估和改進方案的擬定，作為研究方法與設計的參考等。

(六)教學與研究的專業交流活動

　　大學教師為了提升教學與研究能量，應該要經常性的參與各種教學交流與專業發展活動。從教學交流活動和研討會中，和同儕教師交換各種教學經驗與心得，進而透過他人教學方法和經驗的借鑑，精進自己的課堂教學能力水平。大學教師也應該定期參與專業發展課程和培訓活動，進而更新自己的教學模式，提升教學與研究知識和技能，

教學語錄　教學應該以學生為主體。

因應不斷變化的學生需求和大學的教學環境。

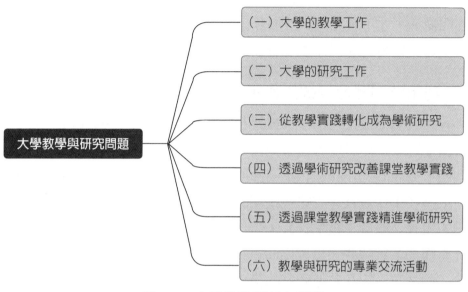

大學教學與研究問題

- （一）大學的教學工作
- （二）大學的研究工作
- （三）從教學實踐轉化成為學術研究
- （四）透過學術研究改善課堂教學實踐
- （五）透過課堂教學實踐精進學術研究
- （六）教學與研究的專業交流活動

圖 1-5　大學教學與研究問題

九 大學教師兼任行政工作問題

　　大學的行政工作和教師的教學與研究之間的關係，是相當密切的，行政工作是支持大學教師教學與研究的後勤支援，需要大學教師給予更多的支持協助。每一位剛到大學任職的教師，依據傳統都需要兼任行政服務工作，當兼任行政服務工作時，需要注意下列事項：

(一)行政工作與學術工作的平衡

　　新進大學教師對服務單位的熟悉，需要一段長的時間，才能慢慢熟悉行政工作生態，了解行政的相關流程。在兼任行政工作時，要能

教師可以採用各種分組合作學習，提高學生的學習意願。　教學語錄

確保行政工作不會和教學與學術研究相互衝突，或者有顧此失彼的情形發生。因此，教師應該在確定工作時間和任務時與服務的系所單位部門溝通，才不會因為行政服務工作的負擔，而影響學術研究成果，或者對教學與研究工作產生負面的影響。

(二)利用時間熟悉行政工作職責

在大學初任行政工作，需要花時間熟悉行政工作職責和責任，了解擔任行政工作需要處理哪些任務和目標，有哪些時間和資源的管理問題，擔任的工作職責和不同部門之間的垂直與橫向關係，需要確定完成哪些工作並且達成哪些預期的成果。例如：擔任教務處的學籍成績組組長（屬於二級主管），工作的主要職責有哪些？該組的例行工作有哪些？有哪些人員是協助組長的？這一組和教務處其他組是如何分工的？這一組和其他處室的橫向關係是什麼？等。

(三)熟悉學校政策和行政程序

熟悉學校既定的政策和程序，對於學校行政工作是相當重要的一環。這樣可以協助大學初任教師深入了解學校的各種政策，以及這些政策和行政流程之間的關係，也可以幫助教師了解大學的運作方式，以及如何更有效地遵守學校政策和程序。例如：擔任學務處生活輔導組組長，需要了解學校對教師和學生的規定，這些規定內容和規範有哪些標準？這些標準有哪些獎懲辦法？這些獎懲是如何運作和實施的？當師生觸犯學校的規範時，需要有哪些具體的處理流程等。

(四)與行政同仁建立良好的關係

一般而言，在大學的行政體系中，主管和組員屬於長官和部屬的關係，然而在大學兼任行政工作的教師，應該與行政同仁維持一種良

教學語錄 教師必須從研究當中萃取結論與建議的精華。

好的互動工作，從工作執掌與業務執行中，建立良性的互動關係。如此，有助於教師更好地了解行政的工作環境，以利運用團隊成員與同儕互動，進而達成共同的目標。如果大學行政主管（不管一級或二級主管）抱持著本身是主管的身分，和部屬之間的互動純屬於官僚體系中的「長官與部屬」的關係，則容易在行政工作上遇到有形和無形的阻礙。

(五)行政方面的溝通與協調方法的運用

行政服務工作的執行，關鍵在於相互之間的溝通協商，透過雙向的協商能確保和上級與同事之間工作順利的進展，以及彼此業務之間的相互支持。此外，在行政工作的執行時，應該積極地參與各種團隊會議，分享自己擔任業務的觀點，聽取他人的意見，進而更深入了解彼此之間的關係，以利形成更精準的行政決策。例如：在學務處擔任行政工作，除了和處室同仁之間的相互協商之外，也應該和教務處、總務處等單位的同仁有更密切的溝通協商，才能做好橫向的聯繫，讓業務的執行更為順暢。

(六)與學生建立密切的聯繫

學生是大學發展的命脈，也是大學教育的重要關鍵，大學有學生才有教師，有教師才有行政服務。因此，在大學擔任行政工作，需要與學生建立密切的聯繫關係，了解學生在學習上的需求和期望，並且隨時關注學生的需要。如此，有助於引導學生了解大學的運作模式和方式，進而引導學生和行政人員產生良好的互動支持，在大學的學習更為順利。

在大學兼任行政服務工作，是每一位教師的職責，也是為教師與學生服務的機會，大學教師不宜為了自己的學術研究而對行政工作

有所閃躲，應該秉持著莫忘初衷的情懷，勇於承擔各種大學的行政工作，他日成為學術主管，對於學校的運作才能更為熟悉、更為嫻熟。

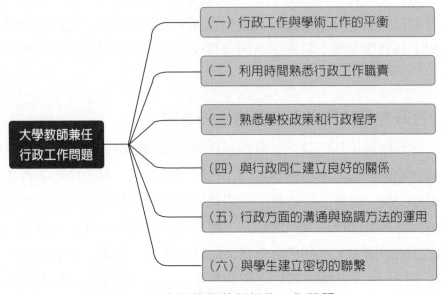

大學教師兼任行政工作問題

- （一）行政工作與學術工作的平衡
- （二）利用時間熟悉行政工作職責
- （三）熟悉學校政策和行政程序
- （四）與行政同仁建立良好的關係
- （五）行政方面的溝通與協調方法的運用
- （六）與學生建立密切的聯繫

圖 1-6　大學教師兼任行政工作問題

✚ 當大學教師要注意哪些要項

在大學擔任教學研究工作，社會大眾對大學教師的規範比一般中小學教師還要嚴謹。因此，在大學工作對自身的要求，一定要比一般士農工商還要高。當大學教師要注意以下事項：

(一)關注並提升教學品質

如果學生是大學發展的命脈，教師的教學就是大學發展的關鍵。大學教師的教學應該要關注教學品質的問題，隨時做好教學準備工作，以確保學生可以獲得充分的學習機會和支持。在教學品質方

教學語錄　教師的教學要能掌握每一個學生的需要。

面，需要隨時注意教學內容、教學目標、學習目標、課堂教學設計與實踐，以確保學生能夠從自己的教學中，獲得最佳的學習效能。因此，大學教師應該要隨時向經驗教師（或專家教師）請教，經常性的反思自己的教學，有哪些需要調整的？哪些需要修正的？哪些需要改進的？透過教學反思，提升大學的教學品質。

(二)兼顧教學與學術研究方面的成長

　　大學教師的主要職責，包括課堂教學與學術研究、如何在課堂教學與學術研究方面兼顧、成為大學教師需要持續思考努力的地方。教師可以從課堂教學設計與實踐中，結合研究和發表學術論文，進而維持自己在學術領域的專業知識和經驗，透過教育學術研究途徑，將課堂教學設計與實踐和學術研究結合，進行理論與實務方面的相互印證，同時也可以將教學研究成果運用在課堂教學中，鼓勵學生參與各種主題研究。例如：在教育專業課程中的「教學設計與發展」課程，教師可以和學生分享各種教學理論與方法的運用，結合學科教學知識的實踐，提供學生各種教學設計模式，並且從教學設計與發展課堂教學中，探討相關理論與實踐之間的差距，提出適合大學教學設計與發展的模式。

(三)引導學生進行專業方面的成長

　　大學教師要成為學生的生活學習導師，引領學生在學業、職業、生涯發展方面，有正向積極的成長。因此，大學教師要和大學生建立良好的專業關係，隨時與學生進行有效的溝通，從學生互動中了解學生的需求和問題，隨時提供學生在學習方面的協助。例如：大學教師應該提供學生學業指導的 office hour 時間和地點，讓大學生可以隨時和教師約談指導時間，隨時可以接受教師的輔導。如此一來，

教師想要改變教學，必須要先改變思維模式。　教學語錄

在大學的學習生涯中就不會有徬徨失措的現象發生，可以隨時有諮詢輔導的機制。

(四)隨時更新教學專業知識

　　大學教師的教學應該要避免「一個方法使用 30 年，30 年來慣用一種方法」的現象，在教學方法的使用中，應該要儘量求新、求變、求進步，依據不同領域的學科性質，採用不同且適性的教學方法。因此，大學的課堂教學設計與實踐，應該要隨時更新教學專業知識，以免大學生覺得教師本身都沒有成長，講來講去都是那一套、那一個案例、那一個笑話。因此，為了避免此種現象的發生，教師應該養成撰寫「教學記事」的習慣，將課堂教學設計與實踐簡要的記錄下來，提供自己教學反思之用，了解自己講過哪些概念、分享過哪些案例、談過哪些社會事件等，從自己的教學記事中，可以提供反思的機會，也能避免不必要的「一再重複講不好笑的笑話」。

(五)應對各種來自課堂的挑戰

　　大學的課堂教學與一般中小學的課堂教學不一樣，大學的課堂重視的不僅僅是教師的教學，還要強調學生的學習和反思。大學的課堂教學，教師需要能夠應對各種挑戰，包括來自學生學習的問題、學科的發展、大學財政方面的限制等。課堂教學的重點在於，引導學生能夠具備良好的問題解決能力和協調能力。此外，大學教師的課堂教學也應該和其他教師、學術單位、學生就業單位等，保持密切的聯繫，在學生學習有需要時，和外界的產業企業等維持良好的互動關係。

(六)從課堂教學尊重學生的多樣性

　　大學的課堂教學對象，學生來自國內外（包括外籍生）不同的

教學語錄　教學設計應該以學習者特質為主。

家庭背景和文化上的差異，教師需要在課堂教學設計與實踐時，能夠針對學生的差異性和多樣性進行適當的教學設計，以確保學生都可以在學習的環境中，得到應有的尊重和平等的對待，教師也應該在教學實踐中，教導學生尊重多元化與差異化，以利在多元的世界中工作，進而學習並欣賞不同文化內涵與存在的價值。例如：大學的實習課程，除了包括相關的理論之外，也應該將實務課程納入教學設計中，讓學生可以相互尊重，了解企業界的現況與多樣性，以利未來到企業界工作時，能具備相互尊重的情懷。

大學教師在課堂教學與行政服務方面，需要不斷地學習並且更新知識，掌握最新的專業技術與策略，以利引導學生學習。此外，應該積極參與各種學術研討會、專業的工作坊、學術研討會議等，不斷地探索、更新教學理論與方法，以提升自身的專業能力，提高自己的學術水平。

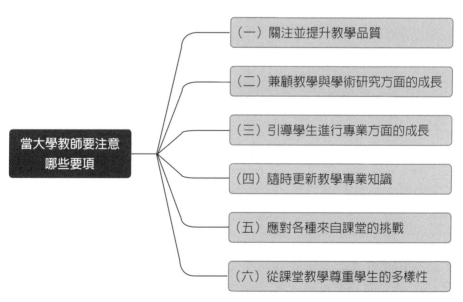

圖 1-7　當大學教師要注意哪些要項

貳

備課階段的
設計與實踐

教學評量的目標，在於了解學生學習方面的改變有多少。　教學語錄

一 大學教師的備課

備課是教師在進入課堂正式教學前，一個相當重要的階段，主要是教師在教學前依據自己擔任的學科教學，進行課堂教學設計規劃。大學教師的備課，可以讓教師未來的課堂教學有基本和準確的掌握，讓教師掌握教學流程規律，以提升課堂教學品質（林進材，2020）。大學教師的備課應該要包括下列幾個項目：

(一)課程與教學大綱

在課程與教學大綱的備課方面，主要是教師需要針對所擔任的課堂教學科目，制定課程的大綱，透過課程大綱的擬定，確定課程主要的內容、學生的學習目標與教學進度方面的安排。一般而言，大學的課堂教學每個學習有 18 週，大學教師應該依據自己擔任的教學科目，依據課程教學目標所需，擬定一個學期 18 週的教學進度。在課程與教學大綱的擬定方面，教師可以參考國內各大學有關（或相關）科目的學科，都包括哪些重要的學科教學知識（簡稱 PCK）與學科學習知識（簡稱 LCK），將這些學科知識納入課程與教學大綱中，成為課堂教學設計的重要進度。

(二)教材方面的選擇

擬定課程與教學大綱之後，就要依據教學大綱選擇適當的教科書、參考書籍、學術論文、經驗案例等教材，以及製作課堂教學講義、簡報等教學材料。透過教材的選擇與設計，有助於教師在課堂教學實踐時應用，提供學生學習的平台。一般而言，大學的教務單位會針對教師的課堂教學設計與實踐，開設相關的網站（例如 e-course），讓大學教師在備課時可以將開設課程的相關資料上傳到

教學平台，提供學生選修課程的參考。大學為了鼓勵教師善用教學平台，還會擬定各種鼓勵措施（例如準時上傳資料給予哪些獎勵）與各種懲罰條款（例如延誤上傳時間暫停哪些權力）。

(三)教學方法的選擇與運用

課堂教學設計與實踐中，教學方法的選擇與運用，有助於教師達成教學目標。大學的課堂教學實踐，重點在於透過適合的教學方法和技巧，如問題導向學習（PBL）、小組討論、專題演講、實驗操作等方式，引導大學生進行專業方面的學習。教師應該針對學科領域的性質，選擇適合學生學習的方法，提供學生學習的策略方法。例如：在教育領域方面的教學實習課程，重點在於從課堂教學聯結到中小學的教學現場，教師可以針對準教師邁向正式教師的議題，選擇適合適性的教學方法，提供學生各種教學方法和實習的機會，讓準教師可以從實習課程的學習中，了解正式教師需要具備哪些專業能力。

(四)課堂作業和評量方式

教師的課堂教學設計與實踐，需要針對學科性質設計適當的作業和評量標準與形式，讓學生了解選修這一門課需要具備哪些基本能力，這些能力需要運用在相關作業的努力之上，還要依據評量標準與方式，做好課堂學習的準備。例如：教育領域之「教學原理」，在課堂作業方面通常會包括教學計畫（教案）的撰寫、教學測驗（考卷）的編製與設計、教學活動的規劃與設計等，在評量方面通常會包括紙筆測驗、期中考試、期末考試等。

(五)課堂學習評估與反思

大學的課堂學習與反思方面，通常包括對於修課學生學習成果

教學要讓學生可以從學習中發揮自己的特性。 教學語錄

方面的評估、教師教學效果的反思，依據評估與反思作為課堂設計與實踐的調整和改進。教師在教學設計階段，除了依據課程教學目標進行各學科的設計之外，也應該在課堂教學現場做各種的修正調整，使課程教學設計更貼近實務現場。此外，教師應該依據學習評估與反思（或教學實踐研究），作為該學科理論與實務的參考依據，從教學現場修正學科理論與學習理論。

(六)課堂中師生的互動討論

教師在課堂教學中，應該設計各種議題的討論，鼓勵學生參與課堂互動討論，幫助學生有更好的理解和應用所學知識，結合相關理論與實務，強化各種專業知能。例如：教育學科的班級經營課程，除了在課堂討論各種班級經營理論與技巧之外，也可以針對中小學教學現場的各種班級經營議題，提供讓學生作為討論的素材，在理論的學習之後，也能應用在實際的班級經營之上。在班級經營課堂中，教師可以邀請現任中小學教師，針對班級經營的經驗和要領，做「師傅徒弟」方式的分享討論。

(七)教學資源與設備的運用

教學資源與設備的規劃與運用，有助於提升課堂教學設計與實踐成效，同時可以彌補教師教學的不足，強化教學實施的效果。此外，教學資源與設備的規劃，對於教師的教學設計實踐，可提升學生的學習效果。大學教師在課堂教學設計時，應該針對學科領域確定所需的資源和設備，例如：實驗室、電腦、投影機等，以支持教學活動的進行。

大學教師的備課是一種持續性、系統性、全面性的過程，主要是透過備課的進行，提供學生高品質的教學活動，讓學生擁有好的學習

教學語錄 讓學生依據自己的能力選擇學習活動。

機會並掌握所學習的知識。

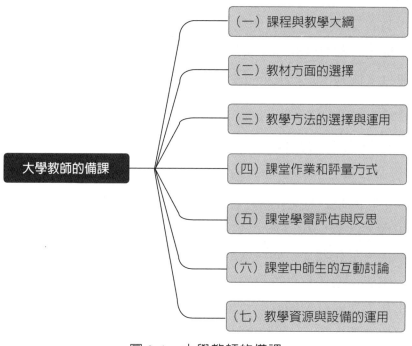

圖 2-1　大學教師的備課

二　大學教師的備教材

　　大學教師備課方面，在教材的準備方面，主要是讓大學教師了解課堂教學需要準備哪些教材。透過對於教材的熟悉與了解，有助於課堂教學設計配合教學實踐活動。在大學教師「備教材」方面，一般來說，包括下列幾個要項：

(一)擬定課程的教學大綱

　　大學教學大綱的擬定，主要是讓教師了解領域學科的性質。在

教學活動設計與實踐是師生協商的過程。　　**教學語錄**

教學大綱的擬定方面，包括課程目標、教學目標、學習目標、學習成果、課程內容、評量方式等，以確保教學活動符合教學大綱的要求。例如：教育領域的教育研究法課程，教師在備課時就要依據教育研究法，擬定一學期 18 週的每週教學進度表、將教學大綱詳細的列出來，並且上傳到學校指定的「教學網站」，提供各院系所學生作為選課的參考。

(二)課本與講義的選擇

教師在擬定課程教學大綱之後，就需要依據課程大綱選擇課本與講義，將開設課程要運哪一個版本的教科書和講義，詳細地列出來讓學生參考。教師備課時也應該詳細研讀課本與講義，確定教學內容，並且決定在課堂中如何講解課本的內容，以及如何引導學生進行學習。例如：擔任教育行政的教學，教師要將上課的教科書列出來，讓學生在上課前就準備好教科書，如果有參考講義的話，也應該將講義檔案放在教學平台，以利學生課前下載相關的講義，作課堂前的預習工作。

(三)提供需要的補充教材

一般教科書的內容無法兼容並包時，教師就需要提供學生補充教材，以補教科書的不足。在補充教材方面，教師可以蒐集相關的教材，例如有關的研究報告、學術論文、教學影片、圖片等，以利能夠更詳細解釋教材內容，透過補充教材激發學生的學習興趣。此外，也可以運用補充教材，提供學生作為討論或案例分析的材料。教師在提供補充教材時，需要注意《著作權法》規範的問題，避免因為引用不當而觸法。

教學語錄 教學活動的實施要讓每一個學生都能有學習成功的機會。

(四)相關的案例分析材料

　　大學教學的重點在於理論與實務方面的學習，教學內容與現實生活的相互結合。因此，大學的課堂教學實踐，教師應該蒐集和理論相關的案例分析，提供學生學習的材料，以便生動有趣地講解教材內容，引導學生從理論學習中，更熟悉方法策略的運用。例如：在教學設計與發展的課程中，教師除了介紹相關的理論之外，也應該蒐集優質的教學設計實踐方案，讓學生了解如何在理論的學習之後，應用各種方法設計課堂的教學活動。

(五)準備教學活動的設計

　　在準備教材上，教師應該依據教學內容所需，設計相對應的教學活動，例如小組討論主題、專題演講、作業實作與評量等，讓學生從課堂教學中更好的學習、理解教學內容。大學課堂設計與實踐，應該要提供學生各種學習活動的機會，讓學生有動手做的習慣，將理論與方法運用在實際生活中，以達到「從做中學」的效果。

(六)教學策略的選擇與運用

　　如果教學方法是課堂教學的關鍵，則教學策略是課堂教學的靈魂。透過教學策略的運用，可以幫助教師達到預期的教學目標。因此，教師在備課階段，應該依據學科教學的目標，考慮學生的學習特質，選擇各種適當的教學策略，例如問題解決、實務討論、示範等，讓學生更好地理解和記憶教學內容。在教學策略的選擇與運用上，教師在備課階段可以參考其他經驗教師（或同儕教師）的作法，透過經驗分享與相互分享方式，擴充自己的教學經驗，作為改進教學策略的參考。因此，大學行政端應該在每一學年開始時，針對教師的需要辦理各種教學工作坊，提供教師學習成長的機會，以提升教師課堂教學成效。

教學活動設計要以生活事件或生活經驗為主。　　**教學語錄**

(七)評量標準與方式的確認

　　教學評量標準與方式的確認，是教師備課時「備教材」的最後階段，主要是透過教學評量標準與方式，引導學生知道教師如何評估自己的學習成果，進一步激發學生的學習動機。在評量標準與方式的確認方面，還需要針對學生的學習需求，提供鼓勵學生學習的增強方式，激發學生的學習動機與興趣，讓學生在大學課堂學習中，有自我實現、幸福感的激勵，從課堂學習激發成長的動力。

　　教師想要在課堂教學設計與實踐中，擁有高品質的教學成效，就需要在備課階段針對課程教材作深入的探討，透過策略與方法的運用，作為課堂教學實施成效的參考，從反覆的備教材中熟悉教學目標達成的途徑，有效運用各種策略才能上一門「精彩的課堂教學活動」。

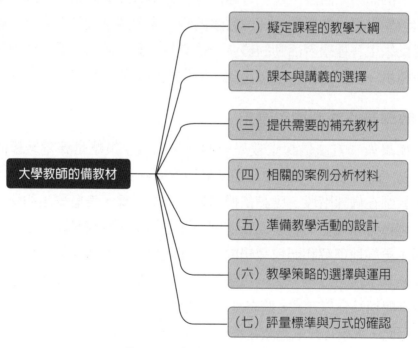

圖 2-2　大學教師的備教材

三 大學教師的備學生

　　學生是大學課堂教學實踐的主角，教學活動的實施需要以學生為核心。因此，大學教師在備課階段，需要針對學生的各種學習特質，作為備課的重點。在備課時「備學生」方面，應該針對下列幾個要領進行備課：

(一)確定學生的學習目標

　　大學的課堂教學主要是以學生為重點，關注學生的學科學習目標，教師需要明確了解學生的學習目標，作為課堂教學設計與實踐的基準。為學生設計提供有利於專業發展的課程，同時有助於學生自己了解學習需求，進而積極地參與課堂學習。例如：教育領域的「教學實習」課程，學習目的在於引導學生了解中小學教學現場，對於身為教師在教學上的規範和技巧，擔任教學實習的教師，需要針對學生提供未來成為教師的教學技巧與要領，提供各種適當的學習機會。

(二)有效掌握學生的背景

　　優質的教師教學活動設計，需要從掌握學生的學習背景著手，才能在課堂教學中隨時調整教學活動。教師在備課階段，需要了解學科領域中學生的背景，包括學科知識水平、學習風格、學習動機等，並且依據這些特質，作為調整課程內容和教學方法，以確保學生能更好的學習。例如：上「教育行政」專業課程，如果學生是來自行政機關的成員，教師在課程設計與實施方面，就需要針對目前行政機關所需，做課程設計和案例方面的說明；如果學生是尚未進入行政機關的學員，則教師在課程設計與實施方面，就需要強調擔任行政人員的準備、基本能力等方面的講解。

教師的教學活動都需要隨時更新。　　教學語錄

(三)營造提供互動的學習環境氛圍

　　大學的課堂教學，需要針對理論與現實環境，做各種互動學習環境氛圍的設計，教師需要創造和課程有關的互動學習環境，引導學生能夠參與其中，透過各種方式的學習實踐學科學習，這些方式包括分組討論、線上論壇、小組活動、問題導向討論、實作型討論等。例如：教師可以在課堂教學中，提供各種新聞媒體的報導事件，引導學生針對社會新聞進行學理方面的討論，如「廢核」與「擁核」的利弊得失對民眾身體健康與生活的影響；又例如：「兵役期限從四個月調整為一年的利弊得失」等議題的討論等。

(四)提供學習評估的機會與平台

　　大學教師在備課階段，有關學生的學習備課，有需要針對學科課堂教學實踐提供學生針對自己學習評估的機會和平台，讓學生隨時可以掌握自己的學習進度，可以從學習平台查閱自己的學習成效，透過學習評估的機會與平台，作為修正自己學習模式和方法的參考。例如：國內部分大學會在學校網頁的地方，設置「學生學習歷程檔案」平台，讓學生家長和學生可以隨時上網查詢「自己離畢業還有多遠」、「已經修畢哪些專業課程」、「完成哪些畢業條件」、「還有哪些還沒有完成」等。

(五)維持雙向溝通和回饋的機制

　　大學的課堂教學活動實施，需要教師與學生隨時針對教學進行雙向溝通和回饋，作為教師調整教學步調的參考，學生修正學習策略的依據，有了雙向溝通和回饋的機制，課堂教學就會有「動態調整」的機會，教師可以隨時依據學生的學習狀況，調整自己的教學設計。例如：國內大學會在教學平台設置「教學意見反應平台」、「教學與學

教學語錄 教學活動的設計與實施需要兼顧理論與實務。

習對話平台」、「課堂意見即時反應平台」等，讓修課學生針對教師的教學，進行雙向的討論回饋，讓教師可以隨時掌握來自學生的學習反應，進而調整教學進度。

(六)提供學生及時有關學習成效訊息

　　教師在備課時，應該關注學生對學習的期許，了解學生在課堂學習方面的參與態度等，了解學生的學習進展，並且及時解決來自學生學習的各種困惑，鼓勵學生積極參與課堂的學習。此外，教師應該隨時提供學生各種學習成效的訊息，讓學生（或家長）掌握在學校課堂的學習訊息。例如：大學可以在課堂學習平台上設置「警告訊息」，提醒學生有關學習上需要調整的地方，如「曠課」、「未繳交作業」、「平時測驗待加強」等訊息，讓學生了解學習需要調整改進之處。

　　俗諺「未教而殺謂之虐」，主要用意在於提醒大學教師，沒有經過適當教育和指導大學生，就在課堂教學實踐中當掉學生，屬於不當的教育行為。大學教師的教學實踐，應該以學生為本位、以學生為中心，提供學生適當的學習機會，也應該提供學生適當的改善機會，當大學生在學習方面需要改善時，大學教師應該給學生更多的調整空間。

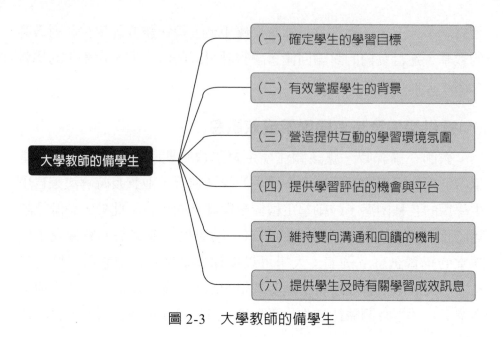

圖 2-3　大學教師的備學生

四 大學教師的備教法

　　教學方法的運用是課堂教學實踐的關鍵，也是達成教學目標的要件，大學教師在備課階段擬定課程目標與教學目標之後，就需要依據學科性質選擇適當的教學法，在教學法的選擇方面，需要關注下列要項：

(一)從理解學生的學習特點出發

　　大學教師在課堂教學備課前，要先理解修課學生的學習特性，包括學生的學習背景、認知水平、學習興趣、學習態度、學習風格等，依據學生的學習特點，作為設計適合學生的教學方法和策略的基礎。如果教師對於學生的學習特點無法掌握時，可以先預作準備，等到上

教學語錄 從教學反思中，想想自己的教學活動有哪些是需要修正的。

第一節課時，請學生到黑板（或白板）上面，將自己的「學習期許」寫下來或講出來，作爲教師後續課堂教學實踐的參考。此外，教師也可以在第一節課時，設計一份有關「修課調查表」了解學生修課的主要原因？想從課程中學到什麼？對課程的期許？理想中的課程評量方式和標準？對教師教學的期待有哪些？對學習的期待有哪些？等。

(二)擬定課堂教學的目標

教師在掌握學生的學習特點之後，就可以針對課程擬定課堂教學目標，以確定達到預期的教學目標與學習目標有哪些？在教學目標確定之後，教師就可以依據這些目標選擇相應的教學內容和經驗，透過教學方法的運用，評估學生如何達到教學目標與學習目標。教師如果對於教學目標無法明確的掌握，可以參考系所提供的修課要點，或者參考系所經驗教師的看法，或者參考過去曾經開過這一門課的教師，在教學目標方面是如何擬定的？有哪些重要的目標可以參考？學生對於課程目標的看法？學生對於學習有哪些期許等。

(三)選擇適當的教學方法

教學方法是依據教學目標的內容，藉以達成教學目標的策略。因此，不同領域的學科，有其不同的教學方法。教師在選擇教學方法上，應該儘量避免「教學 30 年用同一種方法，同一種方法用 30 年」的窘境。在選擇適當的教學方法時，應該依據教學目標、學生的學習特點與學科性質，選擇適合的教學方法，例如講授法、討論法、實驗法、案例分析、問題導向教學等，而且在教學方法的運用上，教師應該持續且系統的改變教學方法，讓學生從不同的教學方法中，學到更爲寬廣更爲實際的學習知識。

任何課程與教學改革都要是與時俱進。　教學語錄

(四)設計適性的教學活動

大學課堂教學實踐，應該儘量避免「教師講、學生聽」的一貫作法，有時候可以調整為「學生講、教師聽」的綜合型教學活動，讓學生有更多的學習機會。在設計適性的教學活動時，主要是將教學內容轉化成為具體的學習活動，例如透過問題解決、小組合作、角色扮演、世界咖啡館等，讓學生可以積極參與各種課堂學習活動。此方面，大學教師可以多出席有關教學的學術研討會，或向系所經驗教師請教教學知能，或進行大學教學觀議課，進而提升自己的教學技能。另外，可以商請大學針對教師教學上的需要，辦理各種教學方法工作坊，提升大學教師的教學技巧與教學學術研究能量。

(五)教學資源的規劃與運用

教學資源的規劃與運用，是達成教學目標與提升教學效果的輔助要件，透過教學資源的運用，可以讓教師的教學效果提升，精進學生的學習品質。在教學資源的運用方面，包括教材、網路、多媒體等，有助於增加教學的豐富性和互動性。教師在備課階段，可以請學校系所行政人員提供課堂教學的設備資料，讓教師了解在未來的課堂教學時，有哪些設備可以運用，需要增添哪些教學設備（尤其是特殊的教學設備），進而強化教師的課堂教學效果。此外，教師也可以透過教學研究計畫的申請（例如教育部的教學實踐研究計畫、科技部的研究計畫等），針對課堂教學上的需要，編製教學設備的添購，作為未來轉化教學活動為學術研究論文的準備工作。

(六)學生學習成效方面的評估

學生學習成效的評估，主要用意在於：1. 確認教學目標達成的情形；2. 了解學生的學習進步情形；3. 作為是否補救教學的依據。因

教學語錄 選擇生活經驗之後，教學需要運用各種方法。

此，教師在備課階段需要針對教學目標擬定「學生需要達成的學習目標」，作爲評估學生學習成效形式與標準的擬定參考。在學習成效的評估方面，教師在第一節課時就需要向修課的學生「公告評估方式與標準」，讓學生有修課學習上的心理準備。此外，教師也應該針對學習成效無法達到標準的學生，提供另一套「變通方案」讓學生有修正學習的機會，例如以 5000 字的心得報告補充紙筆測驗的不足，或者以專題報告形式取代期末考試不佳的現象等。

大學的課堂教學實踐，是一種動態且多元的歷程，需要教師透過專業能力與技術的教學，提供大學生多元且多樣的學習機會。教師在備課時，需要注意學生的學習特質、學習背景，作爲擬定教學目標、教學方法、教學活動、教學資源與學生學習成效評估的參考，才能設計出更有效、更符合學生需求的教學方案。

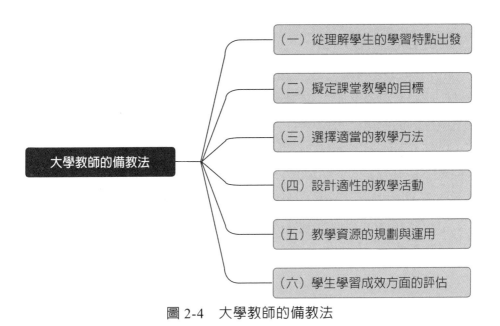

圖 2-4　大學教師的備教法

學習內容與學習表現的關係是相當密切的。　　教學語錄

五 大學教師的備教案

　　大學教師在備課階段，需要針對教學及相關因素做各種專業上的準備，以利課堂教學實踐可以順暢，而且達成各項教學目標。在備課階段有關備教案方面，需要注意下列要項：

(一)明確的教學目標

　　教學目標是課堂教學實踐的重點，提醒教師教學實施的方向要領，透過教學目標的轉化，教師選擇教學方法、運用教學策略、設計教學活動，提供學生學習的機會。明確的教學目標可以協助教師，有效地設計各種課程，讓學生了解和掌握要學習的知識和技能，為未來的工作職場做好準備。在教學目標的備課上，教師要參考系所專業課程開課的重要文件，探討教學目標擬定的重點，思考如何將教學目標轉化成為有效的教學活動，提供學生適性學習的機會。

(二)設計各種教學內容

　　當教學目標明確之後，接下來就是依據教學目標，選擇各種教學材料並設計教學內容，依據課程的要求和學生學習上的需要，選擇各種適當的教材和教學資源，進而設計各種適當適性的活動和教學方法。教師在教學內容的設計方面，可以參考服務學校的各種設備，以及有經驗教師在相關課程的設計，作為調整教學內容的參考。在設計教學內容方面，可以參考教學經驗豐富的老師，請教在教學內容設計上，可以採用哪些比較新穎的方法，或者學生最喜歡的課堂教學，作為教學內容設計的參考。

教學語錄　教學設計越周詳，教學活動的進行就越順利。

(三)教學時間的規劃運用

　　大學的課堂教學一節課是 50 分鐘，一個學分每週一節課（部分藝能科或實驗課二節課一學分），教師在備課時需要針對教學時間，做好課程單元內容的分配，將每週的教學進度表公告在教學平台上面。在定每個課堂的教學時間分配時，內容應該包括講授時間、練習時間、討論時間、反思時間等，讓學生提前知道學習時間的分配。例如：化學實驗課程每週二節課，教師就需要將二節課（100 分鐘）的時間分配做好，提前讓修課的學生了解時間的運用，以及需要完成哪些實際的實驗成果。

(四)教學成效的評估

　　在教師課堂教學設計上，需要明確將教學目標與教學成效評估，具體的呈現出來，在內容方面包括評估形式、評估標準、評估時間點等，讓學生了解教師的學習成效評估，方便學生課堂上參與學習，以及準備評估的內容。例如：教育類科的教學設計與發展，重點在於教學設計的撰寫、教學活動的模擬、教學檔案的建立等，教師就需要針對上述三個項目的標準、內容、形式等，具體地向學生說明，讓學生在課堂學習時有所準備，課後準備學習有參考標準。

(五)教學活動記錄

　　在大學的課堂教學設計與實踐，需要請教學助理（或學生）將教學活動內容以簡單的摘要方式記錄下來，一來可以提供教師作為下一節課的教學參考，其次，提供教師作為教學準備的依據，再則可以提供教師教學反思的參考。一般的大學教學行政單位，都會依據教師教學上的需要，設立教學助理制度（TA），提供教師課堂教學實踐的協助，教師可以申請教學助理之後，明確地讓助理了解在課堂教

　　傳統教學方法納入新的元素教學就可以變得很有趣。　　教學語錄

學時，必須完成的工作和內容，透過教學助理的「教學記錄」，可以提供教師在教學準備上的參考，同時也可以提供教學品質確保的「有效證據」。過去，曾經有大學被學生控告在課堂上羞辱學生或有性別歧視的現象，經過任課教師提供教學記錄讓審查委員參考。最後，以「投訴案件不成立」結案。

(六)教學反思的準備

　　教師的課堂教學備課，應該將教學反思納入重要議題。在課程結束之後，針對自己的課堂教學實踐，進行教學成效方面的反思，對自己的教學進行評估和反思，以利進一步改進自己的教學模式和策略。依據相關的教學研究，教師的教學計畫（或教案）是屬於動態的、滾動修正的，依據課堂教學現場和學生學習狀態，做立即性和需要性的調整，以避免成為「三板」（上課只會看地板、黑板、天花板）教師。例如：教師在教學熟練之後，可以嘗試性的針對自己的教學做簡單的紀錄，透過書面記錄的形式，隨時提供教學上的反思。

　　教師在備課階段，有關教學設計的準備，可以依據自己的教學風格與學生的學習特點，進行一些個別化的教學設計和調整，以精進課堂教學實踐，透過立即性與系統性的修正，可以讓教師在課堂教學之後，擁有更為豐富的教學反思。

教學語錄　將傳統教學方法與創新教學方法相互交替使用。

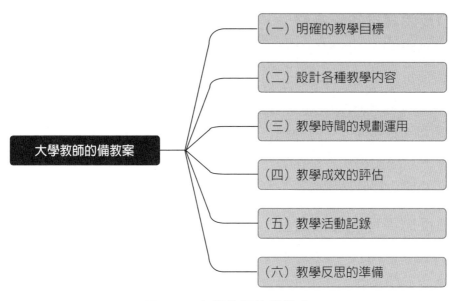

圖 2-5　大學教師的備教案

六 大學教師的備教學反思

　　教學活動結束之後，教師應該針對課堂教學設計與實踐，進行教學後的專業反思，作為改進修正教學模式的參考，在教學反思方面，建議參考下列項目：

(一)反思學生的學習參與

　　學生的學習參與是課堂教學的關鍵，教師在教學設計與實踐中，應該尊重學生的學習需求、學生對學習的期許，同時也應該尊重學生的個性、學習風格與學習能力，教學活動的反思要依據學生的學習參與和回饋，作為調整教學的基礎。如果教師的教學活動脫離了學生的需求，就容易在課堂教學中出現「教師講、學生不參與」的現象，如此對教師教學活動的修正，沒有正面、積極的意義。

教師對教學充滿信心；學生對學習充滿信心。　**教學語錄**

(二)反思課堂教學策略

　　教學策略的選擇與運用，是增進課堂教學效果關鍵，教師在備課階段反思教學時，應該針對自己的教學策略是否能夠達到教學目標、是否能夠激發學生的學習興趣，以及能否適應學生的學習風格，提升學生的學習動機、學習興趣、學習參與等，做教學專業上的反思。當課堂教學策略無法達成預期的教學目標，學生的學習反應和教學設計有出入時，教師就應該針對教學策略的運用，做適當的修正。

(三)反思課程內容與設計

　　在備課階段，教師應該反思課程內容是否具有實際的應用價值，對於學生的生涯發展是否有正面的幫助，課程內容是否能夠引導學生進行深度的學習，是否能夠適應學生的學習進度。如果課程內容與設計讓學生感到學習困難，或者學生的課堂反應不佳，就需要進行課程內容與設計的調整修正，依據學生的學習程度，進行適度的修改調整。

(四)反思教學評估方式與標準

　　教學評估與標準的擬定，主要是針對教學目標與學習目標而來，因而教師需要反思教學評估方式與標準，是否能夠精準地反應出學生的學習成效，是否能夠激發學生的學習興趣與學習動機，是否能夠適應學生的學習風格。如果在教學評估方式與標準和教學目標的達成有差距的話，教師就需要針對教學評估方式與標準，務實地調整修正，讓學生在學習中有成功的機會，進而達到自我實現。

(五)以學生學習為中心的反思活動

　　教師的課堂教學實踐，學生是其中的主角，教學需要關注學生學

習需求和學習差異，以調整教學方法和教學內容，引導學生更好地進行學習。教師在教學反思時，除了檢討教學設計與實踐，也應該掌握學生在課堂學習的反應，作爲修正教學設計的參考。

(六)進行持續性的教學改進

教師在備課階段或在教學結束之後，需要持續反思自己的教學活動，不斷改進教學策略、課程內容設計和評估方式等，以提高教學品質與學生的學習效果。在課堂教學進行一段時間之後（例如期中考試之後），針對課堂教學設計實踐做反省性的教學檢討，以利修正課堂教學模式，調整學生學習的議題或內容。

總而言之，教師在教學反思方面需要依據課堂教學設計與實踐，反思教學策略和課程內容，透過各種形式的評估方式，了解學生的學習成效，並且以學生爲中心，持續改進教學方法和教學效果，以提高學生的學習效果和自己的教學水平。

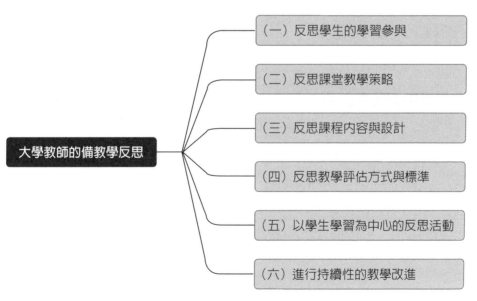

大學教師的備教學反思

（一）反思學生的學習參與

（二）反思課堂教學策略

（三）反思課程內容與設計

（四）反思教學評估方式與標準

（五）以學生學習爲中心的反思活動

（六）進行持續性的教學改進

圖 2-6　大學教師的備教學反思

第一線的教師在課程改革中，不應該成爲缺席的一員。　教學語錄

七　寫一本專業的教科書

　　大學的課堂教學，需要採用專業的教科書，作為教學的參考和學習的教材。一般來說，大學教師在選擇教科書時，都會依據課堂教學的需要，或者憑經驗選擇適當的教科書，或者選擇權威的教科書，作為課堂教學實踐之用。在大學擔任教學工作，可以依據自己擔任的課程教學，寫一本適合自己教學之用的教科書，一來方便教學活動之用，再則可以從自己撰寫的教學書中，提供給學生適當的學習教科書。大學教師撰寫專業的教科書，可以參考下列的步驟：

(一)針對教學目標進行教學準備

　　大學的寒暑假是備課的時刻，教師在備課階段，可以先針對未來擔任的學科教學，了解學科的教學目標是什麼？如何透過教學目標的掌握，進行教學方面的準備。這些教學準備，包括要採用什麼教科書？每週的教學進度有哪些？每單元的教學主題包括什麼？每週的教學活動設計哪些活動等。透過教學準備，擬定各單元的教學進度與內容。

(二)到學校圖書館查詢專業教科書

　　寫完教學單元名稱和進度之後，教師可以到學校圖書館，將國內外的教科書借來參閱，參考國內外權威等級的教科書，在學科教學知識方面都包括哪些重要的議題，將教科書的目次內容整理之後，成為自己的學科教學進度。這一方面，可以將專業的教科書內容知識最大化或最小化，再依據實際的教學進度，做適當的整理。

教學語錄　不管課程教學如何改革，都要回到教室的教學中。

(三)整合彙整學科教科書目次

　　每一個學科領域的課程，都有屬於該學科特色的學科教學知識（或學科學習知識），教師在撰寫教科書時，應該針對學科教學知識，做課堂教學設計與實踐上的整合，透過國內外專業書籍內容的彙整，建立學科教科書撰寫的目次，並且依據目次綱要，蒐集相關的知識內容。

(四)依據教學需要，撰寫每週單元教學綱要

　　當教科書的目次完成之後，教師可以依據教學上的需要，撰寫每週單元教學綱要，一來上傳到學校的教學平台，此外，可以作為撰寫專書的依據。例如：教育學科的教學原理，教師可以依據國內外教學原理專書，將各個不同版本的專書，透過目次頁的彙整，調整成為「一學期的教學大綱」，提出每週的教學單元主題。

(五)從課堂教學實踐中，修正單元教學綱要

　　寫完每週單元教學綱要之後，就要依據教學綱要和主題，擬定更為詳細的綱要內容，作為每週上課的教學活動實施依據。例如：班級經營的意涵：1.班級經營的重要性；2.班級經營的內涵；3.班級經營的基本理念；4.有效班級經營的基礎；5.班級經營的模式；6.班級經營應該要掌握的重點；7.班級經營的要領；8.班級經營七招；9.班級經營之天龍八部。

(六)撰寫更為詳細的單元教學綱要

　　完成單元教學綱要之後，教師可以在每一星期的課堂教學實踐中，透過實際的教學活動實施，修正擬定好的單元教學綱要，透過單元教學綱要的修正，能提供教師在未來新學期教導同一門課時的參

真正專業的教學活動是依據課程教學目標而來。　　**教學語錄**

考。例如：在班級經營的課程中，有關班級經營的內涵，包括：1.班級的行政經營；2.班級的環境經營；3.班級的課程與教學經營；4.班級學生偏差行為的因應；5.班級的常規管理經營；6.班級的氣氛營造；7.班級時間的管理經營；8.班級訊息的處理等內涵。透過單元教學綱要的整理修正，可以提供教師在班級經營課堂教學實踐的參考。

(七)蒐集相關研究資料，充實單元教學綱要

單元教學綱要完成修正，教師在課堂教學實踐之後，需要利用時間蒐集教學綱要的資料，這些資料包括「相關理論」、「實務經驗」、「案例分析」等方面，作為撰寫單元教學教材的參考。在課堂教學實踐之後，將上課所需配合學生的學習特性，完成單元教學綱要和教科書的簡要內容。例如：上述的班級行政經營，課堂教學活動實施時，教師如何講解行政經營的意義、要舉哪些理論、分享什麼經驗等。

(八)學期教學結束之後，擬定詳細的教學綱要內容

在教師的課堂教學實踐一學期之後，就能夠邊教學邊修正教學綱要，透過教學現場的教學活動實施，可以了解哪些部分是學生容易學習的，哪些部分是學生要花時間理解的，透過教學現場的活動實施，教師可以調整教學內容的先後順序，同時可以了解學生學習的情形。在學期結束之後，教師就可以完成一份完整的教學綱要內容，作為撰寫教科書的參考。

(九)撰寫詳細的教科書教學內容

當教師課堂教學實踐結束之後，就可以將詳細的教學綱要內容，透過各種資料的蒐集，作為撰寫教科書的參考。在詳細的綱要擬

教學語錄 教師應該避免用過去的經驗來教導現代的孩子，去適應未來的生活。

定完成之後，教師還需要透過目前市場上發行教科書的參考，作為修定和撰寫教科書的參考。例如：大學一個學期的教學通常需要 18 週的進度，扣除期中考試、期末考試、放假等，約需要 15 週的教學時間，教師的教科書目次需要在 15～18 個主題（或目次）。

(十)完成專業的教科書，聯繫出版商出版事宜

當教師完成專業的教科書，接下來就是讓出版商出版的問題，在聯繫出版商時，教師需要確定下列事項：1.研究市場需求和目標讀者；2.確定教材內容和章節綱要；3.審稿和最後修訂；4.進行相關文字校正、圖表照片等的編輯和順序的調整；5.確保教材的語言精確、通順，符合學術出版和要求；6.編輯和出版。

以上是撰寫一本專業教科書的基本步驟，不同的學科領域的教科書撰寫，在步驟方面可能有所不同，但是流程為大同小異，教師需要依據實際情況進行調整。

理解教科書的內容，是教師進行教學實施的重要關鍵。　**教學語錄**

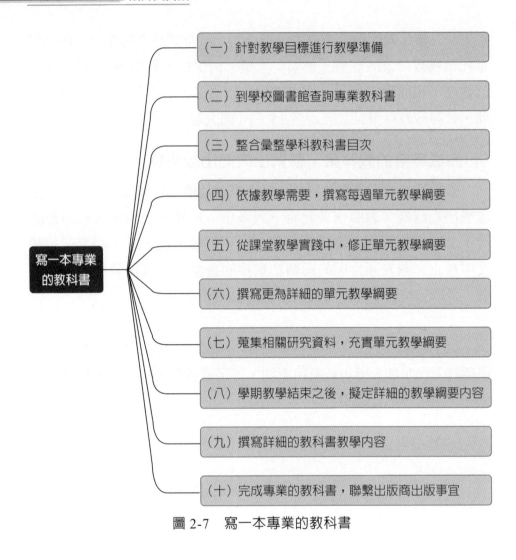

圖 2-7 寫一本專業的教科書

寫一本專業的教科書

- （一）針對教學目標進行教學準備
- （二）到學校圖書館查詢專業教科書
- （三）整合彙整學科教科書目次
- （四）依據教學需要，撰寫每週單元教學綱要
- （五）從課堂教學實踐中，修正單元教學綱要
- （六）撰寫更為詳細的單元教學綱要
- （七）蒐集相關研究資料，充實單元教學綱要
- （八）學期教學結束之後，擬定詳細的教學綱要內容
- （九）撰寫詳細的教科書教學內容
- （十）完成專業的教科書，聯繫出版商出版事宜

八 從備課到教學研究

　　大學教師的課堂教學設計，需要和學術研究密切的配合，大學的教學實踐可以轉化成為學術研究，學術研究可以提供課堂教學實踐修

教學語錄 教學方法與策略的運用，需要配合班級教學情境而改變。

正的參考。因此，教師從備課到教學研究，可以進行密切的聯繫，使
教學實踐和教學研究相輔相成。大學教師從備課到教學研究的步驟可
以概括如下：

(一)進行教學的需求分析

教師在課堂教學時，應該透過觀察了解學生的背景和需求，分析
課程目標和教學目標的內容，進而將教學需求轉化成為教學研究。例
如：學校經營的專業科目，可以將學校經營的學科教學知識，結合實
際的經驗轉化成為學術研究主題。透過學術研究成果，修正學校經營
模式和應用。

(二)蒐集各種可行資料

課堂教學備課時，可以針對課程教學目標蒐集各種課堂可運用的
資料，包括教材、教學資源、教學案例、課堂教學活動設計等，透過
可行資料的蒐集，可以充實課堂教學的內容，也可以透過可行資料的
運用，探討對教學實踐成效的影響。

(三)課程教學教材的設計與實施

在課程教學教材的設計與實施方面，教師可以依據課堂教學實踐
上的需要和問題，轉化成為教學實踐成效的研究議題，包括依據課程
目標和教學目標設計教材，如講義、課堂練習作業等，這些設計與實
施對教學實踐的實施成效有哪些正面積極的意義，可以透過各種研究
方法，蒐集教學實踐的資料，進而分析資料提出具體的建議。

(四)設計各種課堂教學實踐活動

課堂教學實踐活動的設計，是依據課堂教學設計而來，想要了
解不同教學方法的運用，對於學生學習成效的改變情形。課堂教學實

同一種教學方法的運用，容易讓教學活動僵化而失去應有的成效。 教學語錄

踐設計，主要是依據教學目標設計課堂活動，例如分組討論、實驗操作、經驗案例分析、同儕學習輔導等，對於教學實施成效的影響。

(五)教學評量形式與工具的設計與實施

在教學評量形式與工具的設計方面，主要是在課堂教學實踐中，透過學科領域教學評量標準與形式的設計，以學術研究的角度探討相關的議題。例如：教師可以探討「不同形式的教學評量對學科教學成效影響之研究」、「透過不同評量標準分析學生學習參與情形」、「以多元評量方式增進學科教學成效之行動研究」等。

(六)教學實施成效模式評估

教學實施成效模式評估的研究，主要是將課堂教學實踐的歷程、步驟、方法等形成一個「處方性模式」，透過教學活動的實施蒐集教學實踐的相關資料，再以統計方式分析教學實施成效，例如：依據設計的教材和課堂活動進行教學，透過學生學習參與情形與回饋，分析教學實施成效和學生的學習效能。

(七)教學評估學術研究

教師在課堂教學設計與實踐中，應該將教學成效評估納入重要的學術研究範疇，透過對教學評估模式的研究，對教學進行實質的評估，包括教學效果的評估與學生學習成效的評估，並且依據研究結果的分析，建立學科教學評估模式。例如：「教學評量的模式建立與模式驗證研究」、「偏鄉學校教師課堂評量模式建立與檢證」、「適性化教學實施成效模式與建立」等研究。

(八)教學改進方面的研究

教師課堂教學設計與實踐，主要的關鍵在於教學實施成效與改

教學語錄 任何一種新的教學方法，都能引起學生的注意力和學習動機。

進，透過教學改進方面的研究，可以蒐集課堂教學實踐方面的訊息，作為改進（或調整）教學成效的參考，教師可以在備課階段針對未來的課堂教學設計與實踐等，事先做好教學研究模式的擬定，並且在課堂教學中蒐集資料，依據教學評估的結果，對課堂教學進行改革，從教學研究中優化教學流程與教學成果。

綜上所述，教師可以在備課階段針對教學研究過程涉及教學成效的相關因素，進行深入的了解，設計相關的教材和教學活動，實施教學並且進行成效評估，透過學術研究改進和優化課堂教學實踐成果。

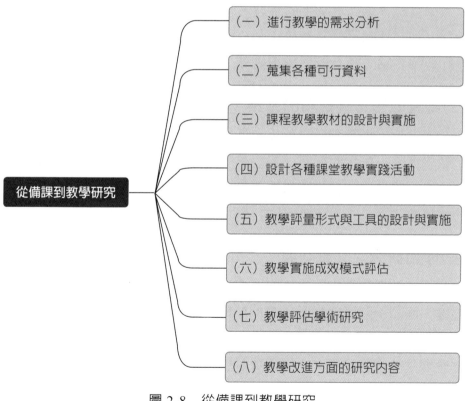

從備課到教學研究

（一）進行教學的需求分析

（二）蒐集各種可行資料

（三）課程教學教材的設計與實施

（四）設計各種課堂教學實踐活動

（五）教學評量形式與工具的設計與實施

（六）教學實施成效模式評估

（七）教學評估學術研究

（八）教學改進方面的研究內容

圖 2-8　從備課到教學研究

教師的教學活動應該配合學生學習經驗。　**教學語錄**

九 課堂教學轉化成爲學術論文

大學教師的課堂教學設計與實踐，和一般中小學教學有所不同之處，在於大學課堂教學需要轉化成爲學術論文，進而透過學術研究修正課堂教學實踐模式，而課堂教學實踐提供大學教師學術研究的素材，二者之間的關係是相輔相成的。大學教師要將課堂教學轉化成爲學術論文，需要透過下列幾個重要的步驟：

(一) 課堂教學實踐經驗的整理

教師如果想要將課堂教學轉化成爲學術論文，首要步驟就是將課堂教學實踐經驗做專業上的整理，包括回顧教學實踐歷程中所使用的教材、課堂活動設計、教學活動及評量方式等，將這些完整的教學內容和教學經驗，整合成爲學術研究論文的素材。

(二) 課堂教學實踐資料的蒐集

課堂教學實踐資料的蒐集，是學術研究重要的素材，內容包括課堂教學實踐中學生的反應、學生參與情形的問卷調查、教師教學資料的紀錄，透過這些教學資料的蒐集，並且與研究文獻和資料庫做相關的論述與論證，將教學實踐資料轉化成爲學術研究的議題。

(三) 學術研究之文獻回顧

任何教育學術方面的研究，學術研究的文獻回顧是轉化歷程中的關鍵。回顧相關研究文獻，有助於理解現有研究對於課堂教學實踐議題的主張、觀點和發現，以及在研究方法上的應用。例如：從事班級經營課堂教學實踐研究，需要先針對班級經營的研究進行文獻回顧，了解班級經營的研究趨勢與發展，彙整目前研究關注哪些議題？使用

教學語錄 講述教學法是最基本的教學方法。

哪些方法？有哪些研究結論？有哪些研究模式？有哪些進一步研究的建議等。

(四)研究問題的界定

教師課堂教學實踐活動，轉化成為學術研究，需要依據教學經驗和資料蒐集，設計相關的研究問題，明確研究問題的目的、範圍和限制，進而針對研究問題展開資料的蒐集。例如：研究「問題導向學習 PBL 融入師徒制對科技大學運動課程設計與實施成效之研究」，在研究問題的界定方面，包括：1. 科技大學典型「運動課程」課堂教學的模式及改善建議為何；2. 科技大學「運動課程」專業課程設計與實踐模式為何；3. 運用「問題導向學習」、「師徒制」進行科技大學運動課程設計與實施成效為何；4. 針對科大學生運動思維的養成與引導，提出創新的教學教法為何。

(五)研究方法的選擇

在確定研究問題之後，接下來就是依據研究設計，選擇適當的研究方法。研究方法的選擇，主要是依據研究目的和研究問題，選擇適當的研究方法和工具，例如問卷調查、實驗研究法、訪談法等方面的運用。例如：上述教學實踐研究的規劃，在研究方法的選用可以選擇問卷調查法、實驗研究法、訪談法等，蒐集教師課堂教學實踐歷程的資料。

(六)研究結果分析與討論

在研究結果分析與討論方面，主要是將研究所的資料進行統計分析和內容分析，並且針對結果進行討論和解釋，以提出研究結論與建議。教師課堂教學設計與實踐要轉化成為學術研究論文，教師就需事先作結構性的設計，擬定哪一個步驟需要蒐集的資料，在教學過程中

練習教學法的運用，最好配合學生的動作演練。　**教學語錄**

透過各種研究工具，蒐集研究需要的各種教學資料。

(七)研究報告的撰寫與發表

教師課堂教學實踐轉化成爲學術研究論文，在教學結束之後，需要依據學術論文的格式規範和要求，將蒐集資料進行分析歸納，撰寫研究報告提出來和學術同儕分享。研究報告的撰寫，在內容方面包括研究背景、研究目的與問題、研究範圍與限制、文獻探討與回顧、研究設計與實施、研究結果分析與討論、結論與建議、參考文獻等。透過學術論文撰寫格式規範（例如 APA 格式規範）方式，將教學實踐歷程及相關因素提出來，透過公開發表方式和大家分享，進而作爲修正課堂教學實踐的參考。

教師在課堂教學實踐歷程中，如果想要轉化成爲學術論文，就需要經過幾個步驟流程，這些流程包括教學經驗的整理、資料蒐集、文獻回顧、研究問題的定義、研究方法的選擇、結果分析和討論以及研究報告的撰寫。

教學語錄 引導學生從反覆練習中得到學習方面的成功經驗。

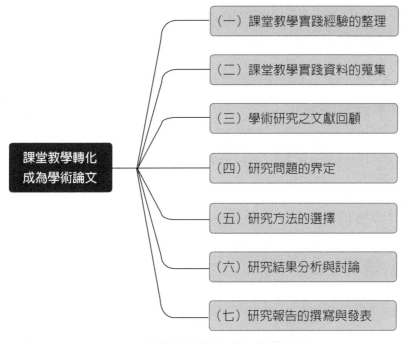

圖 2-9　課堂教學轉化成為學術論文

✚ 準備一堂精彩的大學課堂教學

　　大學要上一堂精彩的課堂教學，需要相當時間的準備，以及各種因素的配合，除了教學經驗的累積之外，也應該運用各種課堂教學技巧。

(一)專業問題的引導

　　大學教師在課堂教學實踐中，需要透過各種問題引導學生進行思考，讓學生可以自己發現知識和解決問題，讓學生在思考中進一步掌握知識。例如：經濟學課程的教師，可以透過各種經濟問題，引導學生進行思考，「如何存進人生第一桶金？」、「美國聯準會聲明要升

　　　　　　　練習教學法是最能讓學生擁有學習成就感的方法。　**教學語錄**

息二碼，其中所代表的意義是什麼？」、「通貨膨脹時代來臨，對於日常生活有哪些改變？」讓學生透過實際問題的思考，結合經濟學課程中的重要概念。

(二)教學概念圖像化

教師課堂教學實踐時，為了提升學生對學習的興趣和參與感，教師可以將各種教學概念，運用圖像化的方式，如圖表、影片、漫畫、流程圖，直觀地表達知識和概念，有助於在課堂教學實踐中提高學生的學習興趣和理解力，透過圖像化的展現，同時提升學生的學習參與。例如：教師可以在備課時，下載網站中和教學概念有關的圖片影集，在講解重要概念之前（或之後），提供學生透過圖像掌握抽象的概念。

(三)案例或故事教學

案例或故事教學的運用，主要是教師將各種教學概念做邏輯上的整理，運用故事和實例，生動有趣地講解知識和概念，可以激發學生的興趣和好奇心，增強學生的學習動機。例如：教師在講解偏鄉教育發展時，可以透過 YouTube 影集有關偏鄉發展的影片，在講解之前讓學生觀看，實地了解偏鄉教育發展的現況，進而深入了解偏鄉教育需要改善之處。

(四)運用同儕學習模式

大學生的課堂學習，同儕相互協助與引導是重要的關鍵，大學教師的課堂教學實踐可以運用同儕學習模式，促進同儕之間的合作學習，將課程教學設計小組討論項目、討論課題等，讓學生有相互學習、交流和合作的機會，進而加深對於課程知識的理解。例如：在討

教學語錄 透過練習可以校正自己的學習模式。

論如何提升大學生的學習動機時，可以設定提升學習動機的心智圖，
讓大學生討論如何提升學習參與、學習興趣等，讓大學生透過分組討
論，將提升學習參與的方法提出來相互分享。

(五)運用多元評量方式

　　大學課堂教學實踐，主要關鍵在於讓學生學到應有的專業知
識，教師透過教學評量的方式，確定學生已經精熟各種專業知識。因
此，教師可以運用多元評量方式，引導學生自我檢核學習成效。多元
評量方式包括主題報告、專案研究分享、學習成果發表、專業檔案歷
程分享等，透過多元評量的實施，可以引導學生進行學習成效方面的
檢核。除了考試外，運用多種評估方式，如作業、口頭報告、小組項
目、反思報告等，可以全面了解學生的學習狀況和學習成效，進而為
學生提供更加全面的學習支持。

(六)學習方面的支持與輔導

　　大學課堂教學實踐，可以針對學生的學習情形，給予學生充分
的輔導和指導，進而建立良好的師生關係，增強學生的學習自信心和
自我效能，提高學生的學習成效。當學生的學習遇到困難或困境時，
教師可以適時地提供學生學習方面的輔導，引導學生找出學習困難之
處，並透過各種學習策略方法的運用，降低學習困難的處境，以達成
學習目標。

　　大學教師在課堂教學實踐中，想要進行一堂精彩的課堂教學，除
了積極備課之外，也應該善用各種有效的教學技巧，從學生學習的立
場出發，了解學生的學習思考歷程，運用各種策略幫學生降低學習困
擾，以提升學生學習成功的機會。讓學生在課堂學習中擁有成功的機
會，才能從成就感中嚐到甜美的學習成效。

教師在每一個概念講解之後，就要讓學生進行練習的活動。　**教學語錄**

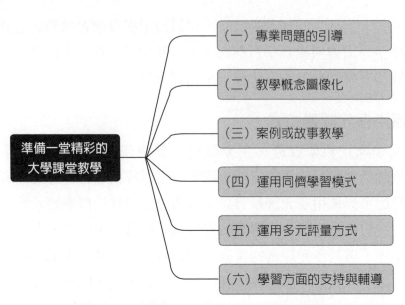

圖 2-10　準備一堂精彩的大學課堂教學

大學課堂教學設計與實踐

本 章 重 點

角色扮演教學的運用，可以提高學生的學習參與。 **教學語錄**

一 教師中心的教學法

　　大學教師的課堂教學實踐，通常包括教師中心的教學、學生中心的教學與綜合型的教學，不同模式取向的教學，強調的重點有所不同，對於不同學科領域的教學，有著不同的教學成效。教師中心的教學是一種比較傳統的教學模式，主要特色是教師擔任教學活動實踐主導，掌握教學進度、教學內容和教學方法，學生在課堂教學中扮演者被動、接受者的角色，教師中心的教學包括幾個特色如下：

(一)教師擁有教學自主權

　　教師中心的教學，主要是教學模式採用教師決定的方式，教師是教學活動設計與實踐主導者，擁有教學的各種自主權，由教師針對學科教學的需要，決定教學進度、教學內容和教學方法，學生在課堂中被動地接受教師的教學活動。例如：教育領域中的「教育研究法」課堂教學，如果採用教師中心的教學，則教育研究法課堂教學中所有的步驟、流程、方法等，全由教師自己決定，學生則在課堂教學中，扮演被動學習的角色，全盤接受教師的教學。

(二)單一的課堂教學方式

　　教師中心的教學模式，通常會採用講述法、教學演示等比較傳統單一的教學方法，教學型態是「教師講、學生聽」的風格，此種模式的教學，比較缺乏互動和探究的方式，而且這種教學方式容易學生產生學習方面的疲勞，學生欠缺學習動機和學習興趣。因此，教師必須在課堂教學實踐中加入各種新的元素，或者透過各種媒體的運用，提升學生的學習興趣。

教學語錄 教師應該在教學前先蒐集學生最關心的話題。

(三)教學內容偏向全面性

教師中心的教學模式，通常會將學科教學知識全面地進行講解，提供學生學習的所有素材，並且保證學生都能夠完全掌握。因此，教師中心的教學強調教師的專業知識和經驗，可以在課堂教學實踐中，引導學生學習更為完整的知識。例如：數學學科的微積分教學就需要採用教師中心的教學，從課堂教學中強調教師的專業知識和經驗，讓學生可以獲得更多的知識。

(四)學生被動的學習角色

教師中心的教學模式在課堂教學實踐中，學生扮演的是被動的學習角色，教學活動實施由教師全盤決定，學生缺乏主動性和探究的精神，學生在課堂教學中缺乏參與感，無法發揮充分的學習潛能。因此，教師的教學活動完全是主動的，由教師決定教學的每一個活動，學生在課堂中被動地配合教師的教學活動。

(五)教師中心教學法的教學步驟

以教師中心的教學模式，一般來說，包括下列幾個重要的步驟：

1. 教學內容的計畫

教師中心的教學首要步驟是依據學科特點、學生的學習程度等因素，計畫課堂教學內容、教學目標和教學計畫等。

2. 傳授學習知識

教師中心的教學實踐，教師通常會以傳授、演示、示範等方式，傳授學科知識和內容，教師在課堂教學中針對學科知識進行解釋、說明、舉例等。

3. 提供學生練習的機會

教師中心的教學在傳授完知識之後，教師會提供給予學生練習的

想要讓學生了解大人的辛苦，最好的方法是角色扮演教學法。　**教學語錄**

機會，以幫助學生穩固所學的知識和技能。

4. 評估學習成效

教師中心的教學在完成之後的階段，教師通常會運用各種方式檢測學生的學習成效，檢查學生是否學會所學的知識和技能。

教師中心的教學模式強調教師的專業自主和經驗，讓學生可以在課堂教學中，獲得更多、更豐富的知識；然而，教師中心的教學容易降低學生的學習動機，缺乏學習參與且學習成效不佳。

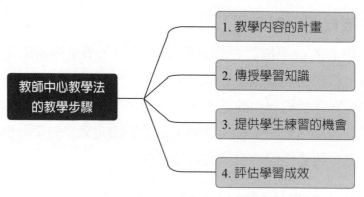

圖 3-1　教師中心教學法的教學步驟

二 學生中心的教學法

學生中心的教學法和教師中心的教學法，主要的差別在於學生中心的教學法是一種以學生為中心的教學模式，強調教學的主要目標在於讓學生能夠主動參與學習的每一個部分，教師活動的實踐以學生的興趣、能力和學習風格為基礎，進行教學活動實踐。學生中心的教學法，主要特性如下：

教學語錄　個案教學法的運用可以配合各種單元教學目標。

(一)學生主導的教學活動

學生中心的教學法，主要是讓學生成為學習的主導者，教師只是扮演指導者和支持者的角色，教學活動的實踐主要是讓學生可以透過自主學習、分組合作等方式掌握知識和技能的學習，並且可以將學習應用到實際生活中。例如：經濟學的課堂教學設計，教師可以讓學生自行設計想要學習的主題，透過學習主題的資料蒐集，讓學生在課堂上討論「當前經濟的發展情形」、「通貨膨脹的經濟發展情形」等議題。

(二)差異化的教學方式

學生中心的教學模式，充分尊重學生在課堂學習的差異性，鼓勵教師在教學準備時，應該關注學生的學習興趣、態度、參與、能力、學習風格等方面的問題，為學生提供差異化的教學體驗，讓學生可以從課堂學習中提高學習動機與學習參與，進而提升學習成效。

(三)問題導向學習設計與實踐

大學課堂教學設計與實踐以學生為中心的教學模式，強調解決問題能力和應用能力，鼓勵學生透過各種問題探究和解決問題的過程中，學習各種專業知識和技能，進而提升學生的問題解決能力和創造力。例如：經濟學中的股票買賣課程，需要設計真實情境的股票買賣，讓學生有機會透過各種股票的分析與買賣實際經驗的體會，真正了解股票買賣的專業知能。

(四)實施合作學習方式

學生中心教學法，主要是倡導學生之間的相互合作與互動，鼓勵學生透過小組合作、討論方式學習，合作學習方式的實施，有助於提

教師可以透過個案教學法，指導學生形成因應模式。　**教學語錄**

高學生彼此之間的協作能力和溝通能力。

(五)學生中心教學法的步驟

學生中心教學法的實施步驟，主要分成下列幾點：

1.掌握學生的學習背景

學生中心的教學，主要的關鍵在於了解學生，教師需要透過各種方法，了解學生的學習背景、學習風格、學習興趣、學習能力等，作為教學設計的參考，以利提供學生個別化的學習體驗。

2.擬定學習目標

在了解學生的學習背景之後，接下來就是教師需要與學生共同確認學習目標，將學習目標轉化成為具體的學習任務，提供學生在課堂學習時的理解，並且從完成學習任務中達成學習目標。

3.切入學習主題

教師在課堂教學實踐中，利用機會引入學習主題，引導學生從習得的知識和經驗為基礎，進而激發學生的學習興趣，引導學生進行學習探究。

4.探究學習主題

在課堂教學實踐中，教師應該要引導學生透過討論、探究、實驗等方式，深入探究主題，從主題探究中獲得新的知識技能，以解決問題，拓展學習視野。

5.整合與運用

學生在課堂學習時，需要將所學的知識和技能進行整合，並且可以應用到新的情境中，從應用中獲得實踐和反思的機會，進一步提升學習方面的成效。

6.評估學習成效

學習成效的評估是學生中心教學的關鍵，教師需要透過各種形

式，評估學生的學習成果，確定學生已經達到學習目標，或者需要進一步加強學習的地方。

　　學生中心的教學法實施步驟，強調學生在課堂教學的主導地位和自主學習，鼓勵學生透過探究和應用，作爲實現知識和技能的轉化，以提升學習效果和學習成就。學生中心的教學法，主要是以學生爲中心，透過問題導向、差異化和合作學習策略的運用，引導學生主動參與學習，以提高學生的學習動機和學習成效。

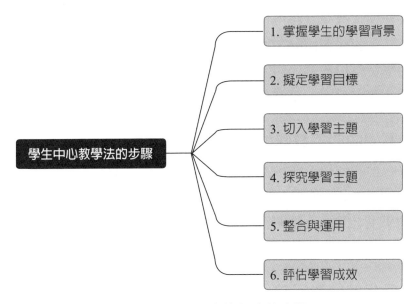

圖 3-2　學生中心教學法的步驟

三　綜合型的教學方法

　　綜合型的教學方法，指的是將教師中心的教學與學生中心的教學，整合各種不同的教學方法與策略，提供學生不同學習風格和需

求，成爲一種新的教學模式。綜合型的教學方法，包括下列特性：

(一)學習者為中心的教學設計

綜合型的教學方法，主要是重視學生的學習需求和個別差異，依據學生的學習風格和能力，結合學科領域的特性，設計對應的教學策略，讓學生可以主動地參與課堂教學活動。

(二)多元化的學習體驗活動

大學課堂教學實踐可以透過不同的教學方法與策略的設計，提供學生多元化的學習體驗，並且提供多樣的體會機會，讓學生可以適應不同的學習環境和方式。因此，綜合型的教學方法，有助於提升學生在課堂的學習參與，激發學生的學習動機、學習興趣。

(三)學習者中心的教學型態

綜合型的教學方法，重視學生的學習需求和個別差異，並且依據學生的學習，強調互動與合作學習的重要性。綜合型的教學法運用，會鼓勵學生之間的互動與合作學習，進而增強學生的學習效果和學習樂趣。因此，學生會在課堂學習時，積極的參與各種學習活動。

(四)多元化的評量活動

綜合型的教學活動，重視學生學習成效的評估，因此會採用各種多元化的教學評量方式，例如口頭評量、動態評量、主題評量、小組討論、檔案評量、作品展示評量等方式，評估學生的學習成效。

(五)綜合型教學法的教學步驟

綜合型的教學方法，有助於幫助學生從不同的角度進行學習，增加學習的樂趣和效果，並且可以激發學生的學習潛力。綜合型的教學

教學語錄　可以從學生的問題討論中，了解學生的備課情形。

法步驟包括下列幾個項目：

1. 了解學生的學習狀態

綜合型的教學方法，只要事先了解學生的學習風格、學習需求、學習能力，以利設計相對應的教學方法與教學策略。

2. 依據學習情形擬定教學目標

綜合型的教學活動實踐，主要是依據學生的學習需求和能力，配合學科領域特性，設定明確的教學目標，以便讓學生知道自己要學習什麼，以及如何學習。

3. 設計適性的教學策略

在確定教學目標之後，教學活動設計可以依據目標和學生的學習需求，設計適當的教學策略與方法，例如講述、實驗、示範、小組討論、角色扮演等，讓學生可以透過不同的角度進行有效的學習。

4. 實施教學活動

在完成教學方法和策略的設計之後，教師就可以在課堂教學時間歷程，引導學生參與學習，學習相關的知識和技能，並且將這些知識與技能，練習運用在實際的生活中。

5. 實施回饋與評量活動

在教學結束之前，教師應該針對課堂教學實踐與學生學習反應，及時地提供學生各種回饋，讓學生了解自己的學習進度與學習成效，以便作為教師調整教學策略與方法；同時，教師也應該實施各種形式的評量，以評估學生的學習成果和知識技能的收穫情形。

6. 依據教學評量調整教學活動

大學的課堂教學設計與實踐，是一種動態的實施過程，教師應該要依據學生的學習表現和回饋，評估教學的效果和成效，並且依據教學成效調整教學設計與實踐。

好的問題討論有助於提升教學效能和學習品質。 教學語錄

綜合型的教學法是一種揉合多種教學方法的模式，是一種循環的歷程，需要教師在教學實踐歷程中，不斷地評估和調整，修正設計好的教學模式，以確保學生可以從教學實踐中，獲得最大最佳的學習效果。

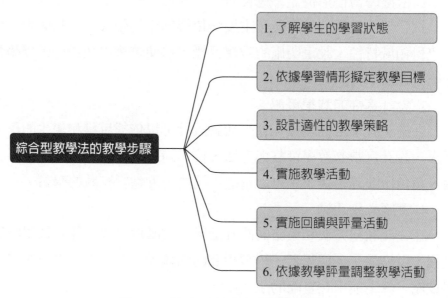

圖 3-3　綜合型教學法的教學步驟

四 適性教學法的運用

　　大學課堂教學採用適性教學法，主要是依據學生的個別差異和風格，設計教學和實踐的策略，以更有效地增進學生的學習和發展。適性教學法式基於學生的個別差異進行教學，因此在教學方法、策略與教材方面，需要特別規劃設計，才能符合學生的學習需求。適性教學法的主要特性包括下列幾點：

教學語錄　任何教學方法的選擇都需要配合教學目標的內容。

(一)個別化學習的特性

適性教學法是以學生的學習個別差異為出發點，依據學生的課堂學習需求和特性，提供個別化的學習設計和教學策略，以更精緻有效的方式，促進學生的學習成長和發展。

(二)活動性教學的特性

適性教學法的運用，強調學生主動學習和參與，透過小組討論、合作學習、體會實踐、實踐操作等方式，引導學生進行學習。因此，活動性教學的設計可以提高學生的學習參與，激發學生的學習興趣。

(三)靈活性教學的特性

適性教學法的運用，強調課堂教學的靈活性，教師可以依據學科性質、學生的學習進度、興趣、需求和能力等因素，隨時靈活的調整教學內容進度和策略，以適應學生的學習需求和風格，強化學生的學習成效。

(四)自主學習的特性

適性教學法的運用，鼓勵學生主動參與學習和掌握學習過程的特性，教學法強調學生自主學習和探索的學習方式，學生可以運用各種自主學習的方式，滿足自己對學習的期望和要求。

(五)問題導向學習的特性

適性教學法的運用，強調問題導向的學習，透過課堂教學設計，引導學生透過解決實際問題的方式，進而深入了解學科知識和解決問題的能力。因此，課堂學習不只是理論的熟悉，同時在學習歷程

教學方法的運用不是萬能的，而是需要教師巧妙的運用。 **教學語錄**

中，將理論轉化成為解決問題的策略和方法。

(六) 教學評估多元化的特性

適性教學法的運用，主要是在課堂教學實踐結束前，運用教學評估多元化的方式，採用不同的評估工具和方法，了解學生的學習情形和成效，這些方式包括作品集、表現評估、多元評量、同儕評估、自我評估等，幫助學生了解自己的學習情形和進步狀況。

(七) 適性教學法的實施步驟

適性教學法是一種以學生為中心、個別化和靈活化的教學策略，旨在提高學生的學習效果和發展，讓學生成為自主學習者和問題解決者。在教學實施步驟方面，包括下列幾點：

1. 學生學習風格與能力的評估

教師在使用適性教學法之前，應該要透過問卷調查、觀察法、自我陳述法、測驗工具等方式，了解學生的學習風格、學習速度、注意力的集中情形、記憶能力、思考能力等，幫助教師作為備課和教學方法運用的參考，從學生的學習需求和特質，作為教學設計和實踐的參酌。

2. 擬定個別化的學習目標

在了解學生的學習風格和能力之後，教師就需要配合學科領域的要求，擬定明確的個別化學習目標，幫助學生建立個別化的學習目標和計畫，作為課堂學習努力的標準。

3. 選擇個別化的教學策略和材料

適性化教學的運用，是教師依據學生的學習風格和能力，設計各種個別化的教學策略和材料，引導學生進行高效能的學習。例如：教師使用多元智能理論、分組合作學習、分組教學、問題導向學習、自

教學語錄　想要學生積極參與學習，就要靠教師的巧妙設計。

主學習等策略。

4. 針對學生的學習提供支持與回饋

　　大學生的課堂學習，教師可以依據學生的學習需求和表現，提供學生適性針對性的回饋與支持，讓學生隨時掌握自己的學習情形，有哪些優點和哪些需要調整之處。例如：提供學生具體的修正意見、需要的練習機制、課後的輔導等。

5. 正確評估學生的學習成效

　　學生課堂學習的成效評估，主要是提供學生來自教師教學的觀察訊息，同時讓學生了解自己的學習狀況，哪些是學習的優點？哪些是學習需要調整之處，作為課堂教學與學習修正之參考。

　　適性教學法在課堂教學實踐上的應用，主要是依據學生學習個別差異進行教學，提供具有針對性的教學策略與支持，引導學生實現自我學習目標和發展。

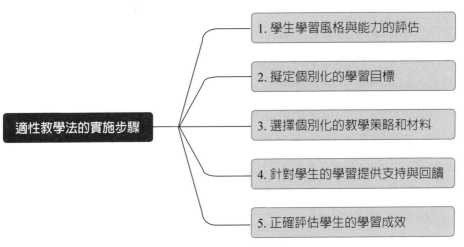

圖 3-4　適性教學法的實施步驟

五 個別化教學法的運用

(一)個別化教學的意義

　　大學課堂的個別化教學，主要是以學生學習為中心，重視學生的個別差異，依據學生的學習風格、能力和需求，進而調整教學內容與方法，希望可以達到最佳的學習成效，一般而言，個別化的教學具有下列幾個重要意義：

　　1. 培養學生的自主學習能力

　　個別化教學法的運用，主要是鼓勵學生能夠主動參與學習，進而培養學生在課堂中自主學習的能力，為自己的學習成效負責任。

　　2. 滿足學生的學習需求

　　個別化教學法的運用，主要是依據學生的學習需求和特性，作為調整教學內容與教學方法的依據，進而滿足學生的學習需求。因此，在課堂教學實踐中，每一位學生可以依據自己的學習期望標準，作為課堂學習的努力標準。

　　3. 提升學生的學習成效

　　個別化教學的實施，可以讓學生在自己的學習能力範圍之內，進行有效的學習，提高學習效果和成效。因此，教師可以在課堂教學中，隨時提醒學生的學習要求標準，以及學習進步情形。

　　4. 加強教學回饋與輔導機制

　　個別化教學法的運用，教師可以針對學生的學習努力情形，進行及時的教學回饋與輔導，從機制中引導學生積極學習，幫助學生更好的理解和應用所學知識。

　　個別化教學在課堂教學實踐上的應用，可以有效地提高學生的學

教學語錄 發表教學法如同演員上台表演的機會一般。

習成效，培養學生自主學習的能力和態度，並且適時地滿足學生的學習需求，精進學生的學習成長。

(二)個別化教學的特性

個別化教學在大學課堂教學實踐上的應用，包括下列幾個重要的特性：

1. 注重學生的個別差異

個別化教學法重視學生學習上的個別差異，教師依據學生的不同學習風格、能力、興趣等，調整教學內容和教學方法，以利滿足學生的學習需求。

2. 鼓勵學生課堂學習參與

個別化教學法強調學生在課堂學習時的主動參與，學生可以依據自己的學習風格和能力，制定（或選擇）適合自己的學習目標，學生可以參與到教學過程中，更有效能地學習和理解專業知識。

3. 因材施教策略的運用

個別化教學法強調學生學習上的因材施教，依據學生的學習能力和風格，調整課堂教學內容與教學方法，可以讓學生在自己的能力範圍內，得到最大的學習效果。

4. 提供學習回饋與輔導機制

個別化教學法強調學生的學習情形，並且由教師提供及時性的學習回饋與輔導機制，讓學生可以從課堂學習中，理解自己的學習理解情形，以及所學到的知識是否足夠滿足該學科的要求。

(三)個別化教學法的流程圖

大學課堂教學實踐採用個別化教學法，主要步驟包括以下幾個方面：（參見圖 3-5）

不管是成功的發表，或是失敗的發表，都是學習的重要成效。 **教學語錄**

圖 3-5　個別化教學法的流程圖

(四)個別化教學的內涵

1.「個別化教學」是一種尋求適應每一個學生學習需求的教學策略或設計。

2. 個別化教學旨在透過教學的設計，運用創新的教學方法、靈活的教學活動，以適應學習者的個別差異，達到因材施教的效果。

3. 個別化教學是 1950 年代中期所發展出來的教學方法，其理論基礎建立在施金納（B. F. Skinner）的行為主義心理學之上。

4. 早期的個別化教學是由編序教學（programmed instruction）發展而來。

5. 個別化教學（individualized instruction）是指教師依據各學生不同的特質與需求，以不同的方式、內容和時間等進行教學活動。

(五)個別化教學的適用時機

1. 當教學需要適合不同學生的學習差異時，教師可以針對學生的個別差異進行教學設計與實踐。

2. 當教學需要解決學習困難的學生，以利正面的學習效益時，在學生有個別學習困難當下，教師可以運用個別化教學策略，指導學生進行補救學習。

3. 當教師必須花費比較多的時間處理學生問題時，可以配合同儕學習輔導使用。

4. 當教師需要整合各學科領域教學時。

(六)個別化教學法的學習與評量

1. 可配合各種教學評量方法，作為評估學生的學習成效。

2. 最常使用的是問題式評量，進而評估學生的學習成效。

六 分享式教學法

大學的課堂分享式教學法，是一種基於互動和合作的教學方法，強調教師和學生之間的共同學習。在運用分享式教學法時，教師會分享自己的經驗、知識與技能，並且和學生進行雙向的交流和討論，引導學生主動學習和深入思考。同時，學生也分享自己的看法和經驗，從中學習並吸收經驗，進而提升學習成效。

(一)分享式教學法的特性

分享式教學法的特性，在於教師與學生的雙向互動，包括以下幾點：

教學方法策略不能如同吃「麥當勞炸雞」，容易讓學生感到厭倦。　**教學語錄**

1. 開放性和多元性的教學特性

分享式教學法的運用，強調學生在課堂學習中的主動性和創造性，鼓勵學生在課堂中提問和探究，並且尊重同儕不同觀點和經驗。

2. 互動與合作的教學特性

分享式教學法強調教師與學生之間的互動關係，互動建立在平等與共同學習基礎之上，透過教學方法的運用，促進學生之間的交流與合作。

3. 學生為中心的教學特性

分享式教學的實施，主要是關注學生的學習需求和興趣，鼓勵學生在課堂教學中自主學習和思考，進而提高學習效果與成效。

4. 問題導向的教學特性

分享式教學方法的運用，透過問題導向的方式，引導學生在課堂教學中，探究問題和解決問題的方法，讓學生從問題解決中培養分析與解決問題的能力。

5. 實踐導向的教學特性

分享式教學強調學生從課堂學習中培養實踐和應用能力，透過案例經驗分析、分享與實際操作等方式，引導學生更有效掌握知識和技能。

6. 評估與反思的教學特性

分享式教學法鼓勵學生透過反思和評估方式，了解自己的學習歷程和成效，並且從中發現問題和提高學習效能，進一步提升自我學習和進步成長的能力。

分享式教學法主要的特色，在於重視學生的參與性和主動性、開放式與多元性的教學方法，透過問題導向與實踐導向的教學實踐，提升學生的分析與解決問題的能力，並且透過評估與反思，提高學生的自我學習和進步的能力。

教學語錄 教師應經常改變教室的教學位置。

(二)分享式教學法的步驟

分享式教學法的步驟，通常包括下列幾個步驟（參見圖 3-6）：

1. 確定課堂教學主題

教師在課堂教學設計階段，需要確定分享的主題與內容，並且依據教學主題，選擇適合分享的教學方法和策略。

2. 建立課堂學習氛圍

教師運用分享式教學時，需要透過學科領域的特性，以引導和激勵的方式，建立一個積極、開放、多元、合作和互動的學習氛圍，讓學生可以在課堂中，自由的提問、討論和分享。

3. 分享專業知識和經驗

建立課堂學習氛圍之後，教師可以透過講述法敘述自己的經驗和知識，引導學生進行分享討論，介紹相關的經驗、案例、實踐等，激發學生的學習興趣和參與。

4. 進行議題的討論和分析

教師透過引導學生進行經驗的討論和分析，進而發現問題和解決問題的方法，鼓勵學生針對自己的經驗，提出相關的觀點和看法，進而提升學生的分析和解決問題的能力。

5. 進行實踐和演練

在議題討論分析之後，教師可以透過案例的分析、角色扮演、實驗模擬、沙盤推演等方式，引導學生進一步理解和應用所學的技能知識，提高學生的實踐和應用能力。

6. 進行反思與評估活動

教師在課堂教學實踐結束前，可以引導學生進行反思與評估活動以總結課堂學習成效和經驗，發現問題和提高學習效果，進而提升學生的自我學習和進步的能力。

教學活動最好是經常性的改變。　**教學語錄**

圖 3-6　分享式教學法的流程圖

　　分享式教學法在課堂上的運用，主要是強調學生在學習上的主動性和參與性，鼓勵學生積極思考、提問與探究，以達到更好的學習效果。透過課堂的交流和分享，學生不僅可以獲得知識和技能，還可以培養和同儕的合作和溝通能力，進而提升自信心和創造力。分享式教學法可以運用在大學的各學科領域，有效地激發學生的學習動機和興趣，幫助學生積極參與課堂教學活動。

七　差異化教學的運用

　　差異化教學是一種以學生的能力、學習風格、學習需求等為基礎的教學策略，主要用意在於提升學生的學習動機和學習成效，教師應該依據學生的學習背景和需求，調整教學方法和內容。

教學語錄　想要改變學生的學習模式，就需要透過反思活動的教學。

(一) 差異化教學的相關概念

　　大學的課堂差異化教學，主要在於幫助學生達到更高的學習成效，可以讓學生以自己的學習方式，在課堂學習上得到更好的指導和支持。此外，差異化教學可以促進學生自主學習和自我發展，讓學生依據自己的獨特方式學習，更好地應用到的知識技能（參見圖3-7）。

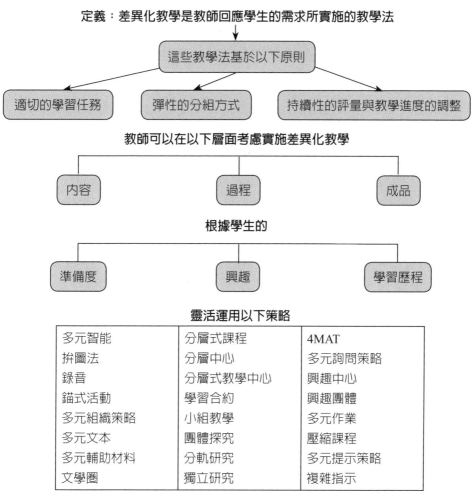

圖 3-7　差異化教學概念圖（國立臺灣師範大學教育研究與評鑑中心，2013）

教師的教學思考歷程和學生的學習思考歷程一樣重要。　　**教學語錄**

(二)差異化教學的方針

在大學課堂教學中，實施差異化教學，需要掌握下列幾點（林進材、林香河，2019）：

1. 教師應該依據學生的個別差異以及學習上的需求，依此實施教學活動。

2. 教師的教學要能積極掌握學生在學習方面的各種差異。

3. 依據學科屬性，做內容的調整。

4. 針對各種需求妥善調整教學內容、進度，並採取適切的教學方法，以達到預期的教學目標。

5. 差異化教學的實施，必須顧及各類型、各層級的學生需求。

(三)學生的興趣、準備度、學習歷程

1. 在興趣方面，指的是學生對學習本身的偏好、喜歡的事物、善用的策略與方法、對特定主題的喜愛、覺得有關係有吸引力的事物等。

2. 在準備度方面，指的是學生學習的舊經驗、先前概念、學科基本技能與認知、對主題的基礎認知等。

3. 在學習歷程方面，指的是學生的學習風格、學習類型等。

教學語錄 想要了解學生的學習情形，就請學生將所學到的講出來。

(四)因應個別差異的教學流程圖

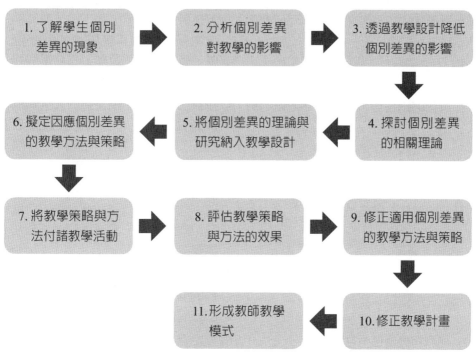

圖 3-8　因應個別差異的教學流程圖

(五)差異化教學的實踐策略

表 3-1　與差異化教學相關的最佳教學實踐策略（張碧珠，2018）

最佳教學實踐：在這些條件之下，學習者之學習可以達到最佳效果	差異化教學：我們必須留意學生的差異性，主要原因是……
1. 所學到的內容，對個人而言深具意義。	1. 由於學生不同的背景與興趣，無法保證每個人都能對同樣事物感到具有意義。

最佳教學實踐：在這些條件之下，學習者之學習可以達到最佳效果	差異化教學：我們必須留意學生的差異性，主要原因是……
2. 所學的內容具有挑戰性，而且他們接受這些條件。	2. 因為學生的學習步調不同，對某些學生來說，具有挑戰性的教學速度、教科書，或是學習任務都有可能讓其他學生感到挫折或無聊。
3. 所學的內容與他們的發展階段相對應。	3. 在每一個階段，總是有的學生可以具體性思考，有的偏向抽象性思考，有的學生喜歡與同伴合作思考，而有的則傾向獨自思考。
4. 他們能按自己的學習風格學習，能自由選擇，能自主控制。	4. 學生的確不能選擇以相同方式來學習，也不會做同樣抉擇，更不可能在相同變數下，都還能感受到自己能夠自主控制。
5. 他們運用所知的內容來建構知識。	5. 因為學生不可能以同等能力理解同樣的學習內容，所以他們建構知識的方式會有所不同。
6. 他們有機會進行社交活動。	6. 學生會選擇所需的團隊合作方式，並選擇不同類型可以一起合作的夥伴。
7. 他們得到有用的回饋。	7. 有助於某生的回饋，不一定對其他人一樣有用。
8. 他們習得並會運用策略。	8. 每位學生皆習得新的策略，並能運用在他們覺得有用的地方。
9. 他們體驗了正向的學習氣氛。	9. 課堂氣氛對有些學生而言是相當正面，然而對有些學生則顯然不是。
10. 環境能支持預設性的學習。	10. 學生需要不同的鷹架輔助來達成群體目標與個人目標。

教學語錄 教學活動進行到一個階段時，就應該讓學生示範一下。

(六)從基本能力學習到精進學習的流程圖

圖 3-9　從基本能力學習到精進學習的流程圖

(七)從單一面向的學習到多面向的學習概念圖

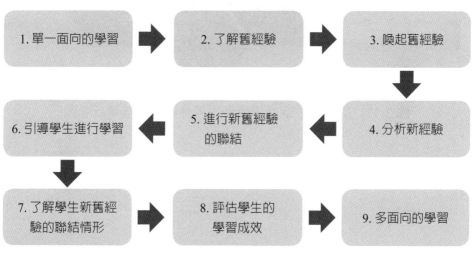

圖 3-10　從單一面向的學習到多面向的學習概念圖

教學活動精彩的關鍵在於教師經常性的改變方法。　**教學語錄**

1. 差異化教學的設計與實施，應該要設計教師引導的學習。

2. 設計由學生獨立學習的開放式學習活動。

3. 例如：小學生學習「圓規的使用」，剛開始需要教師引導示範，讓學生了解圓規的使用，進而了解圓規運用的數學原理。

4. 例如學習汽車駕駛課程，一開始需要由教練講解汽車的基本構造，再而說明汽車駕駛的步驟和流程，進而示範汽車駕駛。

(八)從思考性低的學習到思考性複雜的學習概念圖

圖 3-11　從思考性低的學習到思考性複雜的學習概念圖

(九)從慢速的學習到快速的學習概念圖

圖 3-12　從慢速的學習到快速的學習概念圖

八 分組合作學習教學法的運用

　　分組合作學習教學法和一般的教學法不同，主要的用意在於從「教師中心」的教學，轉而為「學生中心」的教學，透過同儕學習輔助合作的策略，讓每一位學生都可以從教學中得到成功的機會。合作學習的成效不僅包括教學成效、學習成效，還包括學習動機、學習參與、合作技巧的強化。

學生協助學生的效果比教師輔導學生的效果來得好。　**教學語錄**

(一)分組合作學習的意義

1. 分組合作學習的意涵

(1) 合作學習的實施與重視個別式、競爭式的學習過程,有相當大的差異。

(2) 在教學活動的實施,或是學習活動的進行,分組合作學習都助於提升學生的學習成就。

(3) 分組合作學習有助於增進學生的學習動機。

(4) 分組合作學習可以發展學生合作技巧及溝通技巧、增進學生在學習方面的自尊,同時具備多種功效的教學策略。

2. 分組合作學習的精神

「合作學習」具體而言,是指在合作學習的過程中,將學生分成若干小組,各小組的成員都針對特定的學習單元以及所了解的方式,共同去完成的學習責任,所有成員努力朝向小組的共同目標邁進,組內成員透過表達自己的想法,及了解對方的想法而互相學習,並讓自己有所成長。

3. 分組合作學習的發展

(1) 合作學習法能普遍被應用的原因有下列三個:①重要理論的支持;②眾多研究的證實;③以及明確而便於實施的教學策略。

(2) 西元 1700 年代末葉起,即有許多合作學習的觀點,於二十世紀中期由 Johnson 與 Johnson 研究及推廣而被廣泛應用於中小學教學中。

(3) 目前展開的十二年國教,重視的是學生的合作學習。

4. 分組合作學習的重要性

(1) 合作學習能改善學生的學習並提高學生學習的動機。

(2) 合作學習的實施提供學生在學習策略方面的相互學習。

(3) 合作學習能促進學生的合作能力,包含合作的知識、技能和情意。

教學語錄 好的教學要讓每一位學生都有發表意見的機會。

(二)分組合作學習和傳統的教學

1. 分組合作學習與傳統教學差異

(1) 合作學習與傳統教學活動的實施，在各方面差異性相當大。

(2) 傳統教學活動的實施，強調只要將課程教材內容教給學生，引導學生達到知識學習的精熟程度即可。

(3) 傳統教學活動的進行偏重於學科教學知識的傳授，而忽略學生在學習方面的參與和樂趣，學習活動的進行是單向的。

(4) 合作學習的實施，強調以學生為學習的主體，教師提供各種合作技巧的情境，引導學生進行學習活動，在教學中協助學生，達到各種精熟的程度。

(5) 合作學習強調學習的責任是學生本身，由學生為自己的學習負責。

2. 合作學習與傳統教學差異比較表

合作學習教學和傳統教學的主要差異，包括教學者角色、獲得知識方面、課堂主角、座位安排、小組分組方式、學習責任、互動方式、教學成效檢討等（參見表 3-2）。

表 3-2　合作學習與傳統教學差異比較表

項目	合作學習教學法	傳統教學法
教學者角色	引導學習	支配學習
獲得知識方式	主動學習、討論、溝通	被動學習
課堂主角	學生為主、教師為輔	教師為主、學生為輔
座位安排	以討論及互動方式安排	固定座位
小組分組方式	異質性分組	不分組
學習責任	重視個人與團體學習績效	重視個人學習績效
互動方式	採用合作技巧	採用個人技巧
教學成效檢討	重視歷程與持續性的改善	重視個人酬賞

情意陶冶對教學活動的實施，具有決定性的關鍵要素。　　**教學語錄**

(三)分組合作學習的類型

1. 分組合作學習類型圖

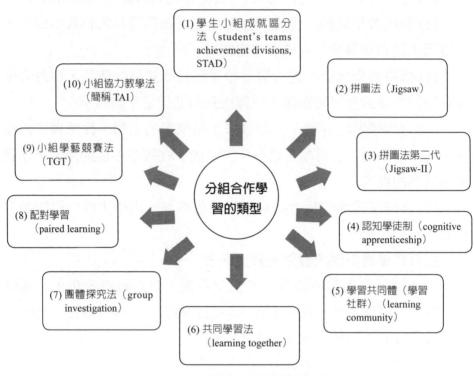

圖 3-13 分組合作學習的類型

2. 分組合作學習類型說明

(1) 學生小組成就區分法

　　學生小組成就區分法（student's teams achievement divisions, STAD）是合作學習中最容易實施的方式，其應用範圍最廣，也是實施效果最顯著的方法，其包括五個主要的構成要素：①全班授課：教師利用口頭或視聽媒體介紹需要學習的教材；②分組學習：教師依據學生的能力、性別、背景、學習心理等特質，將學生分為 4-5 人一

組；③採取異質性分組方式，再以教師的形式一起學習精熟單元教材；④小考：學生透過個別小考的方式評鑑學習成效；⑤個人進步分數：以學生過去的學習成績作基本分數，視其進步的分數決定每個人爲小組爭取多少積分（林進材，2013）。

(2) 拼圖法（Jigsaw instructuion method）

拼圖法是 Aronson（1978）發展出來的教學法。拼圖法將教材分成五個小子題，教師將全班學生分組，每組有六個學生，每位學生負責一個小子題，另一位學生列入候補，以便遇到學生缺席時，遞補之用。負責相同子題的學生先成立「專家組」共同研究負責的子題，以達到精熟的程度。而後，負責的將精熟的內容教給同組的其他同學。拼圖法是由學生形成學習上的共同體，經由同儕學習的關係，完成預定的學習目標（林進材，2013）。

(3) 拼圖法第二代（Jigsaw-II）

拼圖法二代的教學流程爲：全班授課→（原小組、專家小組）分組學習→分組報告或發表→小組及個人成效評鑑。此項教學法大多被運用在社會科學的教學，以及以閱讀爲主的科目中。其中專家小組的形成是讓每一組分配到相同主題的學生自成一組，共同討論教材內容並精熟研究的主題，之後將討論結果加以整理記錄，再回到原組報告自己研究的主題。

(4) 認知學徒制（cognitive apprenticeship）

認知學徒制是 Collins、Newman、Rogoff 等人提出來，是一種「作中學」的形式，教師針對教學活動目標與內容，將學生需要完成的學習任務置於眞實情境中，引導學生學習活動的進行，從實際工作環境的社會情境中產生，並重視學生的認知及後設認知等。

(5) 學習共同體（學習社群）（learning community）

學習共同體的概念是透過學習社群的方式，以學生學習分組的形

式，運用學習共同責任與相互分享策略，達到教學與學習目標。

(6) 共同學習法（learning together）

共同學習最有名的推動者為 Johnson 與 Johnson（1994），其概念源自學習中共同合作、競爭與個人主義三種學習目標的比較。此法對小組人數有限定，且均為異質分組。此種方法特別重視組內成員互信互賴的關係，以及各組間合作關係的建立；因此，經由作業的安排、學生角色的任務分配、獎勵制度的建立、合作技巧的指導等來增進學生的合作學習，是此法的重點。

(7) 團體探究法（group investigation）

團體探究法其步驟包含六個連續階段：①組織探究小組，並界定主題；②計畫探究工作；③進行探究工作；④準備成果發表；⑤小組成果發表；⑥師生共同評鑑。

(8) 配對學習（paired learning）

配對學習的特色在於教師應該摒除學習者僅使用自己的方式達成合作學習目標的缺失，應該藉由配對式合作學習方式，引導學生小組成員透過彼此認知互動的過程，促使學習者達成共同的學習目標。

(9) 小組學藝競賽法（TGT）

小組學藝競賽法的教學流程如下：全班授課→分組學習→學藝遊戲競賽→小組及個人成效評鑑→（個人、小組）表揚。

(10) 小組協力教學法（簡稱 TAI）

此種教學法結合了合作學習及個別化教學，其教學步驟說明如下：安置測驗→分組學習（閱讀說明頁─單元練習─形成性測驗─單元測驗）→小組評鑑（小組評分）→個人學習評鑑（真正測驗）→全班授課。

教學語錄 教學活動的實施需要顧及每一位學生的特質和需要。

(四)分組合作學習的教學流程

分組合作學習的教學流程圖,參見圖 3-14:

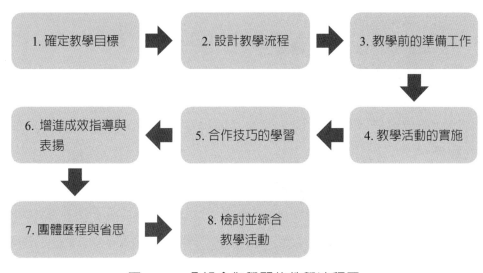

圖 3-14　分組合作學習的教學流程圖

(五)分組合作學習教學前的準備

1. 決定小組人數

教師在教學前,應該針對教學時間、教材、學生能力與合作技巧等因素來決定學生小組人數的多寡。

2. 進行學生分組

教師在教學前,應該針對課程與教材性質,將學生以異質性分組為主,在分組時依據學生性別、專長、興趣、學業成就等進行分組。

3. 安排學生的角色以增進互賴關係

教師在完成分組之後,為了達成有效的教學目標,可以分配每一組員一個角色任務,以增進學生的角色互賴關係。每一小組都需要有組長、記錄員、觀察員等。

4. 安排學習空間

在小組學習空間的安排方面，應該要以組間不相互干擾原則，在教室內小組的空間要儘量加大，並且留有通行路線，以方便任課教師到各組間參與協助工作。

5. 規劃教材以增進互賴關係

教師應該依據教學目標與學習目標規劃教材，包括學生能力、教學環境、教學內容、教學流程等，讓學生可以在小組學習期間，透過資源共用或目標互賴的原則，促進共同討論的機會，以增進組內合作的關係。

(六)分組合作學習的教學實施

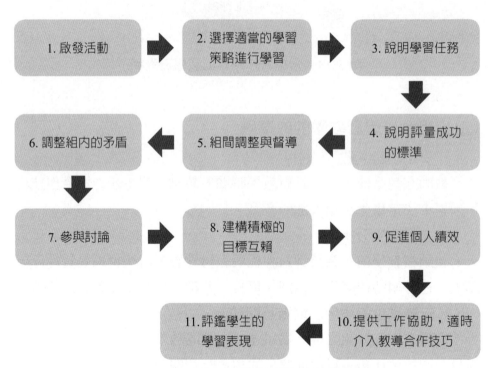

圖 3-15　分組合作學習的教學實施

1. 啟發活動

教師依據教學上的需要以及小組的學習情形，透過不同問題的提出，啟發各組成員的思考，進行不同的指導與協助。

2. 選擇適合的學習策略進行學習

教師依據學生的學習特性，選擇適合的學習策略，透過團體合作學習的力量，讓小組的每一位學生都能共同完成教師所指派的學習任務。

3. 說明學習任務

教師在進行小組合作學習前，向學生說明學習任務，學習任務的說明，包括重要的概念、原則、程式、方法、策略等，都要詳細讓學生了解。

4. 說明評量成功的標準

教師在交代完學習任務之後，應該清楚說明學習評量的標準，例如：教師說明數學評量平均成績要達到 80 分以上，才算通過評量。

5. 組間調整與督導

在實施分組合作學習時，教師應該要了解學生的行為表現，適時提供學生在學習上的協助，做積極且建設性的建議，並教導學生合作技巧及評量學習效果。

6. 調節組內的矛盾

在合作學習過程中，有些學生如果參與度低的話，或是無法和同儕進行合作，教師就應該要立即調整學生的學習狀態，以增進合作學習的進行。

7. 參與討論

在分組合作學習中，教師應該要引導學生進行討論，並且參與學生的分組討論。

教師的教學要能符合每一位學生的需求。 教學語錄

8. 建構積極的目標互賴

　　教師在進行分組合作學習時，應該要隨時針對學生的合作情形進行抽點，使學生不敢鬆懈，有助於強調個人的學習績效，使學生組員彼此合作盡力。

9. 促進個人績效

　　個人績效的計算，可以避免學生於學習中分心或不參與，導致影響全體的小組成績。

10. 提供工作協助，適時介入教導合作技巧

　　學生進行分組學習時，教師應該提醒學生重要的學習策略與必備的技巧，提供具體的建議，幫助學生解決學習上的問題。

11. 評鑑學生的學習表現

　　分組合作學習模式中，評鑑學生的學習表現，一般都採用標準參照的評量，教師可以在合作學習過程中將小組的過程表現、合作表現等項目，納入評量的範圍。

(七)合作技巧的學習

1. 合作技巧的指導

　　教師應該利用機會教導學生分組合作學習的各種技巧，必要時可以介入或提供各種有效的合作技巧，協助學生在進行分組合作時解決各種問題。

2. 指出期許的合作行為表現

　　教師必須具體說明期望學生在學習小組中適當而理想的行為表現，以輔導學生表現出合作的行為。

3. 建構組間的合作關係

　　當小組完成任務時，教師可以鼓勵小組到其他組進行協助，等到所有小組達到預期目標時，給予全班進度及鼓勵。

教學語錄　當班級的學生學習差異大時，就需要採用個別化的教學。

「上文改寫自林進材、林香河（2019）。教學效能第一本書。臺北：五南。」

九　反思教學法的運用

反思教學法在課堂教學上的應用，主要是鼓勵教師在教學過程中進行反思，以提升自己的教學成效。透過反思活動，教師可以深入理解自己的教學方式、學生的學習狀況和學習成效，並且不斷地進行改進。

(一)反思教學法的特性

反思教學法的運用，具備下列幾點特性：

1. **教學的主動性**

反思教學法的運用，需要教師主動地進行反思，對於自己的課堂教學實踐，進行實施成效的評估和改進。

2. **專注於學生的特性**

反思教學法強調教師在課堂教學中，要關注學生的學習需求和狀況，進而提供學生更好的教學和指導。

3. **無時間和空間限制的特性**

反思教學法的運用，在課堂教學歷程反思，沒有時間和空間方面的限制，教師可以隨時進行反思活動，提高教學成效。

4. **重視實用性的特性**

反思教學法除了重視教學理論，也強調實際操作的重要性，透過實際操作的方式，確保教學成效。

5. **學習者導向的特性**

反思教學法重視學生的學習過程與學習成效，強調持續的反思和

改進，以學習者導向的教學方式，提供學生適當的課堂學習。

(二)反思教學法的步驟

反思教學法的實施步驟（參見圖 3-16），包括學習說明、引導活動、自我察覺、省思分享、異質分組、團隊探討、成果氛圍、實務案例、持續反思、引導運用等幾個重要的步驟。

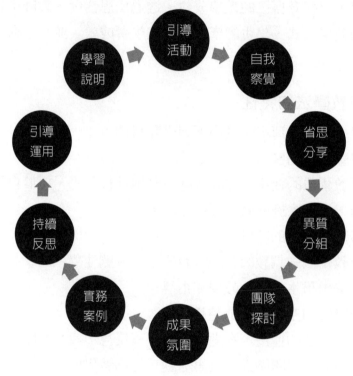

圖 3-16　反思教學法的步驟

(三)反思教學法的內涵

1.「反思學習」是根據個體過去與現在的所作所為與所經歷的事件，作一系列的統整活動。

教學語錄 │ 所有教學活動中，欣賞他人的部分是最難教給學生的。

2.反思學習可以使個體對本身之信念、知識與行動，得加以修正並獲得創新的突破。

3.反思使個體未來能獲得更好的行動結果與效能，並建構出個人的知識與意義。

4.反思學習能從既有的事物與經驗中，待觀察與沉澱後，獲得新的思考，而產生新的行動。

(四)反思教學法的適用情境

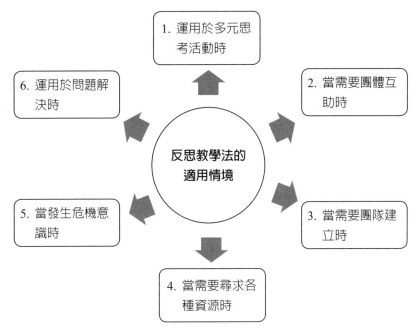

圖 3-17　反思教學法的適用情境

✚ 世界咖啡館教學法的運用

　　世界咖啡館教學法，又稱之為世界咖啡館對話（World Café），是一種集體學習的方式，通常用於小組討論、知識分享和解決問題時。教學方法的運用，是參與者被邀請到一個模擬的咖啡館環境中，透過小組的形式進行討論，討論一個或多個事先設定的主題。

(一)世界咖啡館教學法的特性

　　世界咖啡館教學法，通常用於社區組織、學校課堂教學、企業等場合，以促進知識的分享、創新與合作等。

1. 小組主持人的特性

　　世界咖啡館的教學運用，課堂上分成幾個小組，每一小組有一位主持人，在每個輪流討論之後，透過簡報分享重要的討論點，並且將這些點整合到群體共同理解中，參與者可以從他人的觀點中學習，擴充自己的思維，以解決複雜的問題。

2. 學生學習中心的特點

　　世界咖啡館教學法是一種以學生為中心的教學方法，學生在課堂學習中可以自己探索主題，分享自己的經驗和想法，進而主動參與學習歷程。

3. 實施合作學習的特性

　　世界咖啡館的教學法，教師將學生分成各小組進行探索和議題的討論，透過和不同的同儕合作學習，學生可以學習到不同的觀點和經驗，進而擴充自己的思維視野。

4. 知識理論實踐的特性

　　世界咖啡館的教學法，強調將學習與實際相互結合，提供學生在課堂學習到理論知識，同時將理論知識結合實際議題，讓學生制定計

　　教學語錄　教學活動的實施要讓學生主動建構出新的知識。

畫和實際行動，以強化學習成效。

5. 進行深度學習的特性

世界咖啡館教學法的實施，在課堂教學中讓學生深入理解學習主題和相關的議題，讓學生透過小組討論與分組，可以進一步加深對於主題知識的理解，並且可以在未來的生活中實際的運用。

6. 加強創造力的特性

世界咖啡館教學法的實施，鼓勵學生針對創造性議題，進行問題和主題的探索，透過自由自在的表達自己的經驗和觀點，進而發揮創造力。

世界咖啡館教學法是一種以學生為中心，重視合作學習與創造力運用、以深度學習和實踐的教學實踐，幫助學生能夠主動學習，並且將學習與實際生活相互結合，以實現學習和行動相互運用的目的。

(二)世界咖啡館教學法的教學步驟

世界咖啡館教學法的運用，通常包括下列幾個步驟（參見圖3-18）：

1. 活動準備

活動準備是教師在課堂教學前，需要準備一個模擬咖啡館的場地，包括設置幾張桌子、椅子，提供各種飲料和食品，還要為每個小組準備紙筆，以利學生進行議題討論時記錄之用。

2. 探索活動

在課堂教學實踐時，教師向學生介紹引導性主題，啟發學生對主題的思考和分享，學生分成幾個小組，請一位學生擔任主持人，每個小組針對討論主題進行探索，分享自己的經驗和想法，每一小組將討論結果記錄下來。

教學活動的實施應該要讓學生有反思和討論的機會。　　**教學語錄**

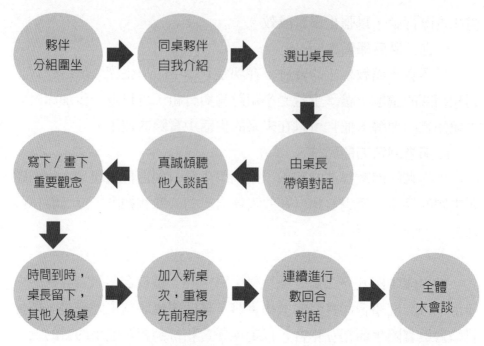

圖 3-18　世界咖啡館（World Café）教學流程圖

3. 轉換活動

在小組討論到一段時間後，每一小組中的學生轉移到其他小組，和新的成員討論主題，將在原小組討論的想法與觀點，交換轉移到不同的小組中，透過和不同小組的討論與參與，可以培養、拓展學生的思維。

4. 發現活動

發現活動是在每個小組討論結束之後，主持人要總結討論議題的關鍵點，分享到整個咖啡館，讓每一小組的學生都可以分享經驗和觀點，尤其是不同小組之間的想法和觀點。

5. 行動轉化

在咖啡館討論之後，參與的學生和主持人可以探討如何將討論的

教學語錄　創造思考教學法的實施，有助於了解學習知識運用的實際情形。

想法轉化成爲日常生活中的實際行動和計畫，並且可以透過討論分享確定下一步的行動，包括制定行動計畫、進一步討論或協調實施的步驟等。

　　世界咖啡館教學的目的，在於幫助學生探索主題、分享知識、擴展視野、整合想法並擬訂計畫，以實現行動和學習。世界咖啡館是一套很有彈性的實用流程，可以帶動同步對話、分享共同找到新的行動契機，並且創造出動態的對話網路，在重要議題上爲組織或社群催生集體智慧。

十一　探究教學法的運用

　　探究教學法的運用，主要是在課堂教學中，透過問題的擬定與設計，提供學生問題的探究機會，以完成獨立思考能力等。

(一)探究教學法的意義

　　「探究教學法」是一種有系統、有組織的教學策略，乃利用循序漸進的問題技巧，設計周密的教學歷程，以培養兒童明確的認知概念、客觀的處事態度、獨立的思考能力，以及正確的價值觀念。教師在探究教學過程中，指導學生主動探究問題並解決問題的教學法，強調以學習者的探究活動爲主，培養學生高層次的思考能力及建立正確的價值體系。探究教學法中，教師的主要角色是引導學生從事探究活動，教師是引導者，學生是積極的思考者。美國教育學者布魯納（J. S. Bruner）是近代提倡探究教學最力的一位，認爲求知是一個過程而非成果，學生並非只是知識的接受者，更應該是主動的探究者。

安排合理有效的教學情境，有助於激發學生學習的動機。　**教學語錄**

(二)探究教學法的步驟

探究教學法的步驟，主要包括下列要點：（參見圖 3-19）

1. 引入主題

探究教學法的運用，主要是以學生為中心的教學法，鼓勵學生透過自主探究和問題解決的方式，進行主動學習和發展自己的專業知識技能。剛開始時，教師提出一個擬定的主題或問題，引起學生的學習興趣和好奇心。

2. 發掘問題

教師引導學生透過提出問題和探究，來了解課堂學習主題。

3. 計畫與實施

在教師的引導之下，學生設計並實施自己的探究計畫，透過實驗、觀察和其他的方法，蒐集關心議題的數據，並且加以分析。

4. 進行數據分析

學生針對蒐集的數據，進行統計分析，並且解釋數據本身所代表的意義。

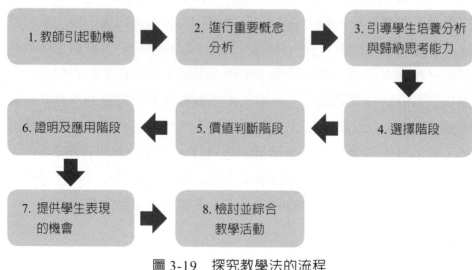

圖 3-19　探究教學法的流程

教學語錄　教師應該從教學活動中，刺激並鼓勵學生主動地在學習中思考。

5. 提出探究結論

學生透過探究方法，蒐集資料之後進行分析，並且將結論和其他學生分享。

6. 應用與評估

學生將課堂教學中所學到的知識，應用到現實生活中，並且評估自己的學習成果和過程。

(三)探究教學法的應用

依據教師在教學中所扮演的角色，分成指導式探究和非指導式探究二種：

1. 指導式探究

主要目的在於教導學生學習「如何學習」。此種學習方式是教師引導學生實際針對某一個議題進行學術性的探究，教師隨時給予引導、提示。

2. 非指導式探究

學生扮演主動、積極的角色，教師居於協助的地位，不給學生任何的指導。在探究過程中，由學生自行蒐集所需要的資料，並加以整理，透過資料的分析、歸納，獲得答案以解決問題。

十二 角色扮演教學法

角色扮演教學法是一種具有互動性、實踐性、多元性、趣味性高的教學方法，有助於促進學習者的學習和發展。角色扮演教學法透過真實情境的模擬，進行課堂教學實踐。

(一)角色扮演教學法的特性

1.營造真實情境的特性

角色扮演教學法的運用，主要是依據學科領域教學上的需要，透過角色扮演與真實情境的模擬，讓學生了解和應用所學的知識和技能。例如：旅館服務的課程，一般會在學校的實習旅館上課，透過角色扮演和真實情境的模擬，讓學生了解旅館服務生的工作性質和範圍。

2.知識傳遞方式多元的特性

角色扮演教學法的運用，可以透過不同角色和情境來呈現知識，讓學生以不同的途徑去理解和應用所學的知識，並實際運用到日常生活中。例如：財務金融的課程，需要讓學生到實習銀行進行實務課程的學習，才能體會金融財務方面的工作性質。

3.雙向互動性高的特性

角色扮演教學法的應用，學習者需要在教師的引導之下，進行適當的角色扮演。因此，需要互動和溝通，有助於學習者之間的互動與合作的形成。

4.學習氛圍輕鬆的特性

角色扮演教學法的應用，和真實情境相互結合，因此可以緩解學習者的緊張焦慮心情，讓學生在輕鬆的氛圍中進行學習和實踐。

5.記憶深刻學習的特性

由於課堂學習中的角色扮演，提供學習者一個體會體驗的機會，因此學習者可以更為深刻地了解所學的知識和技能之應用，因而容易學習記憶和應用。

(二)角色扮演教學法的意義

角色扮演教學法是教師在實施教學時，透過故事情節和問題情境

教學語錄 想要讓學生積極參與教學，就要讓每一個學生都有表現的機會。

的設計，讓學習者在設身處地類比的情況之下，扮演故事中的人物，理解人物的心理世界，再經由團體的討論過程，協助學習者練習並熟練各種角色的行為，進而增進對問題情境的理解。

(三)角色扮演教學法的流程

圖 3-20　角色扮演教學法的流程

(四)角色扮演教學法的應用

1. 手玩偶：透過玩偶的操弄，減低親身演出的焦慮，並提供趣味性的情境，讓學習者保持一份心中的安全距離而從中表達個人的真實情感。

2. 問題故事：教師在教學中選定學生喜歡的童話故事、英雄人物或真實生活中所發生的事件，作為引導探討問題之用。

3. 簡易唱遊：透過簡單的趣味性歌唱和身體的律動，營造學習者

教學活動的實施，避免讓學生成為「陪讀」的角色。　教學語錄

和諧的學習氣氛。

4. 魔術商店：教師設計一間商店，讓所有的學習者必須以自身現有的特質為代價，作為換取所渴望的好的特質。

5. 幻遊：教師依據某種主題，引導學習者以假想的方式，並置身其境，利用臆想方式探究個人的內心感受。

6. 轉身：學習者在演出中，如果面對團體時感到羞怯，教師可以令其轉身，背向群眾。等到心理平靜之後、感到自在時，再轉身面對群眾。

7. 角色互換：教師透過角色互換方式讓學習者培養設身處地和洞察的能力，由學生和教師的角色互換中，達到預期的目標。

8. 獨白：以獨白的方式呈現問題，可以讓學習者更清楚演出的內涵。

9. 鏡子技巧：教師利用鏡子的技巧，讓學習者了解自己有哪些行為的習慣，將行為舉止透過鏡子呈現出來，使學習者對自己有更進一步的認識和了解。

10. 再扮演：教師針對某些模糊情節，讓學習者不斷地再演出，直到所有的成員皆有清晰的體認為止。

十三 欣賞教學法的運用

欣賞教學法（appreciation instruction）之教學，可以增進教師與學生之間的互動，透過欣賞教學法強調對學生的欣賞和正面的回饋，進而建立積極的教學氛圍，使教師和學生之間的關係更好。

(一)欣賞教學法的意義

「欣賞教學法」是情意領域的重要教學法之一，係教師在教學過

程中，教導學生對於自然、人生、藝術等方面的認知，並了解其評價的標準；進而發揮想像力，使其身歷其境，激發其深摯的感情，以建立自己在這方面的理想或陶融自己的心性。

(二)欣賞教學法的特性

一般而言，欣賞教學法的特性包括下列幾項：

1. 正向回饋的特性

欣賞教學法強調學生在課堂學習中的表現，透過正向回饋與鼓勵方式，增強學生學習的自信心和自我肯定。

2. 學生主導的特性

欣賞教學法注重學生的主動性和參與性，讓學生更加積極地參與課堂學習活動，進而發揮自己的學習潛能。

3. 尊重個別差異的特性

欣賞教學法強調學生之間存在差異性，在課堂教學中重視學生的個別差異，進而更加滿足學生的學習需求。

4. 開放多元的特性

欣賞教學法重是教師和學生在課堂教學中的開放性和溝通的機會，透過開放多元的方式，和學生建立良好的溝通與互動的管道。

5. 學習與應用並重的特性

欣賞教學法強調學習與應用的結合，將知識和實際生活的實踐相互結合，在課堂教學實踐中，透過教學實踐以提升學生的學習成效和實踐能力。

欣賞教學法的運用，透過尊重、主導、開放、鼓勵等方式，引導學生更為積極的學習，進而提升教學的效果與學習品質。

教學活動的實施，要讓學生可以發揮多元智能的內涵。　**教學語錄**

(三)欣賞教學法的流程

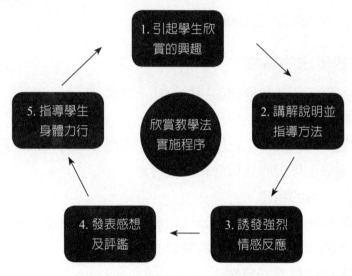

圖 3-21　欣賞教學法的實施流程

(四)欣賞教學法的應用

1. 引起學生欣賞的興趣

欣賞是種情感的反應，因此實施欣賞教學之前，應先引起學生欣賞的心向。介紹作品產生的背景、作者的生平或作品中與學生經驗有關的故事，都可以引起學生產生欣賞的心向。

2. 講解說明並指導方法

欣賞必須以了解為基礎，因此教師須先講解說明欣賞作品或人物的背景與意境，而後就欣賞的內容、特色、與技巧等方面作指導，以培養其欣賞的知能及進一步評價的標準。

3. 誘發強烈情感反應

教師隨時利用適當的情境，誘發學生產生強烈的情感反應。

4. 發表感想及評鑑

在欣賞之後，教師指導學生發表個人感想，經討論交換意見之後，針對學生觀點予以適當的評鑑。

5. 指導學生身體力行

在欣賞教學法實施之後，最重要的是讓學生將欣賞帶到生活中，並實踐其理想，因此教師仍應有後續之活動安排，讓學生有機會身體力行。

十四 設計教學法的運用

設計教學法（instructional design）之教學實踐，可以幫助教師針對學習目標，有系統地規劃教學內容、教學活動、評估方式等，提升學生學習效果。

(一)設計教學法之意義

「設計教學法」是指以一個大設計項目為中心，或以一系列設計項目為一教學單元，從事教學活動的過程。設計教學法源於本世紀初，最早源於杜威的反省思考歷程，經李查德斯命名為設計教學法，後經美國教育家克伯屈（William H. Kilpatrick, 1871-1965）極力提倡而定型。設計教學法的主要目的是讓知識返回生活，返回人類的共同需要，將人類所關心的問題變為教學課題。因此，學生在自己決定的學習工作中，發現實際問題，自己擬定目標，設計工作計畫，運用具體材料，從實際活動中完成工作。設計教學法是一種解決問題、培養創造能力的教學法。

(二)設計教學法的特性

設計教學法的特性如下：

1. 系統性的特性

設計教學法本身是一種系統性的教學設計方法，需要從整體性考慮教學的目標、內容、方法與評估等，且更進一步按照一定的程序和步驟進行教學設計與實踐。

2. 靈活性的特性

設計教學法的實施，需要具備相當程度的靈活性，依據不同的教學場合與學習需求，進行調整和修改，才能提高教學效果。

3. 計畫性的特性

設計教學法需要有計畫地設計教學活動和內容，將課堂的教學目標分成可操作的學習目標，並且依據學習者的特性和需求，進行教學活動的選擇和設計。

4. 可評估的特性

設計教學法的實施，需要具備可評估的特性，需要設計評估方式，進而評估學生的學習成效和教學效果，並且進行回饋和調整。

5. 高效率的特性

設計教學法需要具備效率性，也就是需要在教學資源有限的情況之下，設計出比較高效能的教學方案，以提高課堂教學實踐的效率。

6. 學習者為中心的特性

設計教學法強調以學生為中心，依據學生的學習需求和特性，進行教學設計和調整，以達到最佳的教學效果。

總而言之，設計教學法是一種具有系統性、計畫性、靈活、效率性等，以學生為中心的教學方法。

教學語錄 教學活動成效評量，要讓學生自己選擇表現的方式來展示。

(三)設計教學法的步驟

設計教學法的實施步驟，依據課堂教學設計與實踐的需要，可以簡要分成下列幾個步驟：

1. 確認教學目標

設計教學法首要在於明確界定學生需要達到的學習目標，設計出能夠達成目標的教學方案。

2. 分析學生學習特性

確認教學目標之後，透過各種方式了解學生的學習背景、學習風格與先備知識，以適應學生在課堂學習上的各種需求期望。

3. 選擇、決定教學策略

依據教學目標選擇適當的教學策略，以利達成教學目標，在教學策略方面，包括課堂講解、小組分組討論、角色扮演等教學策略。

4. 實施教學活動

依據擬定的教學計畫，教師運用各種不同的教學策略與教學材料在課堂中進行教學，引導學生達成學習目標。

5. 實施學習成效評估

設計教學法在課堂教學活動完成之後，就需要進行學生學習成效的評估，以確定教學方法是否成功，透過學習成效評估作為調整教學策略與材料的參考。

設計教學的實施應用，是一個不斷循環的過程，教師需要依據學生的學習情形，進行教學策略與模式的調整，以適應學生在課堂學習上的需求。

(四)設計教學法的流程

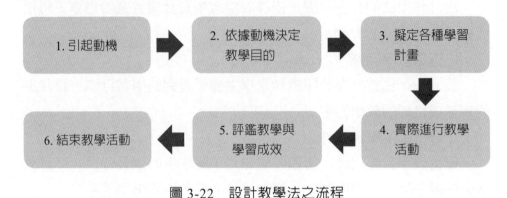

圖 3-22　設計教學法之流程

(五)設計教學法的應用

1.「設計教學法」是指以一個大設計項目爲中心，或以一系列設計項目爲一教學單元，從事教學活動的過程。

2. 設計教學法源於本世紀初，最早原於杜威的反省思考歷程，經李查德斯命名爲設計教學法，後經美國教育家克伯屈（William H. Kilpatrick, 1871-1965）極力提倡而定型。

3. 設計教學法的主要目的是讓知識返回生活，返回人類的共同需要，將人類所關心的問題變爲教學課題。

4. 學生在自己決定的學習工作中，發現實際問題，自己擬定目標，設計工作計畫，運用具體材料，從實際活動中完成工作。

十五 示範教學法的運用

示範教學法的運用，是教師透過演示、展示等方法，在課堂教學中呈現知識技能的教學方法，讓學生可以觀察、模仿並實踐的方式。

教學語錄　教導學生學習「如何學習」，比概念的教學效果來得好。

(一)示範教學法的意義

　　教學過程為教師或指導人員先示範如何做某件事，並說明其過程知識給學習者，然後讓學習者試著做相同或相似的活動，透過講解方式並給予回饋，告訴學習者其表現成功及失敗之處，再視學習者的學習表現修正示範的動作，並且重複這個程序。

(二)示範教學法的特性

　　示範教學法的運用，具有幾個重要的特性：

1. 實用性的特性

　　示範教學法的實施，是讓學生能夠看到實際的操作或解決問題過程，讓自己更清楚地了解知識與技能的運用方式。

2. 模仿性的特性

　　示範教學法的運用，能夠讓學生進行模仿，學生透過模仿教師的示範動作、語言行為等，學習知識與技能。

3. 直觀性的特性

　　示範教學法的運用，在課堂學習時能夠透過視覺、聽覺等方式，直觀地觀察知識與技能，讓學生可以更容易理解和記憶。

4. 創造性的特性

　　示範教學法能夠在課堂教學中，鼓勵學生自主創造，透過觀察教師的演示、操作、示範等，激發學生自己的創造力，獨立探索新的方法與技巧。

5. 反覆性的特性

　　示範教學法的實施，教師需要讓學生反覆練習，才能夠掌握知識與技巧，此種反覆練習有助於提高學生的記憶力、反應迅速及技能方面的熟練。

價值澄清教學法的重點在於讓學生了解自己的想法。　　**教學語錄**

6. 學習效能高的特性

示範教學法能夠提高學生的學習效果，讓學生在實際操作中，體驗到知識與技能的實際運用，更容易理解與掌握相關的內容。

(三)示範教學法的步驟

示範教學法的運用，主要是透過實際操作引導學生練習的方法，教學步驟包括下列：

1. 介紹教學目標

教師在課堂教學開始時，首先要向學生介紹課堂學習的技能或知識的目標，讓學生了解在課堂中要學習的主要內容。

2. 展示活動

在課堂教學時，教師透過實際操作、影片、演示等方式，向學生呈現主要學習的技能和知識，並且逐步向學生解釋說明每一步驟的細節。

3. 指導活動

指導活動指的是教師在課堂教學中，逐步指導學生學習專業的知識與技能，並且確保學生能夠在課堂學習中，跟隨教師的步驟操作。

4. 學生練習活動

當教師示範教學到學生逐漸熟練之後，教師應該要提供足夠的時間讓學生練習，直到能夠掌握知識技能爲止。

5. 總結活動

這個階段是教師要總結學生學到的內容，強調知識與技能的重要性，以及讓學生了解如何應用到日常生活中。

6. 回饋與應用

教師在課程結束之前，需要提供學生正確和具體的回饋，幫助學生進一步改進學到的知識技能，了解學生是否能在實際情境中，應用

教學語錄 價值澄清教學法應該配合經驗分享或人生價值方面的澄清。

所學到的知識技能，進而了解學生能否掌握知識技能。

(四)示範教學法的流程

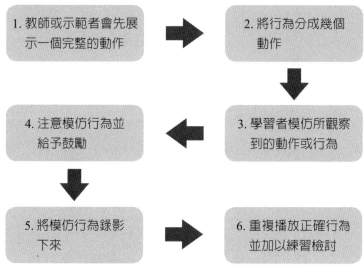

圖 3-23　示範教學法的流程

(五)示範教學法的應用

　　1. 教學過程為教師或指導人員先示範如何做某件事。

　　2. 說明其過程知識給學習者，然後讓學習者試著做相同或相似的活動。

　　3. 教師針對學生的動作並給予回饋，告訴學生其表現成功及失敗之處。

　　4. 教師依據學生的學習表現，親自修正示範的動作，並且重複這個程序。

十六 概念獲得教學法的運用

　　概念獲得教學法，主要是在課堂教學中幫助學生理解和建立概念，以促進教學成效的方法。概念獲得教學法的意義包括促進深度學習、提高學習效率、培養批判性思考、運用多元學習風格等。

(一)概念獲得教學法的意義

　　「概念獲得教學法」適用於概念的教導；概念獲得教學法策略源自布魯納（Bruner）所提出「教材結構」及「直觀思考」的教學理念。所謂概念，是指具有共同特徵（又稱屬性）的某一類事物的總稱。當教學目標要求學生能自行界定新概念、理解並應用該概念時，可選用概念獲得法。所以，有人說概念的學習就是學習分類，就是把具有共同屬性的事物集合在一起並冠以一個名稱，把不具有此類屬性的事物排除出去。概念的一個基本特徵就是每個概念都有其「定義性特徵」，那個將事物集合在一起的共同屬性，又可被稱爲「關鍵特徵」或「標準屬性」。

(二)概念獲得教學法的特性

　　概念獲得教學法，主要是在課堂教學中幫助學生理解建立概念，以促進學習的教學方法。其主要特性包括下列幾點：

　　1. 促進深度學習的特性

　　概念獲得教學法的運用，強調學生對於學習概念的理解與建立，可以幫助學生促進深度的學習，在更實際的情境中應用所學的知識和技能。

　　2. 培養批判思維能力的特性

　　大學生的課堂學習採用概念獲得教學法，可以鼓勵學生進行議題

的分析和評估，讓學生從解決實際問題中培養批判思維能力，進而提升學習成效。

3. 提升學習效能的特性

概念獲得教學法強調學生在課堂中的主動參與，引導學生透過比較和歸納方法的運用，可以更為快速地獲得知識和理解。

4. 提供多元學習風格的特性

概念獲得教學法的運用，需要在課堂教學中使用多種媒體和活動形式，引導學生獲得知識和理解，因此，有助於適應學生多元化的學習風格和學習需求。

(三)概念獲得教學法的步驟

概念獲得教學法的運用，是奠基於建構主義學習理論的教學方法，透過教學方法的運用，引導學生進行適性的學習。在教學步驟方面，包括如下：

1. 引入教學主要概念

教師在課堂教學實踐階段，首要是將教學主要概念呈現給學生，讓學生了解課堂上即將學習到什麼知識與技能。

2. 引導學生觀察分析與比較

教師引導學生在課堂學習中，進行觀察、分析與比較，讓學生透過觀察、分析比較來獲得知識，教師可以透過問題條、圖表、經驗案例等方式，引導學生進行學習活動。

3. 整合知識技能概念

當學生觀察比較與分析之後，教師可以引導學生將學到的知識整合起來，建立對知識技能概念的深度理解。

4. 建立概念圖與概念分類

教師引導學生使用概念圖的方式，和概念分類的工具等，進行更

好的理解與知識組織。

5. 解決實際問題與實踐

課堂學習中針對相關議題，進行解決問題和實踐，以對照學習和應用所學到的知識技能。

6. 評估學生學習理解情形

教師透過各種評估工具，如測驗、作業、小組討論成果等方式，對學生的概念了解程度進行評估，確定學生學習理解情形。

7. 促進知識轉移應用情形

教師可以引導學生將課堂所學的知識，應用到生活中實際情境中，以促進知識的理解與轉移。

總而言之，概念獲得教學法的步驟，在於引導學生透過引入概念、進行觀察、比較和分析、整合概念、創建概念圖和概念分類、解決問題和實踐、評估學生理解和促進知識轉移。

(四)概念獲得教學法的流程

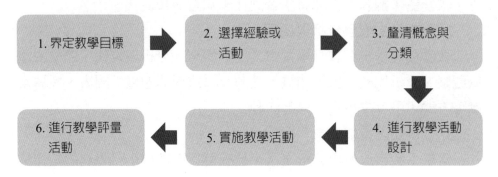

圖 3-24　概念獲得教學法的流程圖

十七 電子師徒制教學法的運用

電子師徒制（e-mentoring）教學法，是一種結合網際網路和電子通訊技術的教學法，通常是應用於企業單位、組織或學校中培養新進員工或學生的教學方法。

(一)電子師徒制教學法的意義

電子師徒制教學法是在教學網路平台上進行，將學徒和師傅透過電子通訊方式連接起來，包括電子郵件、即時通訊、社群軟體等方式。在教學方法的運用中，學生可以向教師請教問題，教師針對學生的問題提供指導與回饋。在教學平台上面，教師可以分享自己的知識和經驗案例，提供學生指導和建議，引導學生進行學科領域理解和學習，並且運用所學的知識技能於生活情境中。

(二)電子師徒制教學法的特性

電子師徒制教學法的運用，可以透過多元方式，提供學生學習機會，在教學方法的運用，具備下列幾個特性：

1. 提供靈活的學習方式

電子師徒制的教學方法，教師和學生可以在任何時間、任何地點、任何情境進行教學和學習方面的交流，不受到各種情境因素的限制。

2. 提供經濟便利的教學成本

教學活動的實施，在教學平台網路上進行，因此可以節省相當多的經濟成本和教學成本。例如：學生不必來回奔波、教師不必花費相當大的教學成本、教學活動的實踐也不用花費龐大的經費。

教學方法成效的評估，學習成效不是唯一的標準。　教學語錄

3. 促進學習的個別化

教學活動的實施，教師可以依據學生的需要和進度，提供個別化的學習指導與回饋，從學生的反應中促進學習的效果。

4. 提供廣泛的學習機會

課堂教學是透過網際網路的方式，學生可以和世界各地的教師進行專業方面的交流，此種教學方式擴大學生學習的視野和機會。

電子師徒制教學方法，可以縮短空間和時間的距離，提供學生更為靈活、個別化、經濟便利的學習機會，有助於培養新進員工或學生的知識技能。

(三)電子師徒制教學法的步驟

電子師徒制教學法的運用，主要是運用教學網路平台的方式，教師向學生傳授知識技能和經驗，因此電子師徒教學法的步驟，通常包括下列幾點：

1. 選擇適當的教學平台

在實施電子師徒制的教學法時，教師需要依據學科領域或課程教學上的需要，選擇一個適當的網路教學平台，在平台上提供互動功能，例如課程影片、討論區、論壇等教學和學習可以使用的功能。

2. 招收選課學生

電子師徒制教學方法的採用，需要有學習意願的學生，或者具備通訊基礎的學生，讓有修課意願和學習熱情的學生，加入選課的行列中。

教學語錄 分組合作學習的運用，可以讓每一位學生積極參與教學活動。

3. 設計課堂教學計畫

課堂教學需要依據學科領域的需要，制定一個具體的教學計畫，提供讓選課的學生作為參考，教學計畫需要包括教學目標、學習目標、學習內容、學習策略方法、評估方式和標準等訊息。

4. 建立專業的師生關係

電子師徒制教學方法，教師和學生需要建立一個密切的專業合作關係，建立相互信任和尊重的關係，才能在教學與學習中取得良好的合作。

5. 進行教學活動

教師開始向學生傳授知識與技能、經驗案例等，鼓勵學生積極參與學習並且提出相關的問題，以提升學習成效。

6. 提供學習回饋

在教學活動進行時，教師需要不斷且持續的給學生提供回饋，引導學生改進和加強學習效果。

7. 進行評估活動

教師教學到固定時間之後，就需要實施定期評估，了解學生的學習進度和成效，幫助學生針對學習做改進或發展的修正。

電子師徒制教學法的實施，主要是教師在網路平台上指導學生學習，幫助學生在線上環境中，獲得更好的學習效果。

(四)電子師徒制教學法的流程圖

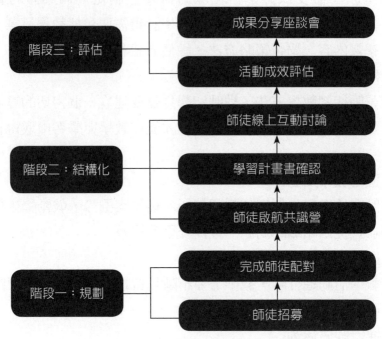

圖 3-25　電子師徒制教學法的流程圖

(五)電子師徒制教學法的內涵

1. 電子師徒制屬於師徒制的一種運作方式。

2. 隨著資訊科系的發展、科技元素的納入，使師徒制的實施方式更具彈性。

3. 相對於傳統師徒制，電子師徒制主要透過網際網路或電子科技輔助，進行師徒互動。

4. 電子師徒制奠基在教師運用推動數位學習之教學經驗，以及學生對於資訊科技運用的情形，結合線上社群討論機制，建構學習電子師徒制運作模式。

教學語錄 想要提升學生的學習成效，需要了解學生為什麼對學習缺乏興趣。

5. 電子師徒制的建立，使人力智慧結晶得以傳承延續，讓學習與科技相結合。

十八 問題導向教學法的運用

問題導向教學法（problem based learning, PBL）是一種以學生為中心，將學生的學習和興趣作為教學的出發點，引導學生在課堂中主動學習探究的教學模式。

(一)問題導向教學法的意義

問題導向教學法在課堂教學上的應用，包括激發學生的學習動機、強化學生的學習效果、增強學生的創造力和解決問題的能力、促進教師與學生的雙向互動等。問題導向教學的運用，有助於學生提升學習效果，培養學生從課堂學習中解決問題的能力。

(二)問題導向教學法的特性

問題導向教學法的運用，主要是在課堂中以問題為中心的教學，提供學生適性的學習方式，因此具備下列幾個特性：

1. 以學生為中心的特性

問題導向教學法強調以學生問題和興趣為出發點，讓學生在課堂學習中主導學習的方向和步驟，進而培養學生主動參與和探究的能力。

2. 促進跨學科學習的特性

問題導向教學法的實施，通常需要採用跨學科知識技能，因而能夠促進學生跨學科學習，提高學生的綜合素質。

3. 強調探究和實踐的特性

問題導向教學法強調學生透過探究和實踐的途徑，進行課堂學習

教學遇到困難或瓶頸時，進行教學研究是比較理想的方法。　**教學語錄**

和解決問題的能力，鼓勵學生獨立思考和創新思維。

4. 重視真實情境學習的特性

問題導向教學法的實施，教師會在課堂教學中提供真實的情境，讓學生在真實情境之下，模擬解決問題。因此，課堂教學與學生的生活實際需求相契合。

5. 重視師生互動合作的特性

問題導向教學要求教師與學生進行密切的互動與合作關係，教師可以扮演教學引導者的角色，引導鼓勵學生探索和解決實際的生活問題。

6. 重視形成性評量的特性

問題導向教學法，強調學生學習歷程的評量，以學生的思考歷程、解決問題的方法和過程，作為教學評量的標準。

(三)問題導向教學法的步驟

問題導向教學法的步驟，依據教師在課堂教學實踐中的需要，可以考慮採用下列幾個步驟：

1. 確定教學目標

教師在課堂教學進行前，應該針對學科領域與課程教學特性，和學生共同擬定本次教學與學習目標，讓學生了解本次的學習需要達成何種程度的目標。

2. 提出相關的問題

教師和學生針對學習目標，提出一個或多個的問題，這些問題需要基於真實情境，具有學術性、實踐性和啟發性，並且能夠在課堂教學中，引起學生探究的興趣。例如：資本家是透過什麼途徑，將我們口袋中的錢轉移到他們的口袋的？通貨膨脹和通貨緊縮的現象有什麼重大的差異？

教學語錄　教師都應該隨時修正自己的教學，以符合每一位學生的學習需要。

3. 探究問題

在提出相關問題之後，教師引導學生針對問題，進行探究、研究和實驗，蒐集資料和訊息，並進行分析與綜合歸納，進而提出問題癥結，找到解決問題的方法與策略。

4. 建立知識

在課堂教學中，教師引導學生依據探究的問題建立相關的知識，並且進行反思和評論，以確保學習成果的可靠性和有效性。

5. 應用知識

教師引導學生將所學到的知識，應用到實際解決問題的情況中，透過問題的解決，鞏固學習知識，培養學生創造力和解決問題的能力。

6. 學習成效的評價

在問題導向教學法實施之後，教師和學生應該針對學習成效進行共同性的評價，強調學習的過程和成果。因而，教學評價應該以學習歷程為重心，鼓勵學生進一步學習和探究。

(四)問題導向教學法的流程圖

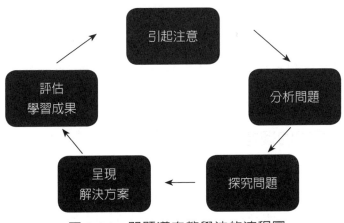

圖 3-26　問題導向教學法的流程圖

個別差異的學習現象，一般都是教師教學形成的。　**教學語錄**

(五)問題導向教學法的適用時機

1. 學習者必須擔負起自我學習的責任。

2. 問題導向的模擬問題必須是模糊、結構不良、開放性的問題。

3. 問題導向教學法的學習應該整合不同學科或科目。

4. 問題導向教學法應該是團隊合作學習。

5. 學員將自我學習的成果，透過互動討論的過程，應用於問題的解決與再分析。

6. 對於處理問題時所學到的做總結分析，並對學到的概念及原則進行討論。

7. 在問題導向教學法中的活動，必須也是真實世界中所重現的。

8. 問題導向教學法應該是教學的基礎，而非其他傳統教學方法的一部分。

十九 佐藤學學習共同體的運用

學習共同體的理念，源自於在教學歷程中，將學習者需要承擔的責任和任務，彼此相互承擔、相互協助。

佐藤學是日本東京大學大學院教育學研究科教授，在經過多年的實驗研究之後，提出「學習共同體」（Learning Community）的理念，近年襲捲臺灣教育界與學術論壇，彷彿為當前臺灣教育現況找到了另一個春天。有關佐藤學的「學習共同體」理念簡要說明如下：

(一)學習共同體的理念

學習共同體的理念，源自於教室中出發的改革，認為教育的目的不是彼此相互競爭，而競爭的教育應該轉型成為共生教育。過去追求量（分數）的教育，應轉變為重視質（思考）的教育。「學習共同體」

的教育目標，並非培養只會考試拿高分的孩子，而是透過引導的教育方式，讓孩子在浩瀚無涯的知識領域內探索，培養「思考」與「如何學習」的能力（余肇傑，2014）。

由上述了解，學習共同體的理念，有別於傳統學校教育重視學生的個別成就，從個別競爭轉變為群體競爭，透過交流、分享、協商、對話等方式，讓每一位學生都可以從學習中獲益。

(二)學習共同體的定義

「學習共同體」是一種教育理念，在主打「學習共同體」理念的學校裡，學校不僅是一個提供學生相互學習的地方，同時也是教師彼此交流、成長的場所。家長和社區居民則透過參與孩子的學習成為「學習共同體」中不可或缺的一分子。換言之，「學習共同體」所指涉的對象包括了學生、教師、家長與社區人士或資源等，學校教師的教學不再是單打獨鬥，而是在這個社群裡有著龐大社會資源的支持與後盾（余肇傑，2014）。因此，學習共同體的主要用意，在於說明學校教育不應該將學生的學習視為零碎的、片段的、部分的、個體的、獨立的，而應該視為整體的概念。教師的課程與教學實施，不管從規劃設計、實際實施到成效評鑑等，都應該將學習視為整體。

(三)學習共同體的教學實施

「學習共同體」中，教師的教學步驟依序為 hop－step－jump：1. hop 階段旨在喚起學生學習動機與複習舊經驗；2. step 階段則呈現課本教材並進行協同學習，類似臺灣課堂上的發展和綜合活動；3. jump 階段，教師應該安排比教科書更難一點的內容，使所有孩子在課程中透過「協同學習」，得以有「伸展跳躍」與追求卓越的機會。佐藤學教授以維高思基「近側發展區」的觀點，對學習有這樣的定

當教師感到教學困惑時，就是需要修正教學的時刻到了。 教學語錄

義：學習就是藉由「透過媒介的活動」與嶄新世界相遇，並在與教師及同學的對話中「伸展跳躍」（黃郁倫、鐘啟泉譯，2012）。

(四)在學習共同體的實施之後

學習共同體的主要理念，在於將學生的學習責任，透過群體相依相賴的形式，讓每一位學生可以在教室的學習中，再透過相互指導、相互學習、合作學習等方式，尋求學習上的成就感，不再視學習為畏徒，積極的參與學習活動，在教室生活中獲得成功、獲得成就感。

「學習共同體」的理念，基本上不離：1.以學生為中心、重視學生思考、培養學生聆聽與發言的能力；2.教師角色為協助者、設計教材提供學生伸展跳躍、開放教室觀摩、促進教學卓越；3.家長與社區人士應積極參與孩子的學習，並建立親師合作良善關係等理念（余肇傑，2014）。

(五)教學實施上的應用

學習共同體的宣導和實施，不僅代表著教師教學實施的轉變，同時意味著教學革新應該澈底從教室教學中，進行理念和策略的改變。當教師發現學生在教室中成為「陪讀角色」，或是從教室學習中缺席時，就需要立即進行教學改革。

1. 從傳統教學到學習共同體

傳統的教學活動重點在於教師為教學負全責，教師必須主導教學活動設計與實踐，因此教師的教學負擔重，而且在教學活動實施之後，比較無法達成預期的教學效果，學生容易從教學活動中脫逃（或缺席）。學習共同體的理念，源自於學生必須為自己的學習負責任，除了自己的學習需要負責之外，也應該協助同儕進行學習活動。因此，在教學活動進行中，教師與學生需要雙向的互動，教師將主要的

單元學習知識，透過各種方式的運用傳遞給學生，學生在教學活動中，需要隨時關注教學活動的進行，了解哪些是自己的學習責任，哪些是需要和同儕合作的部分。

2. 從個別競爭到全體的學習

教師爲主導的教學活動設計與實踐，主要的理念在於學生個別的競爭和進步，學習成效是屬於個別學生的；學習共同體的理念，主要在於將教學活動視爲全體的學習活動，學生除了要爲自己的學習負責任，同時也要爲同儕的學習負責任。因此，從個別競爭到全體的學習，都需要隨時地關注知識的學習。此種學習重點的轉變，主要是學習共同體的主張，希望學習不是一種孤單的活動，而是群體協作的活動。

3. 教學是親師生合作的過程

傳統的學校教育活動主要是以學校的教育人員爲主，屬於一種封閉的教學型態，無法收到預期的成效；學習共同體的教學理念，強調教學是一種親師生合作的歷程，透過教師、家長、學生、社區人員的齊心合作，建構出來的教學活動，會是一種多元多面向的教學活動。因此，親師生都需要爲教學活動的設計與實踐，負責本身該負的責任。教師在教學設計與實踐，必須將家長、學生、社區人士的教學理念融入實際的教學活動中，使教學活動更爲完整，更爲兼容並包。

4. 學習是一種完整成長歷程

一般的教學活動設計主要是教師對於教學活動（或單元知識）的主觀意識，教師認爲重要的、會考的、必須的知識，就必須在教學設計與實踐中，將這些知識放在教學裡，透過各種方式傳達給學生。學習共同體的理念，則除了傳統知識的教導之外，認爲學習是一種完整的成長歷程，需要學生積極的參與，讓學生了解學習在生命中所扮演的重要角色，自己在成長中如何調整自己，配合學校的教育活動。

每一位教師都應該熟悉因應個別差異的教學流程圖。　　　**教學語錄**

5. 讓學生不再從學習中缺席

學生從學校教育當中缺席的現象，主要的原因相當多，包括學習興趣、學習態度、學習動機、學習成效等，都是影響學生決定是否學習的內外在因素。如果教師想要學生在教學活動中積極的參與並提高學習動機，就需要在教學設計與實踐當中，提供各種有效學習的策略與方法，激發學生學習的意願。學習共同體的實施，讓每一位學生都「必須」參與學習，無法從教學活動中缺席。因此，和傳統的教學法比起來，學習共同體的作法讓學生的學習更有信心，讓學生對於學習不再產生恐懼，讓學生願意在學習中產生挫折時，願意改變自己、願意停留在學習活動中。

臺灣中小學對於佐藤學的學習共同體的理念和作法，深信不疑且身體力行，希望透過學習共同體的理念和作法，改善目前的教學成效，精進自身的教學專業能力。這是一股值得鼓勵的改革風潮，不管改革實施的成效好壞，總是願意在教學生涯中進行一丁點的改變，此為中小學教師教學改革值得鼓勵的部分。

二十 翻轉教學的運用

(一)翻轉教學的意涵

翻轉教學，又稱之為翻轉教室（flipped classroom）、顛倒教室、翻轉課堂、翻轉課程等，是近年來在進行中的新型教學模式，是一種對於知識學習的翻轉方式（黃盈瑜，2018）。翻轉教學的概念，源自於 1990 年代哈佛大學 Eric Mazur 教授，有感於大部分的學生只會紙筆測驗卻不懂得如何將知識運用在自己的生活中。為了改善此種情形，而重新規劃自己的課程與教學作法，基於互動式的教學方法，

教學語錄 透過教學流程的熟悉，縮短學生的個別差異。

要求學生在上課之前採取預習的動作，透過網路學習反應碰到的問題。

翻轉教學的產出，即是針對傳統的教學問題作思考與改進，傳統的教學是在一間由教師擔任主角的教室中，讓每一堂課都是由教師去自導自演，從教師的角度來設計詮釋整個教學活動，長時間以來，這樣的講授方式讓學生失去興趣與動機，無法集中精神，教師也不容易解決教室管理問題，師生容易產生衝突與對立（黃政傑，2014）。

(二)翻轉教學與傳統教學的差異

翻轉教學的實施，主要的概念來自於傳統教學，透過對傳統教學的修正，形成一種新的教學策略（或稱方法）。有關翻轉教學與傳統教學的差異，參見表 3-3。傳統教學的實施，在教學主角方面，由教師主導教學活動的進行，翻轉教學由教師與學生共同參與；在知識的教導方面，傳統教學偏重於知識的記憶和理解，翻轉教學偏重知識的應用與分析；在認知層次方面，傳統教學偏重低層次的認知教學活動，翻轉教學偏重高層次認知教學活動；在知識結構方面，傳統學偏重知識認知結構，翻轉教學偏重知識理解結構；在學習權力方面，傳統教學由教師主導，翻轉教學由學生主導；在學習動機與參與方面，傳統教學忽略學習動機和參與，翻轉教學則重視學習動機與學習參與。

表 3-3 翻轉教學與傳統教學的差異

內涵 方法	傳統教學	翻轉教學
教學主角	教師	教師與學生
知識的教導	偏重知識的記憶與理解	偏重知識的應用與分析

當教師不知道要教什麼時，反問學生是最好的策略。　　教學語錄

方法 ＼ 內涵	傳統教學	翻轉教學
認知層次	偏重低層次認知教學活動	偏重高層次認知教學活動
知識結構	偏重知識認知結構	偏重知識理解結構
學習權力	由教師主導	由學生主導
學習動機	比較忽略學習動機	重視學習動機
學習參與	比較忽略學習參與	重視學習參與

(三)翻轉教學的實施策略

　　翻轉教學的實施和一般傳統教學有所不同，翻轉教學在實施過程中，教學的主導權逐漸由教師轉移至學生身上。翻轉教學的實施策略，一般分成同儕互助教學、作業本位模式、反轉課堂等。

1. 同儕互助教學

　　同儕互助教學是一種強調以「學生學習為中心」的教學設計，透過同儕互助的方式，可以強化教師與學生的互動、學生同儕與同儕的互動，進而提升學生的學習效能。透過學生在課堂中與作業上的相互指導討論與合作，有助於提升學生的學習成效，降低來自學習方面的挫折與壓力（黃盈瑜，2018）。

2. 作業本位模式

　　作業本位模式的教學設計，主要是來自教室中學生的學習存在差異現象，教師無法用同一的教學方式，指導不同學習差異的學生，達到學習上的齊一標準。因此，由教師針對課程目標，設計需要達到標準的作業，讓每一位學生在上課前，先有問題思考和寫作，以利在上課時可以隨時針對學習議題進行回應。

3. 反轉課堂

反轉課堂的教學設計理念,來自於當教師的教學風格與學生的學習型態有相互衝突時,容易使學生的學習成效降低,影響學生的學習動機和學習參與,進而對教學內容失去興趣。因此,教師必須在教學活動實施中,隨時針對學生的學習而改變或採用不同的教學方法。

(四)可能遭遇的問題

翻轉教學的實施,儘管和一般傳統教學有所不同,相關研究也指出,翻轉教學相對於傳統教學,在教學成效和學生的學習參與上,具有正面、積極的意義。然而,任何教學方法的運用,本身就是一種限制。翻轉教學的實施,在臺灣試行一段時間之後,發現可能遭遇的問題如下(黃政傑,2014;黃盈瑜,2018):

1. 翻轉教學加重教師的教學負擔,需要更多的專業支持。
2. 翻轉教學降低教師教學活動中的言教、身教、境教等影響力。
3. 翻轉教學增加教師備課時間和負擔。
4. 翻轉教學考驗教師的資訊素養與教學風格。
5. 翻轉教學取決於學生是否自律、自動學習,對自己學習負責任。
6. 翻轉教學的教材設計取決於教師專業能力。

肆

非常時期的教學設計與實踐

當教學進行到一個階段之後，教師可以考慮和學生對換角色。 教學語錄

一 疫情帶來的教育影響與轉變

(一)學校教育的改變與轉變

新型冠狀病毒（COVID-19）的大流行，打亂了全球民眾的生活形態與步調，同時也改變了人類的思維，擾亂了學校教育的發展，修正了教育人員的教育理念。因應疫情而來的「停課不停學、停班不停課」主張與實施，讓學校教育人員與教師有了新的啟示、新的行動、新的方案、新的念想，同時也啟動了對人類學習歷程的「再思考」、「再行動」工程。傳統的學校教育實施方式，將主要的教育活動與課程教學實施放在學校單位當中，採用「教師教、學生學」等面對面的模式，透過師生雙向互動的形式，以確定教育實施成效。新型冠狀病毒被視為是全球教育界的破壞者，不僅打破了傳統的課堂學習模式，也為行動學習與自主學習等遠距教學的實際作法，提供學校教育實施模式的新思考、新轉移、新構思、新策略、新典範。

當全世界各個國家上緊發條，面對新型冠狀病毒對人類社會產生影響時，學校教育活動的實施，同時也產生了極大的改變。此種轉變對於學校教育的實施，是一種相當大的危機，同時也象徵著學校教育宜從傳統的思維中，在原有的架構與典範中，進行一次脫胎換骨的寧靜革命。

(二)新型冠狀病毒對學校教育的影響：危機或轉機

新型冠狀病毒的大流行，世界各主要國家紛紛祭出邊境管制外國人入境，各大城市為了減災、降低醫療衝擊與傷亡人數，相繼的推出各種政策，包括使出封城、居家令措施，一般民眾過去習以為常的出國參訪、商務會議、公司上班、學校上學、餐廳用餐等，在疫情肆

教學語錄 學生不可能以同等能力理解同樣的學習內容。

虐之下，只能改變型態，轉而宅在家用 3C 產品、在家上班、視訊會議、遠距教學取而代之。此種現象正意味著學校教育型態的改變、教育模式的修正與教育思維的更新，也意味著新的學習型態來臨。相對於傳統的學校教育，教師與學生面對面、一對多的學校教育活動的實施，資訊、視訊、遠距教育的型態，快速地取代傳統的學校教育。

由於人類資訊的發展，快速取代並擴充人類智力，電腦資訊的廣泛應用，使得人類可以輕易地掌握全球性各種主要資料。訊息的演進過程從科學領域而管理領域，再發展至社會領域，最後成為個人電腦時代；由有限的個人空間到全球空間。無國界的資訊發展與革新，使得人類世界成為地球村（林進材，2020）。人類的教育發展、學習活動隨著未來社會建構而有重大的變遷與轉移。

(三)學習典範的轉移與修正

以往，行為學派的理論主張，學習是反應的習得（learning as response acquisition），是一種透過反覆練習或增強作用，使學習者獲得新的反應，建立新習慣的活動。此種理論將個體視為被動的學習者，忽略個體的主動性。認知論者主張學習是知識的建構（learning so knowledge construction），是學習者主動去選擇有關的訊息，並運用學習者既有的知識來詮釋此一訊息的歷程，是一種學習者使用後設認知（meta-cognitive skill）加以控制認知歷程的活動。此種理論將學習者的角色，由被動者提升到主動的學習者（林進材，2020）。

為了因應新型冠狀病毒侵襲，學校實施「停課不停學」方案的時代，每個人都需要「學習如何學習」（learning how to learn），才能適應未來社會的需求。新學習時代的來臨，強調的是學習不應該只侷限學校內與體制內。過去以「教師中心導向」的傳統學習型態，顯然無法與瞬息萬變的疫情侵襲時代發展同步。如同未來學專家 Toffer

（1970）在《未來的衝擊》一書指出，今日的教育，即使是所謂的最好學校，也與時代脫節。學校傾全力要造就一個適應社會制度的人，而學習者在尚未獲得這些技能時，社會又面臨轉型。

因此，在疫情侵襲全世界期間，學校教學活動必須澈底地做反省與檢討，除了沿用傳統「教師導向」學習型態之外，間或採用「自我導向」學習型態，使學習者能依據本身的需要，訂定學習目標，擬定學習計畫，尋找學習資源並進行學習評量，以落實學習成效（林進材，2020）。

二 學校教育實施典範轉移與修正

新型冠狀病毒疫情期間，學校教育實施方式與模式必須改變傳統的教育方式與思維，例如採用自我導向學習理論，結合行動學習策略，提供教師與學生有別於傳統的「教與學模式」，克服「學生無法到學校學習」、「教師無法在課堂教學」的困境（林進材，2020）。

(一)自我導向學習理論的應用

自我導向學習理論的探討，提供教師教學設計與規劃上，不一樣的思維以及不一樣的策略思考。自我導向學習是學習者針對自己的學習，設定實際可行的目標，運用有效的資源，選用可行的學習策略，對自己的學習結果進行評鑑的過程。此一學習理念對教學活動產生相當的影響，不管對教學意義、教師與學習者的角色、教學策略、教學場所、學習情境等，均有突破性的開展意義，廣泛地改變了教學的意義與內涵，造成多方面的影響。

在新型冠狀病毒侵襲期間，學校單位無法展開正常的教育活動，班級教學活動無法採用師生面對面教學時，自我導向學習的理念

教學語錄 差異化教學的重點，在於每一個學生的學習速度不一樣。

與運用可以提供疫情期間，課程教學設計上的有效策略與方法，讓教師可以透過自我導向學習的模式，以遠距視訊、自我監控的方式，引領學生進行「停課不停學」的持續性學習，以收到課程教學實施的效果。

(二)教學模式的改變

疫情期間，教師不但將教學定義作更寬廣的詮釋，同時也擴大教學的範圍，教師本質從內容的灌輸轉而重視服務和資料的交換。因此，教師在教學設計規劃階段應該針對教學的定義，從「面對面教學」、「教師導向教學」，擴大至「學生中心學習」、「學習導向教學」等層面上，提供學習者各種選擇機會的教學，包括視訊學習、遠端學習、自我學習、親子共學等方式的選擇。例如：新型冠狀病毒疫情期間，教師的課程教學設計，應該從「教師中心」轉而「學生中心」或「親子中心」，從形式的轉變到模式的修正，提供學生持續不中斷的學習機會。

(三)教師教學角色的轉移

因應疫情的需要，教師教學的角色應該要重新定位，從傳統內容的傳達者（content transmitter）轉而成為學習的促進者（facilitator of learning）。教師主要是協助學習的技術及擔任教學與學習之間「交易的經理者」，而不是「資訊的供應者」。權威的教師角色，以專家的姿態，期望學習者能記憶及背誦任何教師所教的，或學生所閱讀的事物。經理的角色，注重學習者之間的交互作用與潛在能力，鼓勵學習者為自己的學習活動擔負責任。學習的促進者提供學習者下列的協助：1.環境的安排；2.學習活動的規劃；3.診斷學習需求；4.設定目標；5.設計學習計畫；6.從事學習活動；7.評鑑學習結果等。因此，

教師課程教學設計與規劃，可以將教師視爲學習促進者，需要具備愛心、耐心和親切的態度、開放的心胸，接受新經驗及改變等特質，進而協助學習者的學習活動。例如：疫情期間實施的「停課不停學」政策，需要教師的角色重新定位，從以往的內容傳達者，轉化成爲學習的促進者，課程與教學設計從「教師中心的課程實施者」，轉變成爲「學生中心的課程實施者」，提供學科學習的知識類型，引導學生有效的學習方法。

(四)學習者同時是評鑑者角色的定位

疫情期間由於教學模式的改變，學生應該從他人監控轉而在自我監控的情況之下，完成所有的學習活動。從需求的診斷、目標的擬定、資源的運用、策略的選擇到結果的評鑑，是在獨立作業的狀態之下完成的。因而，學習者控制其學習活動的計畫與執行。學習者除了規劃各種學習活動之外，同時也要擔任評鑑的工作。此種轉變，有別於以往教學評鑑完全由學者專家或教師操控的情況，賦予教學評鑑更多人性化的考慮。評鑑從學習者自身出發，比較能達到預期的效果。

因此，在疫情期間，教師在教學設計規劃階段有關於教學評鑑（或評量）的標準和方式的擬定，需要將學習者同時是評鑑者的概念融入教學計畫當中，教學活動的實施保有學習導向的理念與精神，讓學習者可以自行評鑑學習成效，教師主要角色是一種諮詢者、促進者、監督者，提供學生各種方式的學習機會。

(五)提供學習者最大的選擇機會

在疫情期間，教師在課程教學設計規劃階段應該將學科知識內容作適當的歸類，再依據歸類的情形，結合學習者導向的理念，將教學設計的內容以學習者的特質和需求，提供學習者各種選擇的機會，以

教學語錄 教師的教學要了解「多少時間做多少事」的道理。

落實自我導向學習的精神。例如：透過各種形式學習機會的設計，讓在家學習的每一位學生，可以依據不同的形式、不同的管道、不同的機會、不同的設備，選擇適合自己的學習方式，進而將學習成果回報給班主任或教師，讓教師了解每一位學生都在「停課不同學」的狀態中。

(六)建立教學者與學習者之間的夥伴關係

在疫情期間，教師的課程教學設計與規劃需要調整教學者與學習者之間的關係，由傳統的「教師中心」，慢慢轉移到「學生中心」或「綜合型」關係，使教學計畫更為彈性，增加各種變通方案，給予學習者更多的選擇機會。例如：教師透過網際網路方式，將原本在學校實施的課程教學方案，轉化成為「網際網路」學習的方式，讓學生可以透過「遠端學習」達成教學與學習目標。

(七)重視學習者的強烈內在動機

新型冠狀病毒疫情期間，教育單位實施的「停課不停學」政策，在課程教學設計與實施方面呈現多樣態與多樣性，提供學生各種不同的學習選擇。教師在實施各種「停課不停學」策略時，應該要考慮如何提升學習者的「強烈內在動機」，才能讓每一位學生都積極地學習、快樂的學習、充實的學習。遠距教學與行動學習，與一般傳統面對面的教學與學習，具有相當大的差異性，其實施的成敗關鍵在於學生的學習動機與學習參與，教師如何在自我導向學習課程教學設計與實施中，確保學生的學習效能與學習品質，是教師需要面對的難題。

當學習成效不如預期時，教師應該要先檢討教學內容。 教學語錄

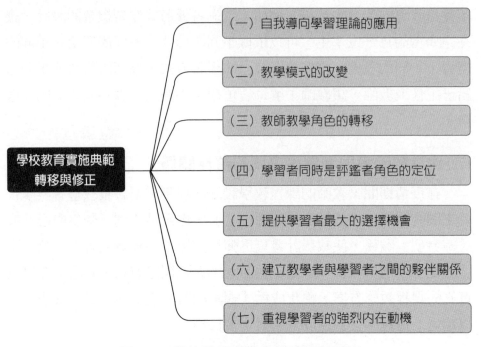

圖 4-1　學校教育實施典範轉移與修正

三　疫情期間，學校教育實施的模式與成效

　　國內為了因應疫情的發展，避免對學校教育的影響，大學與中小學在 108 學年度第二學期，開學時間往後延二週以利學校單位的防疫部署。在大學與中小學部分，學生到學校上課之前，一律在校門口量完體溫之後，才能進學校教室中學習；一發現學生有健康情形方面的疑慮，則強制學生必須回家休息，以杜絕疫情的擴散。

(一)因應措施

　　為了因應疫情，教育相關部門提供全國師生以同步或非同步線

上（如遠距）課程教學實施方式上課，運用網路影片線上課程資源、視訊平台與各種工具，包括非同步遠距教學：學校的線上學習系統、磨課師平台、開放影音資源平台；同步遠距教學：Microsoft Teams、JoinNet、Google Hangouts Meet、WebEx、YouTube、FB 私人社群直播、訊連科技「U 簡報」（教育部，2020）。

(二)學校教育模式與實施情形

臺灣在疫情期間為了避免影響學校的運作與學生的學習，因而在學校教育模式與課程教學實施方面，透過資訊科技與網際網路的運用，提供全國師生在教學上的輔助。因此，打破了傳統學校教育模式，發展出新的教育模式典範，結合自主性學習與行動學習的相關理論，運用下列工具提供師生在教學與學習上的運用。茲將疫情期間，除了傳統的學校教育課程教學模式之外，國內各教育單位採取的遠距教學簡要說明如下：

1. Microsoft Teams、Cisco WebEx 視訊系統

為了實施遠距教學，教育部展開相關配套措施，首先了解各校線上學習設備，盤點出各縣市共可出借學生約 10 萬 3,896 台行動載具及 1,375 台 4G 行動網卡，優先提供給弱勢學生借用。教育部隨即協力五大電信廠商，募集 3 萬 2 千個 15 天免費易付卡門號，爭取電信廠商提供防疫期間優惠電信方案，支援停課學生居家學習。教育部並導入 Microsoft Teams、Cisco WebEx 等視訊系統及教科書出版商提供的備課軟體，提供全國師生免費使用。

2. Google Hangouts Meet 系統

Google Hangouts Meet 系統使用方法囊括下列幾個要點：(1) 教師啟動 google Hangouts Meet，發起一個會議；(2) 將視訊會議連結資訊交到學生手上；(3) 開始教學。

3. 訊連科技 U Meeting 系統

訊連科技 U Meeting 系統使用方法，和一般的系統相比，只要下載該軟體安裝並註冊登入後就可以隨時使用。在功能／特性方面，提供線上會議、研討會簡報、即時通訊的協同作業功能。其主要優點，在於提供高品質畫面的視訊會議體驗，畫面播放率可達到 24 fps，也有過濾噪音的機制，並具備桌面分享、錄製會議等進階功能。此種系統用來實施遠距教學，對學校課程與教學實施，具有正面、積極的意義。

4. 因材網的理念與運用系統

因材網是依據理論架構下所建置而成的數位學習系統，以「適性學習」、「因材施教」為規劃的基本理念，加上「知識結構學習」與「智慧適性診斷」兩大適性化學習系統，藉以診斷學生學習弱點並提供適性的學習教材，故其功能為：(1) 藉由電腦化適性診斷測驗，診斷學生學習成效，立即回饋教師教學成效；(2) 藉由電腦化適性診斷測驗，診斷學生學習成效，達到「因材施測」，提升測驗效率，且能提供跨年級之學習診斷結果；(3) 能自動化提供學生「個別化學習路徑」，達到「因材施教」的效果，輔助教師調整教學方式及策略，提升教師教學效能；(4) 整合「教學媒體」、「診斷測驗」及「互動式教學輔助元件」，適時輔助教師現場教學；(5) 可繼續擴增各學科之教學元件素材，擴大辦理以提供各學科教師進行適性教學（資料來源：https://adl.edu.tw/systemIntor.php）。

(三)實施成效與可能的疑慮

由於新型冠狀病毒疫情的擴大，嚴重影響學校教育的實施，因而學校單位必須及時反省傳統的教育模式，針對各種可能發生的狀況（如學校必須關閉、學生無法到校學習、停課不停學等），修正原有

教學語錄　學生學習落後，教師就需要在舊經驗上多次講解。

的教育模式，採用可行有效的變通方案。因此，同步與非同步遠距教學模式，成爲疫情時期最受青睞的教育模式。

　　此外，在實施同步與非同步的遠距教學，由於和傳統的學校教育方式與師生面對面的教育方式有所不同。因而在實施成效方面，容易受到教育界的質疑，其中包括遠距教學反應資源不均的問題、線上教學成效有待評估、教學與學習缺乏師生面對面的指導關係、授課教師專業能力的待提升、學生學習動機強弱問題等（蔡進雄，2020）。

四 疫情期間，學校教育模式的實施與啟示

　　由於新型冠狀病毒對人類社會產生的影響，不僅是人類生活方式的修正，學校教育活動的實施，同時也產生了極大的改變。此種轉變對於學校教育的實施，是一種相當大的危機，同時也象徵著學校教育宜從傳統的思維中，在原有的架構與典範中，進行一次脫胎換骨的寧靜革命。國內在疫情期間的因應措施與學校教育模式的修正改變，對於後疫情時代學校教育的發展，提供相當具有啟示性的發展方向：

(一)學校教育實施模式解構與建構

　　傳統的學校教育發展模式，奠基在「過程—結果」模式與「行爲模式」基礎之上，或是基於學校教育發展的「績效—責任」要求，此種模式的建立，對於學校教育發展，成爲一種牢不可破的典範。當新型冠狀病毒成爲全球教育界的嚴重破壞者時，不僅打破了傳統的課堂學習模式，也使得「停課不停學」的作法拉開了序幕。學校教育實施模式無法再堅守傳統模式，而必須做及時性、立即性的修正時，學校單位與教育人員必須在「難爲」與「應爲」之間取得平衡，必須循著以往的教育經驗，找出學校教育實施模式的最佳解構與建構。從主

所有的教學活動都需要學生參與，運用自主學習是最好的教學策略。　　教學語錄

要國家在面對疫情時，透過「關閉學校」、「延遲開學」、「遠距教學」政策，彌補傳統教育的不足之同時，正意味著傳統學校教育模式需要與時俱進，同時也應該隨時有修正的準備和需要。

(二)教學與學習理論的運用與修正

傳統的學校教育實施模式，奠定在「師生面對面互動」的形式之上，透過教師教學與學生學習活動的實施，達成學校教育之目標。當新型冠狀病毒疫情快速發展且影響學校正常的教育活動時，傳統的學校教育實施方式是否可以快速地進行修正，以符應外界的快速發展，成為學校教育觀察的重要指標。疫情期間，世界各主要國家選擇「關閉學校」、「居家學習」、「停課不同學」、「遠距教學」政策時，除了可以回應教學與學習理論的運用之外，忽略了相關理論的修正，以及教學與學習之間的互動關係。因此，未來的學校教育模式中，有關教學與學習理論的運用與修正，仍需要透過相關的理論與實踐、實務與經驗論證關係，進行務實性的修正，才能因應未來的趨勢發展。學校教育如果堅守傳統的「理論模式」，勢必無法在未來「無遠弗屆」的教育發展中，取得優勢的地位。

(三)學習理論之間的相互調適運用

學校教育發展中的實施模式，有關學習理論的應用，偏向行為學派的理論主張，學習是反應的習得（learning as response acquisition），是一種透過反覆練習或增強作用，使學習者獲得新的反應，建立新習慣的活動。此種理論將個體視為被動的學習者，忽略個體的主動性。認知論者主張學習是知識的建構（learning so knowledge construction），是學習者主動去選擇有關的訊息，並運用學習者既有的知識來詮釋此一訊息的歷程，是一種學習者使用後

設認知（meta-cognitive skill）加以控制認知歷程的活動（Keller, 1983）。使種理論將學習者的角色，由被動者提升到主動的學習者。在疫情期間，各國的學校教育採用「遠距教學」、「網路教學」、「電視教學」形式，其最受到批評之處，在於忽略學習者的學習動機問題，無法透過此種形式的教學激發學生的學習動機，或者無法預期學生是否具有強烈的學習動機。

(四)教師教學與學生學習典範發展

在疫情期間的學校教育實施模式中，從各國推出的教育政策或實施方針，不難看出學校教育對於教師教學與學生學習的重視，希望透過各種及時性的政策（如遠距教學、行動學習等），將教師的教學與學生的學習進行緊密的結合，避免因為疫情的關係中斷學校教育的實施，影響教師的教學與學生的學習。然而，從各國對於學校教育實施模式的運用與改變，不難想像教育單位對於教師教學與學生學習典範，仍然有需要調整或修正的空間。例如：自我導向學習與行動學習理論策略的運用和相互調適問題，學校教育如何加強學生對學習產生的自主性與自發性，如何讓學生感受到「學習是一件很重要的任務」，讓學生積極地透過各種行動對學習產生強烈的意願等。

(五)課程教學設計與實踐的新典範

新型冠狀病毒疫情期間，不僅僅是全世界生活秩序的改變、人類社會發展的調整、教育系統發展模式的修正，同時也是學校課程教學更新的契機。透過自我導向學習理念的課程教學設計，可以提供教師另類思維契機，更新學生的學習機會與狀態，邁向新的課程教學時代、邁向新的學習模式時代。在疫情期間，如何讓學習者擁有學習決定權，重視學習經驗與專家經驗的融合，符合學習的個別差異等，不

會因為疫情的關係而放棄學習，能積極地、深入地了解疫情對自身學習的影響，配合國家各種教育政策的實施，展現出自主學習的高度意願，進而激發學習上的意願，提升高效能的學習品質。

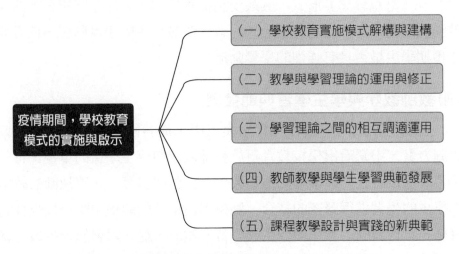

圖 4-2　疫情期間，學校教育模式的實施與啟示

五　新型冠狀病毒帶來的挑戰：新的學習型態來臨

　　新型冠狀病毒的大流行，世界各主要國家紛紛祭出邊境管制外國人入境，各大城市為了減災、降低醫療衝擊與傷亡人數，相繼的推出各種政策，包括使出封城、居家令措施，一般民眾過去習以為常的出國參訪、商務會議、公司上班、學校上學、餐廳用餐等，在疫情肆虐之下，只能改變型態，轉而宅在家用 3C 產品、在家上班、視訊會議、遠距教學取而代之。此種現象正意味著學校教育型態的改變、教育模式的修正與教育思維的更新，也意味著新的學習型態來臨。相對於傳統的學校教育，教師與學生面對面、一對多的學校教育活動的實

施，資訊、視訊、遠距教育的型態，快速地取代傳統的學校教育。

以往，行為學派的理論主張，學習是反應的習得（learning as response acquisition），是一種透過反覆練習或增強作用，使學習者獲得新的反應，建立新習慣的活動。此種理論將個體視為被動的學習者，忽略個體的主動性。認知論者主張學習是知識的建構（learning so knowledge construction），是學習者主動去選擇有關的訊息，並運用學習者既有的知識來詮釋此一訊息的歷程，是一種學習者使用後設認知（meta-cognitive skill）加以控制認知歷程的活動。使種理論將學習者的角色，由被動者提升到主動的學習者。

為了因應新型冠狀病毒侵襲，學校實施「停課不停學」方案的時代，每個人都需要「學習如何學習」（learning how to learn），才能適應未來社會的需求。新學習時代的來臨，強調的是學習不應該只侷限學校內與體制內。過去以「教師中心導向」的傳統學習型態，顯然無法與瞬息萬變的疫情侵襲時代發展同步。如同未來學專家 Toffer（1970）在《未來的衝擊》一書指出，今日的教育，即使是所謂的最好學校，也與時代脫節。學校傾全力要造就一個適應社會制度的人，而學習者在尚未獲得這些技能時，社會又面臨轉型。

六 自我導向學習在非常時期的教學應用

自我導向學習（self-directed learning）常與自我教導（self-instruction）、自我教育（self-education）、自我教學（self-teaching）、獨自學習（independent learning）、獨立研究（independent study）、自我導向研究（self-directed study）、探究方法（Inquiry method）、自我計畫學習（self planned learning）等名詞相提並論。

教師要讓學生獲得必須的知識和技能，以適應生活上的需要。　教學語錄

(一)自我導向學習的意義

自我導向學習理論的探討，以成人教育文獻出現最多，並且蔚為時尚。如 Knowes 從成人教育層面指出，自我導向學習是成人最自然也是最好的學習方式。在學習過程中，學習者在無他人協助之下，診斷自己的學習需要，形成自己的學習目標，尋找學習的人力和各種物質資源，選擇並實施適當的學習策略，以及評鑑學習的成果。Knowes 同時指出，自我導向學習的基本假設有五：1. 人類可由自然地成熟而有能力自我導向的成長；2. 學習者的經驗是學習的豐富資源；3. 個體有其不同型態的學習準備度；4. 學生的學習屬於任務或問題中心導向；5. 學習動機來自內在的激勵，如自尊需求、成就需求等。自我導向學習為個體自身喜愛的課程，並且依據各種學習過程中的需求，有能力自行決定學習的步調、風格（style）、彈性與結構者。因此，自我導向學習是學習者的學習過程，同時也是學習者能力之一。林進材認為，自我導向學習是一種學習者追求獨立學習、執行自身的學習程式及主動控制學習過程的歷程。因此，自我導向學習理論囊括學習環境或訊息、學習者、學習過程與學習結果等要素。

綜合上述，自我導向學習有別於傳統的學習理論，強調學習者在學習過程中，積極、主動的學習風格。診斷自己的需求與特性，擬定自己實際可行的學習目標，尋求學習可以運用的各項資源，選用並實施適當的學習策略，並配合結果進行評鑑的過程。

(二)自我導向學習的特性

自我導向學習的特性，和傳統的學習有所差異，依據學者的理論分析，自我導向學習具有下列特性：

1. 重視學習者具有獨特的人格特質

自我導向學習理論重視學習者自行規劃與進行學習活動的能

教學語錄 和學生簽訂學習方面的合約，對於學生學習的要求具有別樣的意義。

力，是在個體獨立作業的情況下，主動從診斷學習者的需求，設定目標，確定所需人力與物資及評鑑學習結果的過程。因此，自我導向學習具有強烈的自我認同。傳統的教師導向學習，重視教師的教學計畫能力，教學活動的進行以教師為主、學生為輔。學習者偏向外在取向，依賴外界的增強作用，學習比較消極、被動、依賴性高，不斷期盼從教師處獲得更多、更明確的指導，對自我的要求比較低，無法獨力完成學習活動，缺乏批判反省與思考能力。

2. 強調學習者擁有「學習決定權」

自我導向學習理論強調自我學習的了解，個體由設計良好的學習情境中，主動參與機會而獲得發展與增強。因此，學習過程由學習者依據自身的先備知識經驗、起點行為與本身屬性的需求，決定要學些什麼知識、概念或原則，並決定學習的型態與方式。學習者依學習目標的建立、學習資源的規劃、學習活動的評鑑中，了解自己的學習，進而從自我實現中完成學習活動，學習者擁有學習的決定權。教師導向的學習型態，學習的決定權在教師手中，由教師決定學習者要學些什麼？以何種方式學習？此種學習型態，往往忽略學習者實際的需要、先前知識、身心屬性，衍生「教」與「學」脫序的現象，學習者掌握自己的學習活動，對於未來充滿迷惑，他人導向的學習成效無法達到預期的效果。

3. 重視學習者經驗與專家經驗的融合

教師教學過程中，經驗傳遞是很重要的一環。自我導向學習理論是一種學習者自己掌握學習活動的歷程，理論與實踐的對話機會自然隨著學習者的學習活動而增加。學習者的經驗成為日漸豐富的資源，從經驗的累積中形塑有效的學習。因而，學習者除了自身的經驗之外，還需要與專家的經驗共同融合，達到更有效的學習。教師導向的教學，由於學習決定權操之在教師手裡，學習者本身的經驗及價值均

讓學生自行依據能力選擇學習內容和方式。　**教學語錄**

低於教師，教師負有將專家經驗傳遞給學習者的責任。學習者的經驗僅限於教師經驗及專家經驗，無法將自身的經驗有效地融入學習中，學習成效自然有限。

4. 重視適應學習者的個別差異

傳統的班級教學，將各個不同的學習者聚集在一起，施於同一種教學方法、同一套教材、齊一標準的教學，顯然無法適應個別差異，自我導向學習過程中，學習者勢必準備好學習必須完成的生活任務和克服生活問題，個人準備程度不同，其學習步驟及意願也因人而異。自我導向學習的特色，在於學習者依據自身的學習速度、方式來進行。因而，在學習活動中能兼顧學習者的個別差異，同時也滿足學習者各種不同的需求。教師導向的學習安排方面，要求不同程度的學生學習相同的事物，齊一標準的學習成就要求，顯然忽略了學習者的個別差異。

5. 以工作或問題中心取向的學習導向

自我導向學習，將學習重點集中於工作（task）或問題中心。因此，學習經驗是建立在完成工作或解決問題的學習計畫或探究單元，學習者的經驗是擴散式的。教師導向的學習過程，學生接受的是學科內容導向的學習。因而，學習被視為教材內容的累積，學習經驗是依據所有單元內容加以組織而成，學習者的經驗是聚斂式的。

6. 學習者的學習動機來自於內在誘因

自我導向學習的學習動機是來自於個體內在的激勵，如自尊需求、成就需求等。因而，自我導向學習者的學習動機受到內在誘因的激勵，使學習活動產生自動自發的動力。教師導向學習的學習動機，是來自於外誘動機，學習者受到外在獎賞和懲罰的影響而學習。因而，學習者容易產生被動依賴的情形，缺乏積極、主動的精神，學習態度比較偏向消極、被動。

教學語錄 教師的教學，有時候應該要換一種不一樣的方式。

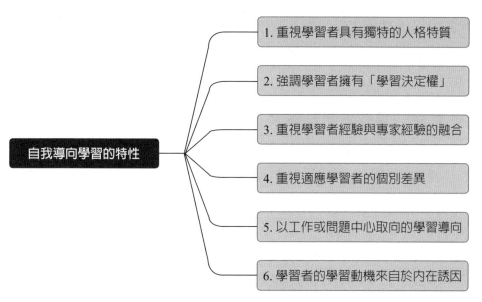

圖 4-3　自我導向學習的特性

七 自我導向學習在疫情期間的課堂教學設計與實踐

　　自我導向學習理論的探討，提供教師教學設計與規劃上，不一樣的思維以及不一樣的策略思考。自我導向學習是學習者針對自己的學習，設定實際可行的目標，運用有效的資源，選用可行的學習策略，對自己的學習結果進行評鑑的過程。此一學習理念對教學活動產生相當的影響，不管對教學意義、教師與學習者的角色、教學策略、教學場所、學習情境等，均有突破性的開展意義，廣泛地改變了教學的意義與內涵，造成多方面的影響。

　　因此，在新型冠狀病毒侵襲期間，學校單位無法展開正常的教育活動、班級教學活動無法採用師生面對面教學時，自我導向學習的理念與運用，可以提供疫情期間課程教學設計上的有效策略與方法，讓

教師可以透過自我導向學習的模式，以遠距視訊、自我監控的方式，引領學生進行「停課不停學」的持續性學習，以收到課程教學實施的效果。

(一)教學的涵義應隨著擴大

自我導向學習理論的提出，改變了傳統對教學的認知，使教學的性質和範圍面臨各種挑戰和改變。首先是教學涵義的擴大，改變以往將教學定義為「面對面」的教學型態，擴展到「自我教學、自我學習」的層面。自我導向學習不但將教學定義作更寬廣的詮釋，同時也擴大教學的範圍，教師本質從內容的灌輸轉而重視服務和資料的交換。因此，教師在教學設計規劃階段應該針對教學的定義，從「面對面教學」、「教師導向教學」，擴大至「學生中心學習」、「學習導向教學」等層面上，提供學習者各種選擇機會的教學，包括視訊學習、遠端學習、自我學習、親子共學等方式的選擇。例如：疫情期間，教師的課程教學設計，應該從「教師中心」轉而「學生中心」或「親子中心」，從形式的轉變到模式的修正，提供學生持續不中斷的學習機會。

(二)教師成為學習促進者

在自我導向學習中，教師的角色應該要重新定位，從傳統內容的傳達者（content transmitter）轉而成為學習的促進者（facilitator of learning）。教師主要是協助學習的技術及擔任教學與學習之間「交易的經理者」，而不是「資訊的供應者」。權威的教師角色，以專家的姿態，期望學習者能記憶及背誦任何教師所教的，或學生所閱讀的事物。經理的角色，注重學習者之間的交互作用與潛在能力，鼓勵學習者為自己的學習活動擔負責任。學習的促進者提供學習者下列協

教學語錄 教學實驗室的設置，需要教師依據學科領域教學的需要。

助：1.環境的安排；2.學習活動的規劃；3.診斷學習需求；4.設定
目標；5.設計學習計畫；6.從事學習活動；7.評鑑學習結果等。因此，
教師課程教學設計與規劃，可以將教師視為學習促進者，需要具備愛
心、耐心和親切的態度、開放的心胸，接受新經驗及改變等特質，進
而協助學習者的學習活動。

　　例如：疫情期間實施的「停課不停學」政策，需要教師的角色重
新定位，從以往的內容傳達者，轉化成為學習的促進者，課程與教學
設計從「教師中心的課程實施者」，轉變成為「學生中心的課程實施
者」，提供學科學習的知識類型，引導學生有效的學習方法。

(三)學習者同時是評鑑者角色的定位

　　自我導向學習在自我監控的情況之下，完成所有的學習活動。從
需求的診斷、目標的擬定、資源的運用、策略的選擇到結果的評鑑，
是在獨立作業的狀態之下完成的。因而，學習者控制其學習活動的計
畫與執行。學習者除了規劃各種學習活動之外，同時也要擔任評鑑的
工作。此種轉變，有別於以往教學評鑑完全由學者專家或教師操控的
情況，賦予教學評鑑更多人性化的考慮。評鑑從學習者自身出發，比
較能達到預期的效果。

　　因此，在疫情期間，教師在教學設計規劃階段有關於教學評鑑
（或評量）的標準和方式的擬定，需要將學習者同時是評鑑者的概念
融入教學計畫當中，教學活動的實施保有學習導向的理念與精神，讓
學習者可以自行評鑑學習成效，教師主要角色是一種諮詢者、促進
者、監督者，提供學生各種方式的學習機會。

(四)提供學習者最大的選擇機會

自我導向學習理論強調學習者擁有學習的決定權，學習是一種學習者經驗和專家經驗的融合過程。此種學習不受到場合、地點、時間及情境方面的限制。學習的進行可以依照預先設定的架構（predefined framework）去執行。因而，教學者應該提供最大的選擇機會，讓學習者依據實際的需要做抉擇。提供的內涵包括學習資源、學習材料、學習類型、學習方法等。

在疫情期間，教師在課程教學設計規劃階段應該將學科知識內容作適當的歸類，再依據歸類的情形，結合學習者導向的理念，將教學設計的內容，以學習者的特質和需求，提供學習者各種選擇的機會，以落實自我導向學習的精神。例如：透過各種形式學習機會的設計，讓在家學習的每一位學生，可以依據不同的形式、不同的管道、不同的機會、不同的設備，選擇適合自己的學習方式，進而將學習成果回報給班主任或教師，讓教師了解每一位學生都在「停課不同學」的狀態中。

(五)建立教學者與學習者之間的夥伴關係

傳統的教學型態，教師是教學權威的代言人，以專家的姿態將各種經驗、概念、法則與材料，不假思索地灌輸給學生，傳遞給學生，期望學習者能記憶及背誦任何教師所教的或學生所閱讀的事物。自我導向學習，注重學習者之間作用與其在能力方面的改變，教學者與學習者的關係由以往上對下、權威與附屬型態，轉成行為夥伴關係。學習者與教學者針對各科學習目標、策略、評鑑標準訂定學習契約（learning contract），經由契約的方式聯結師生的夥伴關係。學習契約提供學習者所進行學習活動的文字記錄，同時也擔負學習品質控制的機制。

教學語錄 教學前了解學生的學習性向，才能進行適切的教學設計。

(六) 重視學習者的強烈內在動機

　　自我導向學習與教師導向學習，最大的區別在於重視個體內在的強烈動機。從學習者自尊需求、成就需求的滿足中完成學習活動。在學習活動中，個體內在動機需求不斷地湧現，成為促進學習的原動力。教師導向學習重視外誘動機，學習者受制於外在獎賞與懲罰的侷限，學習效果不佳。因此，學習者內在動機的滿足，成為教學過程中重要的影響因素。學習者從診斷學習需求、預設目標、確認所需人力與物質資源及評鑑結果的過程中，每個環節都能得到來自於內在動機的支持，從內在動機的滿足中，完成學習活動。

　　自我導向學習的實施，與一般傳統面對面的教學與學習，具有相當大的差異性，其實施的成敗關鍵在於學生的學習動機與學習參與，教師如何在自我導向學習課程教學設計與實施中，確保學生的學習效能與學習品質，是教師需要面對的難題。例如：疫情期間，教育單位

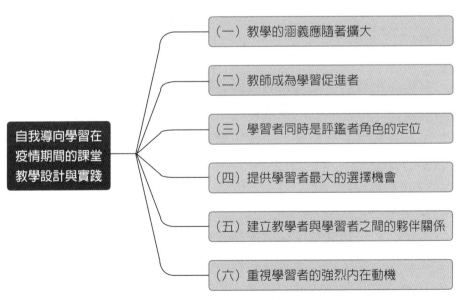

（一）教學的涵義應隨著擴大

（二）教師成為學習促進者

（三）學習者同時是評鑑者角色的定位

（四）提供學習者最大的選擇機會

（五）建立教學者與學習者之間的夥伴關係

（六）重視學習者的強烈內在動機

自我導向學習在疫情期間的課堂教學設計與實踐

圖 4-4　自我導向學習在疫情期間的課堂教學設計與實踐

教學活動的實施，應該要以學生的學習性向為主。　**教學語錄**

實施的「停課不停學」政策，在課程教學設計與實施方面呈現多樣態與多樣性，提供學生各種不同的學習選擇。教師在實施各種「停課不停學」策略時，應該要考慮如何提升學習者的「強烈內在動機」，才能讓每一位學生都積極的學習、快樂的學習、充實的學習。

八 大學實施課堂遠距教學準備

在非常時期，大學實施課堂遠距教學，需要做以下的教學準備：

(一)適當的課程設計與實踐

大學的課堂教學要配合非常時期的特性需求，則課程設計與實踐就需要依據遠距教學的特點，調整課程內容和學習方式，並且設計適合遠距教學的學習活動和評估方式。在教師教學方面，需要特別注意如何引導學生進行線上討論，以提高學生的課堂學習動機和激發學生的學習興趣。

(二)技術準備與設備盤點

實施遠距教學需要完整的設備，擁有一個穩定的網路環境、合宜的網路設備、可靠的視訊會議系統、教學平台和相關的教學軟體，提供教師課堂教學上的需要，以確保學生可以順暢地參與課堂學習和接受教學的資源。

(三)師生互動關係的建立

傳統的大學課堂教學採用實體教學方式，教師可以隨時掌握學生的學習表現，學生可以隨時收到教師的回饋。遠距教學時，學生和教師的互動是遠距教學成敗的關鍵，教師需要建立一個開放穩定的學習

環境，鼓勵學生提出學習問題和意見，以利及時回應學生的問題，提供學生個別的學習支持與輔導。

(四)**學生學習支持系統的建立**

實施課堂遠距教學，學生可能會在學習中遇到相當多的困難，影響遠距教學實施成效。例如：網路設備問題、網路技術問題、學習困難、學習動機不足等。因此，教師在實施課堂遠距教學前，需要為學生建立一個適合的學習支持系統，隨時提供資源的輔助，讓學生可以順利參與遠距教學。

(五)**教學資源共享平台的建立**

課堂遠距教學的實施，教師需要透過開放式教學平台等方式，分享教學資源與課程內容，進而提升教學品質與學生學習成效。例如：教師可以透過教學網路社群的方式，與其他同僑教師進行教學經驗的分享和交流，作為調整課堂教學的參考。

(六)**評估標準與反思活動的實施**

遠距課堂教學的實施，學生學習參與和學習表現是教學的重要關鍵，教師需要在課堂教學前，建立一套有效的評估系統，及時了解學生的學習狀況，並且依據學生的回饋與評估結果，作為課堂教學反思和修正的參考。教師在教學前，應該利用機會讓學生了解評估標準的內容，以及評估實施的方式。

教學活動要讓學生獲得充分的時間。　**教學語錄**

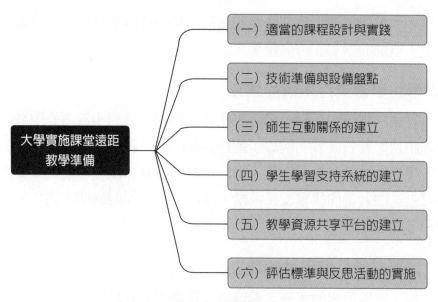

圖 4-5　大學實施課堂遠距教學準備

　　除了上述的課堂教學準備，遠距教學的設計與實踐還需要符合法律上的需求。例如：隱私權的保障、個人資料的保密、網路使用安全的要求等，讓遠距課堂教學在合法、合規、安全、穩定、保障的情形之下，順利的實施。

九 遠距教學的評量設計與實踐

(一)實施遠距教學評量的方式

　　大學實施遠距課堂教學，在教學評量形式與標準的建立，就需要依據遠距教學與自主學習的特性實施評量。在大學實施遠距教學的學習評量，可以透過下列幾種方式實施：

1. 專題報告方式

實施課堂遠距教學，教師可以依據學科領域的重點，要求學生進行專題研究，並且透過專題研究報告方式提出，和同儕在線上分享，教師透過專題報告內容、專題報告情形評定學習成績。

2. 測驗與作業方式

教師在實施遠距教學時，可以定期實施測驗或作業，以了解學生對於課程內容的學習情形，透過評分方式進行評量。

3. 討論區參與情形評量

遠距課堂教學通常會有線上討論，教師可以依據學生的線上討論情形、與同儕互動情形，作為教學評量的參考。透過學生的討論，教師可以掌握學生的學習情形。

4. 期末總評量的方式

遠距課堂教學的實施和一般傳統的教學的實施，在教學活動與學習活動的差異性相當大，教師評量學生的學習成效也應該隨著調整。大學遠距課堂教學可以安排線上期末考試，透過評量了解學生對學科學習的理解程度與熟悉情形。

5. 實施課程回饋方式

教師可以透過課程回饋的方式，請學生提供相關的意見或觀點，或透過問卷調查方式，蒐集學生對於課程實施的意見，了解學生在學習歷程中，對於課程實施的優缺點和建議，透過這些回饋方式調整課程設計與實踐。

教師可以透過各種教學策略與診斷工具，確保學生的學習標準。　教學語錄

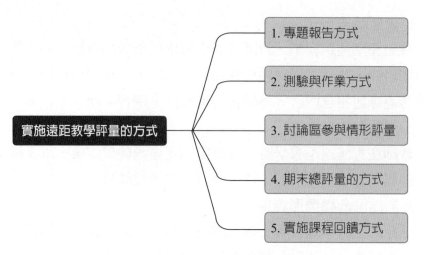

圖 4-6　實施遠距教學評量的方式

(二)實施遠距教學評量注意要點

　　遠距教學的實施與傳統教學差異性大，需要教師在教學設計與實踐時，參考遠距教學與自主學習的特性，調整教學評量的方式。

　　1. 評量方式的公平性

　　遠距教學的學習評量，在評量方法上應該要公平、客觀，避免不必要的影響因素，導致評分結果上的偏差情形。

　　2. 評量標準的合理性

　　遠距教學的評量標準應該與課程內容相符合，以反應學生對課堂內容的熟悉度和理解程度。

　　3. 評量時間點的合理性

　　實施遠距教學評量時，在時間的安排上要合理，避免過於緊湊的時間安排，影響學生的學習成效。

　　4. 評量結果合於及時性

　　遠距教學的學習成效評量，評量結果應該要及時公布，讓學生及

教學語錄 | 教師的教學設計，應該以學生的真實學習狀況為主。

早了解自己的學習情形，透過評量修正自己的學習參與方式。

　　5. 評量回饋與修正

　　遠距教學評量可以透過回饋機制的建立，提供學生及時的回饋，並且針對評量結果進行改進，以及提升課程實踐的教學品質。

➕ 遠距教學的教學效能

(一)提升遠距教學效能的方法

　　遠距教學的設計與實踐，需要教師依據學科教學特性與學生學習情形，進行課堂教學設計與實踐。想要提升遠距教學的品質，需要考慮下列幾個方法：

　　1. 運用多媒體教學工具

　　多媒體教學工具的運用，是遠距教學成敗的靈魂。教師在實施遠距教學時，應該多使用影片、音訊、圖像等各種多媒體教學工具，才能在遠距教學時，增加學生的學習興趣和參與度，同時引導學生了解課程教學內容。

　　2. 以學生為中心的教學設計

　　遠距教學的實踐，學生的學習參與是成敗的關鍵。教師需要在遠距教學時，關注學生的學習情形。因此，遠距教學需要以學生為中心，提供多樣化的學習資源與學習策略，以滿足學生在學習上的不同風格與需求。

　　3. 運用自主學習的特性

　　遠距教學的實踐，教師需要運用自主學習理論與特性，鼓勵學生主動參與學習、獨立思考與自主學習，以提高學習成效和自主學習能力。

4. 考慮學生別差異情形

遠距教學的實施，學生的學習狀況與學習風格，存在比較大的差異。因此，教學設計與實踐就需要考慮學生的個別需求和差異，提供學生差異化教學和個別輔導計畫，透過學生個別差異策略的實施，提升學習效果。

5. 強化線上學習互動

遠距教學實施時，需要針對學生的學習情形進行個別化的教學規劃。透過線上討論、互動式課程實施，提高學生的線上課堂學習參與，增加教師與學生的互動，讓學生從分享自己的經驗和想法中，加強學習參與和學習成效。

6. 及時學習回饋與反思

遠距教學實施時，需要教師隨時掌握學生的學習參與情形。因此，教師應該及時給予學生回饋與指導，幫助學生了解自己的學習問題，引導學生針對學習問題而調整學習策略。

(二)邁向自我導向學習課程教學設計與實踐的新典範

非常時期的學校課堂教學典範，需要遠距教學與自我導向學習理念的相互運用與融合。自我導向學習理論雖然強調學習者獨立的人格特質，讓學習者擁有學習決定權，重視學習經驗與專家經驗的融合，符合學習的個別差異等，然而實施的過程中容易受到質疑。如：1. 結構對非結構的問題，及初學者如遇到高度結構性知識的學習，則影響其自我導向；2. 內容對非內容的問題，學習內容容易受到牽制；3. 成績評定的公平性問題等。雖然如此，從自我導向學習理論的意義、特質及內涵的發展，提供教師教學設計規劃的另類思考。畢竟，「教師導向的學習能調教出照章行事的學生；自我導向的學習卻能雕琢出學習自主的學生。」

教學語錄 教師可以透過補救教學的實施，提供學生「再學習」的機會。

　　新型冠狀病毒疫情期間，不僅僅是全世界生活秩序的改變、人類社會發展的調整、教育系統發展模式的修正，同時也是學校課程教學更新的契機，透過自我導向學習理念的課程教學設計，可以提供教師另類思維契機，更新學生的學習機會與狀態，邁向新的課程教學時代、邁向新的學習模式時代。

在日常班級教學中，尋找自己可以改變的機會。　教學語錄

伍

碩士班課堂教學
設計與實踐

本章重點

學習改變不再是一種孤單的活動，而是群體協作的活動。　**教學語錄**

一 研究所與大學部課堂教學的差異

(一)研究所與大學部課堂教學的差異

一般而言，大學部的課程與研究所的課程，其中的差異是相當大的。因此，大學部與研究所的課堂教學之間，存在下列差異性：

1. 學術深度與廣度不同

研究所的學術深度與廣度，通常會比大學部的課程更為深入。研究所強調的是對特定領域的深入研究和探討，要求學生必須具備更高深的學術素養；大學部的課程主要是奠定基礎，因此在課程方面強調理論的學習、知識和技能的應用等。

2. 對學習的要求不同

由於課程深度與廣度的不同，大學部的課堂教學對於學生學習的要求比較少，只要學生在課堂學習中多加參與就可以學到基本的知識；研究所的學習壓力比較大，在課程方面要求學生投入更多的時間和精力，進行更多的研究、歸納與分析，以獲得更高的學術成就。

3. 教師教學方式不同

大學部的課堂教學比較偏向「教師講、學生聽」的型態，學生在課堂教學中，只要迎合教師的教學要求便可以；研究所的課程通常採用更為嚴謹和專業的教學方式，教師會鼓勵學生獨立思考和研究，並且在課堂上的師生互動和討論，也會更為深入和高深。

4. 課程組成內容不同

大學部的課堂教學在課程組成內容方面，比較偏向基礎理論的探討、實務案例的分析學習、生活實際情境問題的解決等；研究所的課程通常具有更高的專業化程度，更為專注於特定領域或學科，同時也包括更多元的選課方式。

教學語錄 心智圖的教學策略，需要將學科單元的知識進行分類彙整工作。

5. 課堂評量形式不同

　　大學部課堂教學的教學評量，會比較偏向紙筆測驗、知識技能的記憶測驗等；研究所的課程考試形式，比大學部更具多樣化與挑戰性，研究所課程需要學生進行研究項目、論文主題報告等非傳統式的紙筆測驗或口試考試等。

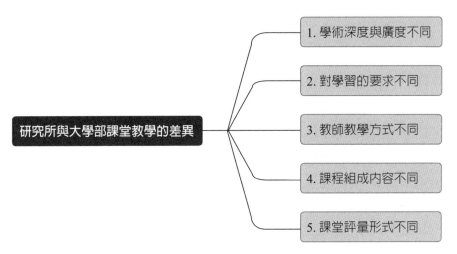

圖 5-1　研究所與大學部課堂教學的差異

(二)研究所與大學部課堂學習的差異

　　基於大學部與研究所課堂教學的差異，學生在課堂學習方面也具備下列幾點差異：

1. 學習目標的差異

　　大學部課堂的學習目標，主要在提高學生的學術知識和技能，以利學生可以進一步學習和發展自己未來的專業方向；研究所課程的學習目標，在於提高學生的專業素養和研究能力，以利可以在未來的特定領域中成為專家，強化學術研究能力。

教師可以選擇適合的單元教學，將心智圖的概念融入教學設計當中。　教學語錄

2. 學習壓力的差異

大學部課堂學習的壓力，和研究所相比，會比較輕鬆，學生除了課堂學習之外，還能參加各種課外活動或社團活動；研究所的課堂學習，學生需要投入更多的時間和精力在學術研究與探索中，以便完成更高深的學術任務，因此在學習壓力方面比較大。

3. 學習方式的差異

大學部的課堂學習比較依賴教師在課堂的教學，以及學生相互之間的互動，以利完成學術方面的基本要求；研究所的課堂學習，強調獨立性和自主性，在教授的指導之下進行獨立研究與探索，因此需要更高度的學術自律性和自我管理的能力。

4. 學習資源的差異

大學部的課堂學習，在課程方面，注重基礎學科的教學和學生的基本學習資源上的應用，以利學生基礎學科的學習；研究所課程的學習資源，比大學部更加專業和深入，學生可以享有更多的學術資源和研究設備，以利進行更高層次的研究和探索。

大學部和研究所的課堂教學與學習，二者的差異性是相當大的，學校主管單位應該針對不同的課堂課程差異，進行各種形式的資源管理，以利教師在課堂教學能充分的發揮，學生在課堂學習能獲得期望的學習。

二 學科研究與學科專題研究

研究所碩士班和博士班的課程差異，主要在於「學科研究」與「學科專題研究」。例如：教育領域的課程與教學研究碩士班，開設的課程為「課程理論研究」、「教學理論研究」、「教學方法

教學語錄 在教學策略的運用上，應該根基在文化回應的教學理念上。

研究」、「課程研究方法研究」等；在博士班階段，開設的課程為「課程理論專題研究」、「教學理論專題研究」、「教學方法專題研究」、「課程研究方法專題研究等」。學科研究與學科專題研究的主要差異，簡要說明如下：

(一)學科性質的差異

學科研究和學科專題研究，在碩士班和博士班是兩個不同的概念，其主要差異如下：

1. 學科目標不同

學科研究一般指的是針對一個學科領域的整體性研究，研究目的在於探究該學科領域的基礎理論、發展情形、發展趨勢與未來的方向，透過研究為該學科領域的發展，提供基礎性的理論支持；學科專題研究是針對該學科具體的問題或主題進行深入的研究，主旨在於針對該問題或主題進行深入的分析和探討，針對該學科的理論應用與實踐，提出具體的解決方案或建議。學科研究重點在於「研讀理論、批判理論」，學科專題研究重點在於「評論理論、建立理論」。

2. 研究範圍不同

一般而言，學科研究的範圍比較廣泛，包括該學科領域的各個方面與議題；而學科專題研究的範圍比較深入，僅針對學科特定的問題或議題，進行深入的研究探討，以達到理論與實踐之間，邏輯關係的分析。例如：教育行政學研究，學科研究範圍在於教育行政學相關理論的分析與探討，並論及理論的應用優缺點與限制等；學科專題研究範圍在於教育行政學相關理論本身的詮釋與實踐，並探討理論需要詮釋與修正議題。

3. 研究方法不同

在研究方法方面，學科研究通常比較偏向採用綜合的研究方

教室裡的各種研究方法，都可以讓教師進行「教學實踐」研究。　**教學語錄**

法，包括文獻探討、實驗研究、案例研究、問卷調查、行動研究等，進而探討現況與趨勢；學科專題研究偏向於強調對問題或主題深入分析和探討，以利於修正理論、建立理論等，通常採用的研究方法會比較深入、具體，例如理論性探討、詮釋理解、質量統合等研究方法。

在研究所碩士班和博士班的課程規劃設計中，學科研究與學科專題研究各有其不同的特點和重點，需要依據具體的需求進行選擇和應用，以利於課堂教學設計與實踐的參考。

(二)學科方法的差異

學科研究與學科專題研究，在學科方法的應用是兩個不同的研究範疇，其中的主要差異如下：

1. 研究範疇的不同

一般來說，學科研究的研究範疇比較廣泛，研究內容包括整個學科領域，學科內容所涉及的理論、應用、案例、研究文獻等，都是學科研究的範疇；學科專題研究的研究範疇，針對學科領域中特定問題或主題進行深入的研究，例如該領域的理論發展、研究發展、研究議題、研究趨勢等，是為學科專題研究的研究重點。

2. 研究目的不同

學科研究的主要目的，在於為了對學科領域進行全面性的研究和探索。其中包括理論基礎、理論應用、理論發展、未來發展等方向；而學科專題研究的主要目的，是為了解決特定問題或特定主題，提出相對應的解決方案或建議，進而修正該學科領域的理論及應用。

3. 研究方法的不同

學科研究的方法，一般會採用多種研究方法，例如文獻探討、實驗研究、經驗敘說、案例分析等，探討該學科發展的「過去、現在、

未來」等；學科專題研究的方法，會依據具體的問題或主題，選擇比較複雜的研究方法，進行深入的探討與分析，研究方法包括詮釋理解、理論分析、質量統合等。

綜上所述，學科研究與學科專題研究在研究所階段都是重要的學術研究範疇，一為基礎研究，一為深入探討，研究方法的運用需要依據研究者關心的議題，研究問題、研究目的等選擇適合的研究模式。

三 研究法的重要性與位置

教育研究法這一門學科領域，對碩士班研究生而言，是相當重要的學門，引導研究生進入教育研究的基本科目。研究法學科的重要性包括如下：

(一)研究法的重要性

1. 引導學生掌握研究方法與技巧

教育研究法是科學研究的重要基礎，它可以引導學生掌握科學的研究方法和技巧，透過教育研究方法的熟練，有助於提高研究的品質和可信度。

2. 提高教育研究成果的發表

教育研究法的學習，可以幫助學生撰寫教育科學的研究論文和報告，透過研究方法的熟練與運用，可以引導學生撰寫教育科學的研究論文和報告，提高研究成果的發表率和影響力。

3. 結合教育理論與實務

教育研究法學科教學的重點之一，在於讓學生了解理論與實務之間的差距，以及理論與實務之間的辯證關係，透過教育研究法的學

想要提升教學效能，教師就需要先了解教科書。　**教學語錄**

習，可以幫助學生深入了解教育教學的本質與特點，進而掌握教育教學的先進理念和方法，以提高教育教學的水平和品質。

4. 提升教育教學水平

教育研究法的學習，可以讓研究生了解透過各種方法蒐集資訊，進而分析了解教育教學的本質和特點，掌握教育先進理論和方法，進而提高教育教學的水平和品質。

5. 深入了解各種教育現象

教育研究法的學習，可以引導學生深入了解教育管理的理論與案例，透過理論與案例的分析，可以掌握現代教育管理的理論與實踐，了解這些理論的運用和實際案例的關係，進而成爲教育管理的基礎。

(二)研究法的教學内容

教育研究法在研究所階段，是一門綜合性且關鍵的科目。因此，在教學內容重視的是研究方法的運用，以及後續論文撰寫能力的培養。

1. 教育研究的基本概念和内涵

教育研究法的基本概念和理論，應該介紹教育研究的基本概念、範疇和意義、教育研究的發展歷程以及教育研究的相關理論等重要的內容。

2. 教育研究方法與技術

教育研究法的教學內容，應該偏重教育研究的科學方法和技術，包括怎樣進行研究設計、數據的蒐集方法、數據的分析和研究報告的撰寫等方面的內容。

3. 教育研究統計學

教育研究法應該包括統計學的基本原理、教育研究統計方法和技能，例如樣本如何選擇、樣本如何抽樣、測驗如何編製、如何進行數

教學語錄　教學設計與實踐，都要圍繞在教科書之上。

據的統計分析、統計分析結果如何解釋與運用等。

4. 研究方法的類型與運用

教育研究法學科課程，應該包括研究方法的類型與運用。例如問卷調查法、觀察研究法、歷史研究法、內容分析法、個案研究法、行動研究法、實驗研究法等研究方法的相關理論與優缺點等。

5. 教育實踐案例分析

教育研究法的課程內容，除了相關理論的分析之外，也應該重視教育實踐的案例分析，讓學生了解並掌握教育研究法和技術，在教育實踐中的應用和影響的層面，透過案例的分析也能驗證理論和實際之間的關係和差距。

教育研究法的課程設計與實踐，除了上述的主要內容之外，擔任教學的教師也可以針對實際的情況，加入各種教育研究需要的元素，讓教育研究法的學科教學更符合研究生的需要。

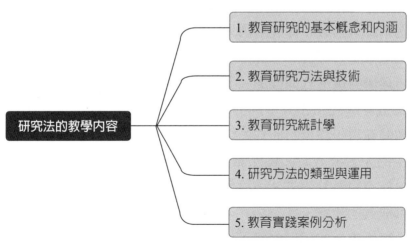

研究法的教學內容

1. 教育研究的基本概念和內涵

2. 教育研究方法與技術

3. 教育研究統計學

4. 研究方法的類型與運用

5. 教育實踐案例分析

圖 5-2　研究法的教學內容

(三)教育研究法的教學要領

擔任教育研究法的教學,重點在於引導學生熟悉教育研究法學科的性質與應用,透過教育研究法的學習,熟練各種研究方法的運用。教師在擔任教育研究法的教學時,應該要關注下列幾個要項:

1. 掌握知識體系和內涵

教育研究法的教學設計,需要引導學生了解學科的知識體系,了解各個知識層面之間的關聯和影響,才能完全掌握教育研究法這一門學科的內涵。

2. 選擇適當的教學方式

教育研究法重視理論和實踐的相結合,教師需要在教學設計中,選擇各種教學方法,包括講解、案例分析、小組討論、報告撰寫等,讓研究生可以全面理解並且掌握教育研究法的理論與實踐應用。

3. 參考文獻的彙整與綜合

教育研究法對研究生而言,是進入教育研究領域的重要敲門磚。因此,教師在進行教學設計時,需要針對學科蒐集豐富的教學資源,例如課堂講義、實踐案例、參考文獻、論文文獻等,讓學生可以透過文獻彙整與綜合,了解目前教育研究現況與發展趨勢。

4. 教學評量形式與標準

碩士班研究生和大學部的學生,在學習方式與標準上,差異很大,教師在教學評量的形式和標準的擬定,需要有所不同。教師在評估學生的學習成效時,除了紙筆測驗之外,可以採用多元的評量方式,包括小組討論報告、小論文撰寫、課堂發言表現等,作為評量學生學習成效的標準。

5. 關注學生的學習成長

教育研究法的教學,教師要關注學生的學習情況,及時引導學生培養教育研究的方法和技術,透過教育研究法的理論與應用,需要完

教學語錄 教學活動設計與實踐是學生自行決定的過程。

成研究所的學位論文。此外，教師也應該要專注學生的心理狀態，輔導學生解決各種來自研究上的問題。

四 碩士班課堂教學設計

　　碩士班的課堂教學設計和大學部的課堂教學設計的概念不一樣，碩士班強調的是研究相關理論的學習和實作，大學部重視的是基礎理論的學習和實作。因此，教師在課堂教學設計時，要注意二者之間的差異，才能因應研究所課堂教學上的需要。

(一)課堂教學設計注意的要點

　　1. 教學目標的設定

　　碩士班的課堂教學設計，首要在於教學目標的設定，教師要確定學生需要達到的學習目標有哪些，這些學習目標與課程大綱是如何相聯繫的，課堂教學如何達成教學目標等。

　　2. 教學方法的選擇

　　研究所的課堂教學方法，教師需要依據教學目標選擇適當的教學方法，才能促進學生的學習。例如：問題導向教學法、合作學習、小組討論教學法、學術論文發表法、演示教學法等，這些教學方法需要配合教學目標而定。

　　3. 學習資源的管理

　　碩士班的課堂教學，需要運用的教學資源比較偏向理論與案例的探討。因此，教師需要依據學科教學的特性和需要，準備適當的學習資源，例如外文教科書、參考文獻、學術論文、影片、實驗室等，才能支持學生在研究上的需要。

4. 反思與改進的運用

碩士班的課堂教學，重點在於引導學生批判思考與反思，教師應該針對課堂教學設計，蒐集學生的意見和回饋，作為改進教學效果和提升學生學習成效的參考。

5. 評估方式與標準的實施

碩士班的課堂教學，比較偏向運用多元評量的方式，以確定學生的學習情形，例如學生的課堂參與、注意力、課堂發表意見、學生小論文的撰寫、學生對主題的觀察和評論等。

碩士班的課堂教學設計，需要關注學生的學習需求和學習風格的展現，教師應該透過各種形式的評估，作為修正課堂教學模式的參考，以提升教學品質和學生學習成效。

(二)碩士班課堂教學特性

1. 深入學習的特性

碩士班研究生相對於大學生而言，已經具備相當的知識基礎和學習經驗，因此教師在課堂教學設計時，應該著重於學科的深度學習，強調理論與實踐的相互結合，協助學生深入理解知識和運用。

2. 互動式教學的特性

研究所的課堂教學應該是強調互動式的，透過師生互動和同儕互助的關係，鼓勵學生提出問題和觀點，以豐富課堂教學內容和互動。

3. 自主學習的特性

研究所的課堂教學，應該引導學生進行自主學習，揚棄傳統「教師講、學生聽」的形式。例如：提供研究資源、鼓勵學生進行研究探索、激發學生的學習自主性和學習參與。

教學語錄 大學課堂教學活動設計要考慮學生的職業技能。

4.問題導向學習的特性

研究所的課堂教學模式，應該以問題導向為主的教學，引導學生從主題問題中學習，透過對問題的分析與歸納，培育學生的批判思維和解決問題的能力，進而達成預期的教學目標。

5.實踐經驗的特性

研究生階段的學生，通常已經具備相當的理論知識，同時有一定的實踐經驗。因此，課堂教學通常以案例分析、實踐演練、模擬情境的方式進行，以幫助學生能更好地應用所學理論知識到實際情境中。

研究所的課堂教學實踐，需要關注在深度學習和問題導向上，鼓勵教師與學生之間的雙向互動，透過合作學習、問題討論等引導學生進行實踐經驗和自主學習，以加深對學科領域的學習。

五 碩士班課堂教學實踐

碩士班課堂教學實踐的特性，偏向理論的分析與反思，因此在教學實踐上和大學課堂教學有所不同，其主要的教學特性如下：

(一)碩士班課堂教學的特性

1.高度專業化的特性

碩士班課堂教學內容與方法，都要求具有相當程度的專業化和深度學術性，教師需要掌握學科知識和研究方法的深層結構，並且在課堂教學中能夠靈活運用。

2.多元教學方法的特性

碩士班課堂教學要求教師需要運用多元教學方法，提供學生多種途徑的學習，在多元教學方法的運用，例如理論的探討、案例經驗研

究、小組討論、實驗教學等，透過教學方法的多元，培養學生創新思
維和實踐的專業能力。

3. 重視研究能力培養的特性

碩士班課堂教學的重點，在於培養學生研究能力。因此，教師在
課堂教學應該給予學生研究性的課題與挑戰，引導學生能自主研究和
創新，並且能培養獨立思考和解決問題的能力。

4. 精簡化課程結構的特性

碩士班課程的結構比大學課程更加精簡，重視的是教學內容和方
法的選擇與運用，進而提高學生學習效能和成效。因此，課堂教學實
踐強調的是學生專業理論的實際運用，透過理論的運用，強化專業方
面的能力。

5. 同儕互動討論的特性

碩士班的課堂教學重視的是教師與學生之間，互動關係的建
立，以及交流討論的上課形式，教師需要引導學生針對課堂主題發表
自己的觀點和問題的思維，進而進行思想和知識方面的相互交流。

6. 實踐經驗深化的特性

碩士班的課堂教學，重視學生實踐經驗的深化，教師需要引導學
生將所學的知識運用到日常真實情境的實踐中，並且提供學生及時的
回饋和評價，以提高學生對問題的敏感度、知識理論實踐能力和應用
能力等。

碩士班課堂教學具有相當的專業化，強調學生研究能力的培
養。因此，教師需要運用多元的教學方法，鼓勵學生相互討論，以精
簡化的課程結構進而深化實踐經驗等。

教學語錄　教師要掌握課堂教學的關鍵。

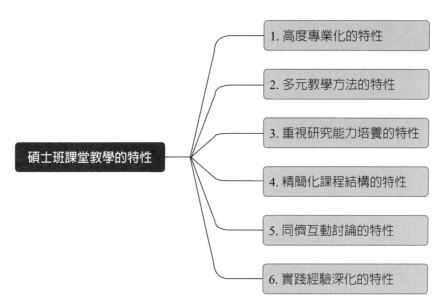

圖 5-3　碩士班課堂教學的特性

(二)碩士班課堂教學注意事項

1. 詳細的課程大綱

碩士班課堂教學在課程設計時，要先確定課程主題和目標，以及課程實施的時間表和課程內容的組織方式等。

2. 關注學生的學習風格

碩士班研究生的學習風格和大學生不一樣，碩士班學生的學習風格比較偏向自主學習方式，因此，擔任碩士班課堂教學的教師，需要掌握學生的學習風格。

3. 運用多種教學方法模式

碩士班的課堂教學，需要教師採用多種教學方法，引導學生進行學術研究學習。例如講解法、演示法、討論法、實驗法、問題解決、案例經驗研究等，以提升學生的學習成效。

透過課堂教學，將未來的職場讓學生了解。　　教學語錄

4. 培養學生自主學習能力

碩士班的課堂教學，需要以培養學生的自主學習為重點，鼓勵學生針對自己的研究興趣，主動理解和掌握新的理論知識，以利獨立思考和解決問題能力的培養。

5. 營造互動的學習環境

碩士班的課堂教學，強調師生互動的重要性，因而互動式教學的運用，能夠幫助學生更好的理解和掌握所學的專業知識，提升學生的學習參與度和學習成效。

6. 提供及時的回饋與評價

研究所課堂教學，教師應該在課堂中及時提供學生回饋，鼓勵學生從教師回饋中修正自己的觀點，進而強化自己的專業能力。

六 碩士班學生應該要培養的能力

碩士班研究生的學習重點，在於專業理論的深度學習與研究能力的培養，因此課堂教學設計與實踐，需要以培養學生專業能力為主。

(一) 碩士班學生應該培養的能力

1. 研究能力的培養

碩士班研究生需要具備獨立的研究能力，這些能力包括問題的探討、研究方法的選擇、數據蒐集和分析能力、研究結果的撰寫與發表等。

2. 專業知識與技能的培養

碩士班研究生需要深入了解自己所學的專業領域知識，並且要能夠運用從課堂上所學到的知識和技能，應用在現實生活中，並且解決相關的問題。

教學語錄 課堂教學研究有助於提升教學品質。

3. 問題解決能力的培養

碩士班研究生需要具備問題解決能力，能夠獨立思考、分析問題，並且針對問題提出解決的方案，進而能夠有效地設計與實施各種方案，以達到預期的目標。

4. 批判思考能力的培養

碩士班研究生在研究所階段，需要具備批判思考能力，對於所學的專業理論和研究，進行深入的評價與分析，進而提出屬於自己的觀點。

5. 國際視野的培養

碩士班研究生需要在研究所階段，具備寬廣的國際視野，以了解全球化的發展趨勢，以及國際間的文化、政治、社會、經濟等方面的差異，並且能夠適應國際間快速發展的文化變遷等。

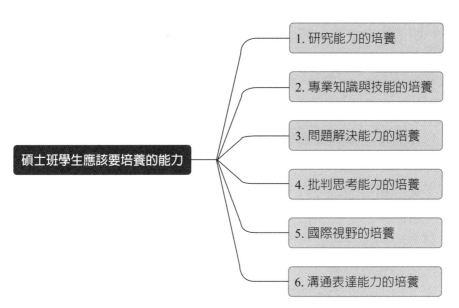

圖 5-4　碩士班學生應該要培養的能力

6. 溝通表達能力的培養

碩士班研究生需要經常的發表研究心得。因此需要具備良好的溝通表達能力，能在公開場合清晰明確地表達自己的觀點，並且隨時可以和他人進行溝通協商等。

(二)培養研究生專業能力的教學

研究所階段的學生，在專業能力的養成方面，比一般大學生要求來得多。教師在面對研究生的專業能力養成，教學方面可以考慮下列幾項要點：

1. 學科知識與技能的教學

研究所課堂教學的重點，應該設定在專業理論與實際操作等方面的教學，讓研究生能從課堂學習中，深入了解所學的專業領域學科知識與技能方面的運用。

2. 研究能力培養的教學

研究生的課堂學習重點在於研究能力的培養，因此教師的課堂教學應該透過研究方法的教學和實踐，讓學生可以獲得獨立進行研究的能力。

3. 問題導向學習的教學

研究所的課堂教學，應該讓學生參與各種案例研究以及問題解決歷程，從問題案例的分析，進而獲得批判思考能力和創新思考能力。

4. 溝通與表達能力的教學

研究所的課程重點，應該以培養學生的溝通與表達能力為主，讓研究生透過專題討論、演講、討論與研究報告分享等方式，訓練學生學術溝通與表達能力，作為未來發表論文的準備。

5. 跨學科領域的教學

研究所的課堂教學設計與實踐，應該讓學生有跨學科領域學習的

教學語錄 | 協同教學有助於提升教學品質。

機會，提供學生跨學科課程學習，進而拓展學科視野和國際視野。

6. 提升學生外文能力的教學

研究所課堂學習需要閱讀相當多的國際研究文獻，因而外文能力的提升相當重要，教師應該在課堂教學中提供學生提升外文能力的學習機會，讓學生可以透過各種途徑的閱讀，提升外文閱讀和撰寫能力。

研究所的課堂教學設計與實踐，應該針對研究生需要的專業能力，以及研究專業能力，培養碩士班研究生的各種能力，教師在課堂教學設計與實踐，應該針對上述的能力，納入課程與教學設計的重點，引導學生進行專業方面的學習。

七 碩士班指導學生論文的步驟

碩士班指導學生論文的要領，不同的學校、院系所、科系、課程目標、授課教師而有不同，教師在研究所指導學生撰寫論文，需要依據上述情境（或特性）而採取不同的指導方式（或風格）：

(一)碩士班指導學生論文的要領

1. 共同擬定論文研究題目

研究論文題目的擬定，影響後續學位論文撰寫與完成的進度。指導教授可以和學生透過深入會談的方式，共同確定研究題目，並且確定該論文題目是值得研究，而且具有研究價值與實用價值，不是「一直炒冷飯」或是「製造研究垃圾」等不當情形。

2. 制定具體可行的研究計畫

當研究論文題目確定之後，接下來就是引導學生制定論文完成

的進度，繪成一個可行的「甘梯圖」，研究計畫包括研究題目、研究問題、研究方法、研究實施流程、資料蒐集與分析、論文撰寫與發表等。

3. 提供學生必要的指導和支持

教師在指導研究生制定論文研究主題和方向時，應該要同時了解未來的研究需要哪些資源？哪些支持？哪些的人際關係等，針對論文研究提供研究生必要的支持與指導，避免讓研究生「落單」或「被丟包」的現象發生，幫助研究生解決遇到的困難和問題。

4. 鼓勵學生獨立思考

研究所階段的課堂學習，獨立思考與研究能力的培養，是完成學術論文與學位論文的主要關鍵。因此，指導教授在課堂教學中應該鼓勵研究生進行獨立思考，激發學生的想像力和創造力，避免過度的指導與干涉，影響學生思考。

5. 鼓勵學生撰寫學術論文

指導教師應該鼓勵學生結合課堂教學需要，蒐集相關理論與資料撰寫學術論文，並掌握發表學術論文的各種機會，透過積極的撰寫和反思，引導學生釐清思路，並且提升學術論文撰寫能力。例如：要求並指導學生出席各種學術研討會，並發表論文。

6. 提供及時的回饋與建議

指導教授應該在課堂中鼓勵學生積極撰寫學術論文，給予學生有效的及時回饋與建議，讓學生可以針對自己的學術論文，進行深度的反思與修正，進而提升未來學術論文發展的質與量。

7. 提醒遵守學術倫理與風格

指導教授應該要隨時提醒學生，在學術研究生涯中遵守學術倫理與風格，不可以有所造假、抄襲剽竊等情事發生，影響學術界的風氣等。指導教授也應該要確保研究生論文的原創性和正確性，避免學生

有所抄襲或誤解等。

8. 論文審閱與修正時間

指導教授應該事前和研究生商訂後續的指導流程，提前安排論文審閱和修改時間，確保研究生在學習階段能夠如期完成學位論文，並且在學校的規定時間之內提出學位論文等。

指導教授和研究生的專業關係，需要建立在相互信任信賴的基礎之上，指導教授指導學生完成學位論文，研究生在指導教授的專業指導之下，進行學術研究並如期完成碩士學位。

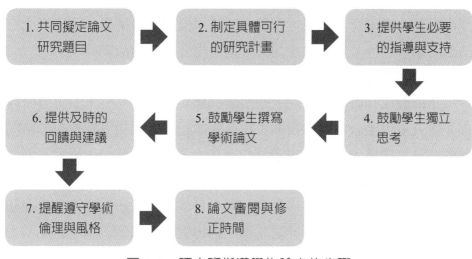

圖 5-5　碩士班指導學生論文的步驟

(二)指導學生完成論文應該注意的事項

研究所階段，指導教授和研究生的關係是相當密切的，其中的專業關係有相關的規範，指導教授和研究都必須嚴格遵守：

1. 避免論文抄襲和剽竊現象

研究生的學術論文應該是具有原創性，不可以抄襲或剽竊他人的

作品（或論文），指導教授應該隨時提醒研究生，務必遵守學術研究倫理，不可以因為各種原因而抄襲或剽竊他人作品。

2. 拖延時間或時間管理不當現象

研究所階段的學習和大學部的學習不一樣，研究生應該嚴格控管時間的運用，依據指導教授的規定完成論文；指導教授也應該隨時提醒學生「學位快快拿、研究慢慢來」的理念，避免因為各種因素而拖延影響論文完成的進度或時程。

3. 忽視學生的意見和建議現象

指導教授應該要尊重研究生的意見和建議，鼓勵研究生參與各種學術研討會或研究，從課堂學習中形成學術論文的構想，透過研究方法論的學習過程，完成學術論文，進而提升論文的品質與水平。

4. 避免雙向溝通不良的現象

指導教授和研究生之間的學術溝通應該要具體明確，不可有所含糊；研究生也應該及時向指導教授反應問題，聽聽指導教授對於該問題的意見和建議，透過雙向溝通的方式，達成有效的學術研究共識。

5. 缺乏研究能力與專業知識的現象

研究生在研究所課堂學習中，需要具備基本的研究能力和專業知識，以利後續進行學術研究之基礎；指導教授在課堂教學中也應該提供必要的學科理論與研究方法，培育學生從課堂教學中熟悉各種研究理論與研究方法。

八 碩士班課堂教學方法的運用

研究所階段的課堂教學實踐和大學部的教學，在方法的運用上，差異不大，但研究所的課堂教學方法，比較開放且重視學生的獨立思考與問題解決方式。

教學語錄　改變課堂教學也要改變學習思維。

(一)研究所課堂教學實踐常用的方法

1. 講授教學法的運用

講授教學法的應用，是教師將學科領域知識體系和內容經過整理，全面系統化且透過講解的方式，讓研究生了解基本概念、理論、知識和技術等，學生透過聽講的方式，熟悉學科領域的知識與技能。

2. 小組討論法的運用

研究所課堂教學的實施，教授會將學生分成幾個小組，由小組進行學習主題的探討，在小組討論之後再由學生進行報告討論，從小組討論中達到互動學習和知識分享的目的。

3. 問題導向學習法的運用

研究所的課堂教學實踐，重視的是研究生小組討論的過程，讓學生可以透過相關議題為基礎，進行主動探究和學習，教師提出相關的問題，學生進行問題的分析、解決問題的過程，並且透過問題的分析進行知識的深度學習。

4. 個案經驗分析法的運用

個案經驗分析法的運用，是教師將現實生活中的案例經驗，提供讓學生組織知識、分析問題、研究問題的解決方案，進而提升學生的問題解決能力和實踐能力。

5. 個案經驗分析教學法的運用

教師將真實案例，進行議題關鍵分析、解讀、評價與討論，讓學生可以從個案學習中具備解決問題的能力。

6. 理論與實務論證法的運用

研究所的課堂教學設計與實踐，強調理論與實際的相互論證關係，因而教師必須在講解理論之後，提供相關的實際案例，引導學生從理論與實務相互佐證，學習如何將理論運用在實際生活情境中。

學生學不會，不一定是教師的問題。 **教學語錄**

上述的教學方法，是研究所課堂教學比較常用的方法，教師可以依據學科領域的不同、學生的學習風格、學科領域課程需要等，進行整合與選用，進而提供學生比較適當的學習機會。

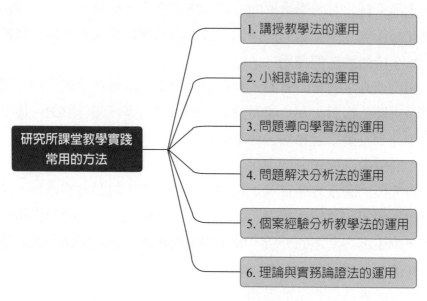

圖 5-6　研究所課堂教學實踐常用的方法

(二)碩士班課堂教學要注意的事項

碩士班的課堂教學，教師需要注意下列幾個要件：

1. 熟悉學生的學習風格

碩士班的課堂教學，教師的教學設計與實踐要迎合學生的學習需求和特性，依據學生的學習風格調整課程設計與實踐，進而培養學生的研究能力。

2. 強調研究實踐能力的培養

研究所的課堂學習需要重視解決問題的能力和研究實踐能力，因

教學語錄 課堂教學要多給學生修正的機會。

此，教師應該在課堂教學實踐中強調實踐性的教學，讓學生可以從課堂學習中強化專業實踐的能力。

3. 選擇適當的教學方法

研究所課堂教學設計與實踐需要有適當的教學方法，才能達到課程預期目標。教師在課堂教學實踐中應該依據教學目標與學科內容，選擇適當的教學方法進行教學，引導學生進行深入的學習。

4. 提供豐富且多樣化的學習資源

研究所的課堂教學需要多樣化的學習資源，例如：相關的研究文獻、案例經驗、實踐活動、實驗材料等，引導學生進行深入的學習。

5. 開展多樣化的交流與討論

研究所的課堂教學重視教師與學生雙向的互動與交流，在課堂中，教師應該引導學生進行討論與交流，引導學生並鼓勵學生發表自己的觀點和評論。

6. 重視學術誠信與原則

研究所階段是培養學術研究基礎能力的地方，教師需要隨時提醒學生具備學術誠信意識，強調學術誠信的重要性，避免學生在論文撰寫有所抄襲和剽竊等學術不端行爲出現。

7. 定期的回饋與評估

研究所的課堂教學，教師應該進行定期學習情況的評估與回饋，了解學生的學習狀況和需求，提供學生反思自己的學習成效，作爲修正學習的參考。

研究所的課堂教學，偏重於學生解決問題能力的培養，以及獨立思考的學術研究能力，教師需要在課堂教學設計與實踐中，隨時調整、修正自己的教學模式，和學生在學術方面共同成長。

九 碩士班論文發表要注意的事項

　　研究所階段的學習，發表論文對研究生來說，是相當重要的學習關鍵。在發表學術論文時，需要注意學術論文的相關規範，簡要說明如下：

1. 選擇發表的期刊或學術會議

　　研究所階段的學術論文發表，要選擇研究生適合的研究領域，選擇的期刊或學術會議要以相關領域知名的，而且具有優質的學術聲望和影響力的單位。例如：教育研究領域的學術會議，包括教育行政學術研討會、師資培育學術研討會等，學術期刊包括課程與教學季刊、教育研究季刊、教育政策論壇等，屬於 TSSCI 等級的期刊。

2. 提前熟悉論文發表的規範

　　學術論文的發表，需要遵守一定的規範，研究生要投稿（或發表），就需要先掌握論文發表的規範，才能順利完成論文發表。例如：期刊投稿需要以「APA」格式規範撰寫，字數需要在 15000 字以內、投稿文件需要「以中文撰寫」、投稿的文字格式規範等。

3. 確保論文的原創性

　　學術論文的原創性，是論文發表的首要規定，碩士論文（或學術論文）需要具有獨立性和原創性，應該要避免抄襲或重複已有的研究成果之現象。

4. 注意論文的文字和格式

　　學術論文的展現，主要是透過論文撰寫的 APA（America Psychology Association）格式規範呈現，以利學術中人了解論文的形式和相關訊息。學術論文需要使用專業的、準確的語言，而且論文格式需要符合期刊或學術會議的要求，包括字體大小、圖表的呈現、標點符號、中英文的使用、論文前後要呈現的順序等。

教學語錄 課堂教學應該針對各類問題進行思考並提出解決策略。

5. 精簡論文的內容與精華

學術論文發表的重點，在於將研究主題、研究對象、研究方法、研究結論，簡要的提出來和大家分享，因此，論文需要簡單扼要地介紹自己的研究精華，避免淪爲冗長或繁複的文字堆砌。此外，還需要注意學術論文內容的邏輯性和組織性，讓與會的人員（或讀者）容易理解論文的內容精華。

6. 尊重審查人員的專業意見

學術論文發表在期刊或學術研討會，需要經過審查委員的審查，通過之後才會允許發表（或登出），在提出論文之後，審稿人員的專業審查意見相當重要，研究者需要依據審查人的意見，提出相關的修改意見或回應。如果審查人員的意見相左時，撰稿人員也應該婉轉地提出回覆的意見。

7. 充分準備各種回應答辯

學術論文發表在研討會上，通常主辦單位會邀請「主持人」、「評論人」針對研究論文的內容，提出專業的意見要求研究者，針對專業意見提出回應答辯。因此，研究者需要充分了解自己的研究內容，針對可能的問題作充分的準備，以回應評論人提出的建議。

8. 充分的準備，積極的回應

研究所階段的學習，除了課堂學習之外，學術論文撰寫的練習，是重要的課程，需要研究生在專業學習時全力以赴。在論文撰寫與發表過程，需要嚴謹地看待每一次的論文發表，充分地閱讀相關的研究文獻，透過文獻梳理過程，擬定一個適當的研究方法，將蒐集的資料進行統計分析，進而提出具體的結論與建議。

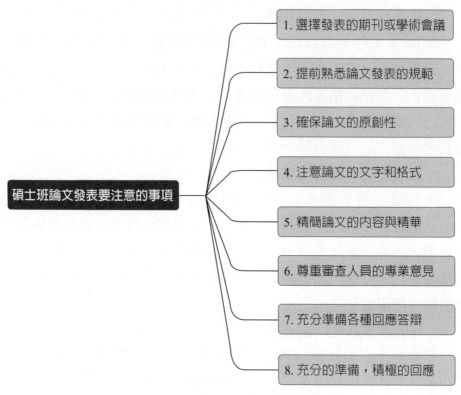

圖 5-7 碩士班論文發表要注意的事項

十 學術論文撰寫要怎麼避免抄襲現象

(一)避免學術論文抄襲的重要策略

學術論文抄襲是一件相當嚴重的事情，需要研究所教師與學生通力合作，才能避免此種學術不端行為的出現。在撰寫學術論文（或學位論文）時，可以透過下列方式避免論文抄襲：

1. 認真閱讀研究參考文獻

論文的撰寫，需要引用專業研究文獻，才能增加論文的精彩和

光彩。研究生在撰寫論文之前，應該針對論文題目和研究重點蒐集相關的研究文獻，作為引證的基礎。因此，需要認眞閱讀大量的參考文獻，以確保自己的研究論文不會和其他的研究報告過度雷同。

2. 論文撰寫引註與參考文獻

學術論文的撰寫需要遵守 APA 格式規範，當引用他人的研究論述、研究成果、統計資料、表格、圖表、引言等，都需要自文中引用或引註，標明論文出處，以供讀者查考；如果論文中沒有標示出處（或參考文獻），就表示是研究者自己的論述。

3. 透過自我檢查機制避免抄襲

論文撰寫過程中，研究者應該針對自己的論文主題和研究方向，蒐集國內外的相關研究文獻，將自己的論文和參考文獻逐字逐句地分析比較，以避免自己的論文有抄襲他人論文的現象。例如：自我檢查發現自己的論述，和某一位研究者的論述「過度相像」，研究者就需要重新論述，以避免論文抄襲的現象發生。

4. 重新構思與重新撰寫

當研究者發現自己的學術論文和他人的學術論文有「不當重疊」或「過度引用」的現象發生時，應該捨棄原有的論文且重新構思，避免有抄襲的現象。研究者透過重新構思與重新撰寫的方式，可以免除論文重複或雷同的問題發生。

5. 運用抄襲檢測軟體檢測論文

目前，國內各大學或研究機構為了避免論文研究有抄襲或不當的情形發生，都會編列預算購買「抄襲檢測軟體」，以檢測學術論文是否有抄襲的現象，或者和他人的論文有「過度重疊的比率」。例如：Turnitin、iThenticate 等軟體的購置與使用。研究所教師應該在課堂教學實踐中，再三叮嚀研究生論文抄襲（或不當引用）等學術倫理方面的問題，以及如何避免論文抄襲現象的發生。

課堂教學之高下不在記憶而在行動。 　教學語錄

研究所階段的學術誠信，是相當重要的課程，也是需要培養的學術研究能力。教師應該在課堂教學實踐中，隨時提醒學生需要具備的學術誠信，且認真對待並研究遵守學術道德規範，透過上述的機制（或方法）避免論文抄襲的現象發生。

(二)避免指導學生學術論文抄襲的方法

教師指導的研究生如果涉及論文抄襲，依據相關規定，指導教授也會受懲處。爲了避免指導的研究生撰寫論文時不當引用或抄襲，指導教授需要運用下列幾個避免抄襲的方法，以免惹禍上身，讓自己感到不開心：

1. 課堂教學強調學術誠信教育

教師要避免研究生有學術論文不當抄襲的現象發生，就需要在課堂教學實踐中，朝夕再三叮嚀，提醒學生需要遵守的學術研究規範。此外，在指導研究生之前，應該針對學術誠信和抄襲問題，進行充分的宣導和教育，讓研究生了解學術論文抄襲的嚴重性和後果，避免因爲各種因素導致抄襲的情形出現，影響自己也影響指導教授。

2. 選擇適當的研究題目

學術研究的關鍵在於創新與獨立性，教師在指導研究生撰寫學術論文時，應該依據上述二個重要特性，指導研究生擬定適合能力的論文和研究題目，讓研究生可以在學術發展過程中擁有充分的創意和獨立思考的機會，進而發展出適當的學術研究能力。

3. 引導學生正確引用參考文獻

學術研究論文的呈現，參考文獻的引用是關鍵，透過參考文獻的引用，可以了解研究議題所涉及的理論、研究、發展等，進而掌握研究問題的意義和重要性。因此，在撰寫論文時，要正確使用引用註腳、參考文獻等，告知讀者，這一篇學術研究有哪些是引用他人的研

究成果，哪些是自己的研究發現。

4.建立監督與檢查機制

指導研究生撰寫論文或學術論文，需要建立一些監督與檢查機制，才能避免研究生有引用不當或抄襲現象發生。教師可以透過各種有效的指導制度，引導學生進行學術方面的研究，以「手把手」方式的指導，隨時監督和檢查研究生的研究進度和論文寫作情形，及時發現學生抄襲或不當引用的現象。

5.運用論文檢視軟體

教師在檢查研究生的學術論文時，可以透過各種論文檢視軟體，檢視學生的論文引用情形，進而監督和研究學生論文是否有抄襲的現象，進而及時處理給予制止。

學術研究倫理規範的遵守，是學術研究人員的命脈，一旦違反了（不管是有意或無意），都會是很嚴重的問題，其中涉及學術聲望與個人誠信問題，很多的大學教師對於自己的學術聲望，都會是很重視且視為一生的清譽。如果，自己的學術論文或指導學生的學術論文，在引用時出現不當的行為，對學術聲望而言，是一種很嚴重的打擊。在指導研究生時，需要透過嚴謹的機制，隨時自我提醒，提醒學生不可以觸犯學術研究倫理的規範。

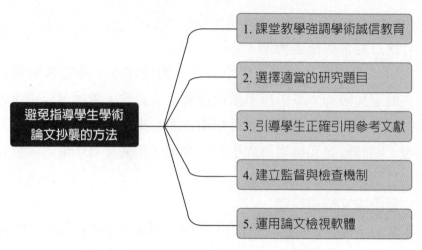

圖 5-8　避免指導學生學術論文抄襲的方法

陸

博士班課堂教學
設計與實踐

本章重點

課堂教學要走在改革的前端。 教學語錄

一 研究方法與研究方法論

　　博士班課堂教學與碩士班課堂教學，在課程名稱上有所區隔，碩士班的課程名稱，通常是「課程名稱＋研究」，例如：「教育行政研究」、「行政理論研究」、「教學理論研究」、「學習策略研究」等；博士班的課程名稱，通常是「課程名稱＋專題研究」，例如：「教育行政專題研究」、「行政理論專題研究」、「教學理論專題研究」、「學習策略專題研究」等。

(一)研究方法與研究方法論的差異

　　在博士班階段的課程與碩士班的課程，二者之間是有差異的。例如：研究方法與研究方法論的差異。

　　「研究方法」通常指的是具體的研究方法和技巧。例如：文獻資料的蒐集、教育現況資料的蒐集、資料的分析、實驗設計等。

　　「研究方法論」指的是「論研究方法」，是指探討研究方法本身的理論基礎和研究設計等，包括研究主題選擇、研究問題的設計、研究方法的選擇與運用等，相關理論與實際方面的論述和探討。

(二)研究方法的課堂教學要領

　　博士班的研究方法課堂教學，主要是引導研究生如何進行教育科學研究，以及如何進行研究報告和學術論文的撰寫。因此，研究方法的課堂教學要領，包括下列項目：

1. 強調科學研究方法的重要性

　　博士班學生的課堂教學，由於學生已經具備相當程度的研究能力和知識，但課堂教學仍應強調科學研究方法的重要性。分析科學研究方法的提出假設、進行實驗、蒐集與分析數據、形成結論與建議等。

教學語錄 課堂教學要領，「參與」比「動機」重要。

這些科學研究步驟的主要形成，如何依據標準流程進行研究等，怎樣透過研究方法的分析，確保研究結果的可靠性等。

2. 鼓勵學生主動學習

博士班學生的學習能力比較強，因而在課堂教學中要鼓勵學生主動學習，在研究方法的知識學習上，教師需要鼓勵學生閱讀相關的研究報告和論文，提供一些比較高級的研究方法書籍作為參考，同時也要引導學生閱讀國內外重要的期刊論文等，強化自己的科學研究能力。

3. 學術研究資料分析技能的學習

博士班的研究法課堂教學，要引導學生研究時運用資料分析，學習如何使用統計學方法分析資料，並且學習如何運用正確的統計工具。其次，還需要學習如何使用研究法中的軟體工具，例如 SPSS 等統計工具的認識與應用。

4. 強調實踐和應用能力的運用

博士班課程的研究方法，教師需要強調學生課堂學習之後，實踐和應用相互結合的重要性。學生在課堂需要學習如何將理論知識應用到生活情境中，並透過課堂學習如何解決實際問題。因此，教師在博士班的課堂教學需要引導學生如何透過真實案例與經驗的分析，讓學生從理論的學習聯結到實際情境中。

5. 鼓勵學生主題研究與合作

博士班的研究法課堂教學，重點在於引導學生進行主題研究，並且學習和同儕進行研究上的合作。學生可以在課堂中分享自己的研究進度，並討論分析其他同儕的研究。此外，學生可以相互合作進行一些研究項目，進而提升彼此的研究能力。

6. 撰寫研究報告能力的培養

博士班課堂教學的重點，在於培養學生研究能力和撰寫學術論

文的能力。教師需要在課堂教學中，依據學科領域上的需要，訓練學生對研究報告的敏感度和專業力，進而有能力進行研究並撰寫學術論文。

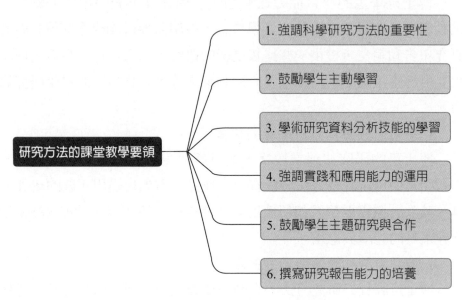

研究方法的課堂教學要領

1. 強調科學研究方法的重要性

2. 鼓勵學生主動學習

3. 學術研究資料分析技能的學習

4. 強調實踐和應用能力的運用

5. 鼓勵學生主題研究與合作

6. 撰寫研究報告能力的培養

圖 6-1　研究方法的課堂教學要領

(三)研究方法論的課堂教學要領

博士班的研究方法論是研究所階段相當重要的課程，同時是博士班研究的核心和基礎，在課堂教學實踐中，需要考慮下列要素：

1. 課程目標的擬定

博士班的研究方法論，教師需要明確課程的目標和學習成果，讓學生了解研究方法論課程的重要性，以及該如何運用所學的研究方法論知識技能進行研究。

教學語錄　課堂教學實施要讓學生全部「做出來」。

2. 教學內容的選擇

擔任課程教學的教師，需要將研究方法論的課程內容區分成幾個不同的主題，在課堂教學中系統地講解，引導學生進行方法論的學習。例如：教師需要提供該學科領域的學習資源，如學術研究報告、專業書籍、權威的期刊論文等。

3. 教學方法的運用

博士班的課堂教學與一般研究所有所差別，博士班的方法論偏向相關理論的分析、詮釋、理解。教師需要採用各種不同的教學方法，例如：討論、分析、小組活動、案例經驗分析等，以利達到課程目標和學習成效。

4. 互動與回饋的實施

博士班課堂教學，教師需要和學生保持良好的互動關係，了解學生的課堂學習情形和問題，提供及時的回饋和協助。在課堂教學中，也要鼓勵學生之間的相互合作，進而促進學生的學習交流等。

5. 多元評估方式

博士班研究方法論的課程和一般的學術專業課程不同，教師在評估學生的學習成效，採用的方法自然不同。在博士班課堂教學實踐之後，教師可以採用作業、考試、論文撰寫等方式，評估學生對於研究方法論的理解情形和學習成效，提供學生適當的回饋，以利學生後續的學術發展。

擔任博士班研究方法論教學的教師，需要在課程設計、教學內容、教學方法等方面，針對相關理論的分析、詮釋、理解、應用等，進行課堂教學設計並提供學生多元適性的學習。

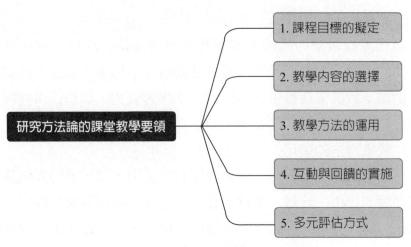

圖 6-2　研究方法論的課堂教學要領

二 碩士班與博士班課堂教學的差異

(一)碩士班與博士班課堂教學的差異

博士班與碩士班的課堂教學，由於學生程度與課程難度會有一些差異。簡要說明如下：

1. 來自學生背景的差異

博士生在進入研究所之前，已經擁有碩士學位，熟悉各種研究方法與基礎理論的內涵，因而擁有更豐富的學術背景和研究經驗；碩士生階段重點在於研究方法的熟悉、基礎理論的認識等，學術背景和研究能力比較欠缺。

2. 來自課程難度的差異

碩士班課堂的課程聚焦於基礎理論知識的學習和應用，以利後續閱讀學術論文之用；博士班課堂的課程難度比碩士班高，以利博士班

學術研究能力的提升和研究經驗的推進。

3. 來自課程內容的差異

碩士班的課程內容，在於關注基礎理論的內涵、基礎知識的學習和應用；博士班的課程內容，在於相關理論的深入和專業化，更加關注研究方法理論建構與評論、研究問題的擬定與解決等。

4. 來自研究要求的差異

碩士班的課堂教學對於研究的要求，偏向於基礎研究設計、學術研究論文的閱讀、分析。因此，研究上的要求比較簡單；博士班的學生需要更深入和複雜的研究，研究問題的擬定、提出和解決，需要更深奧的學術研究能力和創新思維，因而在研究上的要求會比較高。

5. 來自課程實施的差異

博士班課程實施通常會比較自主、開放，學生有更多的自主選擇和探索的空間，以利學術研究能力的提升；碩士班的課程比較偏向運用傳統的講課和討論的方式，引導研究生在學術論文撰寫上的基礎學習。

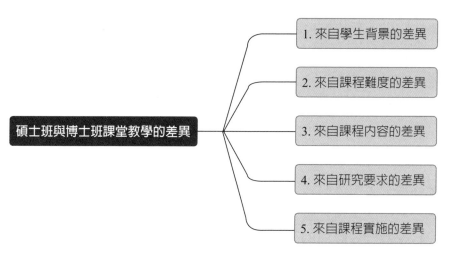

圖 6-3　碩士班與博士班課堂教學的差異

讓大學生建立屬於自己的學習模式。　**教學語錄**

博士班與碩士班的課堂教學，因為學生的學習背景不同、課程設計與實施的差異，在教學設計與實踐上，需要教師花費不同心力在教學上，透過循序漸進的方式，引導學生進行學術研究方面的學習。

(二)如何因應課堂教學上的差異

由於碩士生和博士生學習上的差異，教師在課堂教學中應該針對二者差異，採取因應措施：

1. 課程設計上的因應

在課程設計方面，教師可以依據學生的不同需求進行設計。例如：碩士班研究生，課程應該重視基礎理論和實踐技能的教學；博士班的學生，應該重視課程的深入、專業性和創新性，強調研究能力和創新思維能力的培養。

2. 教學方法上的因應

博士班和碩士班的教學方法，需要依據學科領域特性與學生的不同學習特質，考慮教學方法的運用。碩士班研究生的課堂教學，要偏向採用講授、講解、演示、練習等偏向傳統的教學方法；博士班學生的課堂教學，應該重視研究能力和創新思維能力的培養，要偏向採用問題導向、案例研究、主題討論、研究報告等教學方法，引導學生創新能力和思維能力的養成。

3. 師生互動上的因應

碩士班階段的師生關係，主要在於建立專業的關係，及時回答學生的問題，提供學術研究的指導和建議；博士班階段的學生，教師應該要成為學生學術研究生涯的導師和指導者，指導學生進入學術研究領域，幫助學生提升研究能力和創新能力，以及後續的學術研究。

4. 學習成效評估的因應

碩士班和博士班的課堂教學評估有所不同，碩士班的課堂教學評

估方式，偏向傳統紙筆測驗、主題作業、實踐操作等評估方式；博士班的課堂教學評估方式，偏向採用論文分析評論、論文撰寫、學術論文報告等方式。

5.資源運用上的因應

博士班和碩士班的教師，在課堂教學實踐時應該充分運用各種校內外的資源，提供學生學術研究上的參考。博士班學生的課堂資源，應該包括國內外的學術機構、企業等項目研究和資金的支持，爲學生研究提供更多的支持和機會；碩士班學生的課堂資源，則偏向邀請學者專家進行講座和指導，以提高學生的研究實踐能力。

研究所階段的課堂教學，博士班和碩士班的差異來自課程設計實踐與學生學習程度，教師需要針對不同對象的課堂教學，進行課程設計、教學方法、師生互動、評估方式、資源運用等方面的因應措施，才能讓課堂教學更爲精彩、更爲豐富。

三 培養博士生的模式方法

研究所階段學生的培養方式，需要教師透過專業的指導，提供學生需要的學習機會，透過指導模式的運用，培養學生學術研究能力。

(一)博士生的培養方式

博士生的培養是相當不容易的，不同學校系所（或單位）在培養博士生時，採用的方法依據學術特性、培養系所有所不同。有關博士生的培養模式，簡要分析如下：

1.學術研究導師制度

學術研究導師制度，主要特色在於由資深教授擔任博士生的導師（或稱博導），其主要職責在於指導學術研究、提供學術指導和建

議，並協助博士生發表各種學術論文等。

2. 聯合培養制度

聯合培養制度指的是，博士研究生同時在多個學術機構或是企業中進行學習或研究，透過不同學術環境的養成方式，有助於提升博士生的視野和學術水準。

3. 實驗室培養制度

實驗室培養制度，一般是由一個實驗室或研究團隊負責培育博士生，博士生參與該實驗室的研究項目，透過和其他同儕成員的合作和交流，進而提高學術研究能力和實踐能力。

4. 獨立指導研究制度

獨立指導研究制度，指的是鼓勵博士生獨立開展各種研究項目，指導教授擔任指導和輔導的作用，讓博士生依據自己的領域設計研究方案、實施研究、文獻梳理探討、發表論文等，提高學術研究能力和創新能力。

5. 學術交流培養制度

學術交流培養制度，指的是鼓勵博士生參加各種國內外學術會議、交流活動、學術實習等以拓寬學術視野，並且和相關領域的學者交流學習，提高學術水平與研究的綜合能力。

培養博士生不同的模式，本身各有不同優缺點。教師應該依據學科領域的特性及本身學術專長等，採用適合自己和博士生的指導方式，才能培養出高水準的研究者。

(二)提升博士生學術水準的方法

博士班的課堂教學，主要重點在於提升研究生的學術研究能力，以及論文撰寫能力等。因此，想要提升博士生學術水準的方式，可以參考下列幾個要領：

教學語錄　有效的學習要運用學科學習知識。

1. 加強基礎理論與知識的學習

博士生階段應該要深入學習自己領域的基礎知識和理論，尤其是容易被忽略的基本概念和方法，從基礎理論開始，建立紮實的學術研究基礎。例如：課程與教學研究所的博士生需要針對課程與教學的理論進行深入的探討，了解理論的內涵、探討的議題、研究方法論等。

2. 重要期刊文獻的閱讀梳理

培育博士生需要針對專業領域，提供學生閱讀領域內的重要文獻，了解目前該領域研究的成果和發展趨勢，對研究的方向和問題有更清楚的認識，作為學術論文撰寫時可以借鑑的經驗，以利提升學生的寫作水準。

3. 培養批判思考與創新的能力

批判思考與創新能力，對博士生而言是相當重要的，從課堂學習中不僅要學會從多個角度思考問題，也要有能力對自己和他人的學術研究，進行批判性分析和評價。

4. 多寫學術論文和書評

博士生階段應該要積極寫作，包括學術論文、專書評論、研究報告等，透過持續的撰寫學術論文，才能提升自己的學術研究能力和表達能力。唯有多寫學術論文和書評，才能展現出廣泛閱讀的成效，開展學術方面的研究能量。

5. 基礎研究工具的掌握運用

博士班階段需要掌握專業領域內的各種基礎工具和技術。例如統計分析、實驗設計、資訊電腦程式設計等，透過這些研究工具的掌握運用，才能在未來的學術研究中，隨時運用研究工具發展學術研究。

6. 尋找合作的導師與合作夥伴

博士班階段應該盡可能和領域內的專家學者進行研究的合作，透過合作方式提升學術水準，進而拓展學術研究視野。此外，選擇一個

適合自己的導師，指導學術研究和生涯發展，才能在學術發展生涯中有具體明確的方向。

7. 積極參與各種學術研討活動

博士生階段應該結合課堂教學上的需要，積極參加各種學術會議、學術報告會、研討會等活動，與自己專業領域內的同行或專家交流，了解專業領域中最新的研究動態與熱點議題，透過相互交流分享，提高自己的學術素養和研究能力。

培養博士生的模式與方法，依據不同的學科領域而有不同的方式。擔任博士生的課堂教學，需要針對專業領域和學科性質規劃妥適的培養博士生模式，引導博士班學生進行學術研究，發展未來的學術生涯。

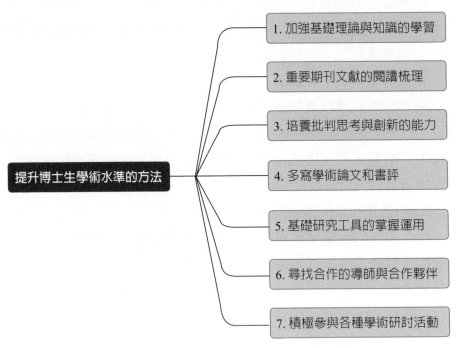

圖 6-4　提升博士生學術水準的方法

教學語錄　快速講出教學重點，有利於提升學習參與。

總之，提升博士生學術水準需要通過不斷的學習和實踐來提高自己的學術素養。

四 如何培養博士生需要具備的專業能力

大學博士課堂教學設計與實踐，需要透過課程設計實施，培養博士生的專業能力，這些專業能力的培養需要納入課程設計中，才能收到預期的效果。

(一)博士生需要具備的專業能力

無論任何學科領域的博士生，在課堂學習階段都需要具備下列專業能力：

1. **學術研究能力的具備**

博士生在課堂學習中應該具備展開學術研究的能力，這些能力包括學科的研究構思、實驗設計、資料分析整理、整理解釋和創新思維等。此外，博士生還需要能夠評估和應用不同的研究方法和技術，為自己的學術研究提供更堅實的理論支持。

2. **學術寫作能力的具備**

博士班階段學術寫作能力的要求，比碩士班階段還要來得高。在學術寫作能力方面，包括學術論文寫作、專書評論的寫作、學術研究報告等，良好的寫作能力是博士生學術進展的重要基礎，也是發表高水準學術論文的重要根基。

3. **獨立思考和創新能力的具備**

博士生階段的獨立思考與創新能力，讓學生可以從不同角度去分析和解決問題的能力。透過獨立思考和創新，可以提出新的研究問題和方法，進而透過研究設計與實施，解決專業上的各種問題。

多重感官並用，以提升教學效果。 **教學語錄**

4. 學科知識與理論掌握能力的具備

博士生階段應該具備專業研究領域的專業知識和理論，包括理論的基本概念、內容、知識技能、方法等。此外，博士生還需要具備其他相關領域的基礎和跨學科的思維能力，以利更好地理解和解決專業上的各種問題。

5. 團隊合作與領導能力的具備

博士班課堂學習應該具備團隊合作與領導能力的培養，能夠和導師、同儕等緊密的合作，共同完成學術研究。在團隊中，博士生還需要具備領導能力，能夠有效地分配任務、協調合作與團體成員之間的互動。

博士班的課堂教學實踐，需要針對博士生具備的能力，在課程設計與實踐上關注這些能力的培養，將需要培養的能力融入課堂實施中。

(二)博士生專業能力培養的策略

1. 專業研究能力的培養

在專業能力的培養方面，博士生可以透過導師的研究項目，模擬實踐研究經驗，並且逐漸培養獨立研究能力。在研究歷程中，博士生可以透過不同的研究方法與技術的嘗試，以解決專業問題，提高資料分析和解釋的能力等。

2. 學術論文寫作能力的培養

在學術能力寫作能力的培養方面，可以鼓勵博士生多閱讀優秀的學術論文，了解論文寫作的規範和要求。同時，要引導博士生不斷地練習論文寫作，注重論文結構的邏輯性和結構性，以遵守學術道德規範，進而提升學術論文寫作能力。

教學語錄 | 課堂教學可以要求學生講出思想。

3. 獨立思考和創新能力的培養

在課堂教學實踐中，要引導博士生透過獨立思考、積極探索和嘗試，漸漸提高自己的獨立思考和創新能力。透過學術專案研究，博士生可以提出新穎的研究問題和方法，與導師和其他專業人士進行深入討論等，持續挑戰自己的思維和創新能力。

4. 學科知識與理論掌握能力的培養

博士生的課堂教學，教師要引導學生透過課程學習、學術講座、研究論文等途徑，不斷累積學科知識和理論，進而提高自己的學科素養。此外，還需要注意跨學科思維的培養，拓展博士生的研究視野和深度。

5. 團隊合作與領導能力的培養

在團隊合作與領導能力的培養方面，可以引導博士生透過參與團隊研究項目，積極和同儕進行溝通與協作，培養團隊合作的方法和能力。此外，還需要鼓勵博士生積極參與各種學術交流活動、組織學術會議等，以提高自己的領導能力和組織能力。

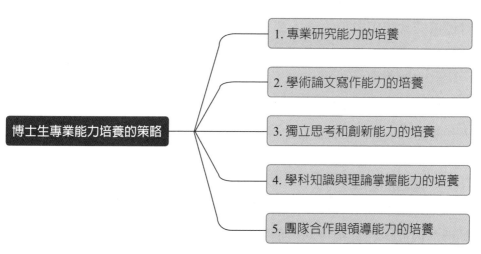

圖 6-5　博士生專業能力培養的策略

課堂中提示學生自己有無進步比分數重要。　**教學語錄**

博士班課堂教學設計與實踐，需要顧及專業能力的具備與培養問題，教師需要針對博士生應該具備的學術能力，作為課程設計與實踐的參考，透過專業能力的融入，可以培養博士生在學術研究方面的能力，以利後續學術研究基礎之建立。

五 博士班的課堂教學設計要領與訣竅

博士生研究階段是學術學習的最後階段，學術研究的開始階段。因此，擔任博士班課堂教學的教師需要運用各種靈活的教學設計，引導博士生邁向學術研究生涯。

(一)博士班的課堂教學設計要領

博士班的課堂教學設計應該要針對研究的專業領域進行設計，提供下列教學要領：

1. 擬訂明確的教學目標

博士班階段的課堂教學，首先要擬訂明確的課程，教師依據課程目標選擇教學策略與方法、學習成效的評估方式，以確定學生學習成效的評估。

2. 選擇專業的教學內容

博士班階段的課程內容，比一般的研究所課程內容來得要深入、專業，在教學內容方面，應該要涵蓋學科領域的最新理論、研究發展等，並且和博士生的研究專業相互結合。

3. 靈活的教學方式

博士班的課堂教學，應該考慮學生具有比較高的專業背景和學習動機。因此，在教學方法方面，建議採用討論法、案例經驗分析、小組活動等方式進行教學，讓學生可以更加積極地參與課堂教學活動。

教學語錄 課堂教學要將學科知識系統組織起來。

4. 合理的教學時間安排

博士班課程設計時，要考慮學生的學習時間和進度，合理分配課程內容，確保博士生有足夠的時間進行自主學習和討論。

5. 開放互動環境的安排

博士班的課堂教學需要有開放的互動環境，教師和學生之間需要維持良好的雙向互動與溝通，讓博士生可以主動提問、分享自己的觀點，同儕之間可以相互交流學習。因此，在課堂座位安排方面，建議採用小組座談或分組座談的方式，安排學習環境，並營造良好的學習氛圍。

6. 及時的教學回饋機制

博士生的課堂教學，及時回饋機制的建立相當重要，可以幫助學生了解自己的學習狀況，教師也可以透過回饋機制調整教學策略，提供學生隨時調整學習策略的參考。

7. 充分的教學資源運用

博士班的課堂教學，由於專業性相當高，需要豐富的教學資源。這些教學資源，包括教材、學術論文、案例經驗、專業書籍、研究報告等，透過教學資源的運用，可以引導博士生進行更為深入的探討，以培養學術研究能力。

8. 不斷的創新與改進

博士班的課堂教學特色，在於不斷創新與改進，教師可以運用各種教學技巧，引導博士生探討最新的研究成果，不斷地探討嶄新的研究發展，進而優化博士班課程內容。

9. 提供支持與協助

博士班的課堂教學，教師應該提供研究生必要的支持和協助，引導學生進行學術研究。例如：提供重要筆記、課程資料、學術論文等，讓學生能夠有效地學習，教師也應該要隨時關注學生的學習狀

課堂教學應該將心智圖組織起來。 教學語錄

況，針對學生的學術研究能力，提供必要的支持與建議。

10. 有效多元的評估方式

博士班的課堂學習成效，在評估方面需要運用多元有效的方式，引導學生了解自己的學習成效。例如：採用筆試、專題報告、專題演講、學術論文研究報告等。

(二)博士生的課堂教學實踐方法

依據上述博士班課堂設計的要領，在課堂教學實踐方面，需要關注下列幾個要項：

1. 精心準備課堂課程

任何課堂教學設計與實踐都需要教師精心的準備。由於博士生擁有豐富的學術知識和研究經驗，教師需要在教學前準備完整的課程大綱、教學目標、教學內容等，確保博士班課堂結構的清晰、內容的豐富多元等。

2. 依據學生的需求作準備

博士班的課堂教學準備需要針對學生的學習需求，進行課程的準備，以引導博士生做學術研究上的準備。因此，在教學實施上需要有針對性的教學，才能有效引導博士生進行學習。

3. 隨時檢視學生的學習進展

博士班課堂教學實踐，教師需要隨時檢視學生在學術學習方面的進度，以調整課堂教學內容與方式，透過檢視隨時了解學生的學習情形，以及學習困難和問題，以便給予及時性的教學支持。

4. 建立良好師生互動關係

博士班的課堂教學需要教師與學生建立良好的互動關係，以加強學生對教師的信任與尊重。教師也應該隨時關心學生的學習情形與生活狀況，提供必要的及時支持與協助。

教學語錄　生活中的運用是維持教學效果最好的方法。

5. 開展討論與互動的關係

博士班的教學實踐，教師需要鼓勵學生參與課堂討論與互動，以促進學生之間的交流合作，並且要及時回應學生的問題和關心的議題。

6. 採用多種教學方法

博士班的課堂教學，沒有固定的教學方法，教師可以因應學生學習上的需要，隨時調整教學方法。例如：講授法、討論法、案例分析、實驗等，以激發博士生的學習興趣和主動性。

博士班的課堂教學實踐，主要在於引導學生進行學術研究，以提升學術能力。因此，教師需要針對博士生的學習特質，隨時調整教學設計，以培養學生的學術能力為關鍵，透過專業能力的培養，提升學生的學術研究能力。

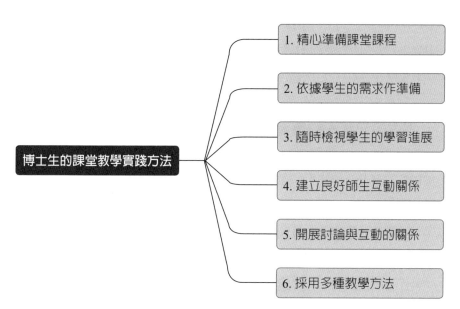

圖 6-6　博士生的課堂教學實踐方法

六　博士班的課堂教學實踐要領與訣竅

(一)博士班的教學實踐要領

　　博士班的課堂教學和一般的課堂教學有所不同，由於博士班學生的專業能力比較強，學習動機和意願比較高。因此，教師在課堂教學中需要注意下列要領：

　　1. 採用適當的教學策略

　　博士班學生通常具備比較高的學術專業能力，能自主學習和解決問題。因此，教師在課堂教學中應該針對學生的學習需求和特性，運用比較適當的教學策略。例如：採用主題探索方式、案例經驗分析、問題導向教學策略等，引導學生進行學術方面的深度探索。

　　2. 培養學術專業能力

　　博士班學生的學術專業能力探索，是未來發展學術生涯的關鍵。因此，教師在課堂教學實踐中應該關注學生的學術研究能立與進展，指導學生獨力完成研究項目，以提升學生在專業研究方面的能力。

　　3. 提供多元豐富的學習資源

　　博士班學生需要經常性探討專業方面的研究發展，進行深入的探究和研究。因此，教師在課堂教學中要提供豐富的學習資源。例如：相關的理論發展、文獻探討資料、實驗設計與數據、先進的期刊論文等，引導學生進行深度的探索學習。

　　4. 加強課堂討論與反思

　　博士班的課堂教學實踐，教師需要鼓勵學生進行質性與量化方面的研究，鼓勵學生在課堂中針對專業研究發展，進行深度的討論與反思，以促進學生批判思考和學術交流能力。

教學語錄　教學策略運用正確，學習動機就強。

5. 建立良好的師生關係

博士班的課堂教學中，師生的互動是相當密切的，建立良好的師生溝通與合作關係，有助於學生需求與回饋的立即反應，教師透過師生互動關係，可以調時調整教學策略，提升教學校效果。

6. 鼓勵學生發表學術論文報告

博士班課堂教學，重點在於學術研究與發表。因此，教師應該鼓勵學生在專業研究領域中做出有價值的學術貢獻，經常性的發表學術研究論文和報告，以提升學生的學術研究和發表能力。

7. 關心學生的心理健康

博士班階段的學習壓力相當大，教師應該在課堂教學中隨時關注學生的心理健康，透過師生互動隨時提供學生心理方面的諮詢輔導，幫助學生克服來自學習方面的各種壓力，維護學生心理健康。

(二)博士班的課堂教學要注意的事項

延伸上述博士班課堂教學要領，教師在教學方面需要注意下列事項：

1. 選用適合學生需求的教學方法

博士班課堂教學是屬於比較開放的方式，教師應該針對學生的學習需求，選用或調整適合的教學方法，提供學生主動學習、自我探索和獨立思考的機會。因此，在教學方法的採用方面，可以選用開放式的教學方式，如討論式教學、互動式、案例分享等教學，以適應學生不同的學習需求。

2. 重視研究導向的教學實施

博士班課堂教學需要以研究導向為主，關注學生的研究主題和興趣，透過理論的探討、研究發展趨勢分析等，引導學生思考和解決專業上的問題。例如：教師可以在課堂上分享學術研究發展新動向、研

以增加刺激性的方式建立課堂教學環境。　　**教學語錄**

究趨勢與發展等，引導博士生進行學習。

3. 鼓勵學生學術交流活動

博士班的課堂教學要鼓勵學生經常撰寫學術論文，並且在公開場合（或平台）發展學術研究成果。教師在課堂教學中，需要鼓勵學生和同儕之間的學術交流合作。教師可以組織學術研討會、講座、專題報告等，提供學生與其他學術同儕交流的機會。

4. 提升學生的學習動機與參與

學生學習動機與參與，是課堂教學實施的靈魂。唯有學生高度的學習動機和興趣，才能提升課堂教學與學習成效。教師在課堂教學中，需要提供多樣的學習體驗和機會，激發博士生的學習動機和參與，讓學生可以在課堂學習中感到成就感和成功的經驗。

5. 提升研究專業性

博士班的課堂教學實施，需要具備高度的學術性和專業性。教師在課堂教學實施中要隨時更新教學方法與內容，讓學生可以在專業發展得到滿足。如此，才能在博士班課堂教學中引導學生發展學術研究能力，隨時發表學術研究論文。

不同的課堂教學，教學設計與實踐的方式就會有所差異。教師如果將大學部的課堂教學方式，帶到博士班的課堂教學，學生就容易感到學習上的倦怠，對教師的教學評價也會有所貶抑。因此，隨著不同學制而改變課堂教學，是每一位大學教師需要隨時自我提醒的地方。

七 博士班如何從課堂教學培養研究能力

博士班的課堂教學，重點在於探討學術研究的相關理論，分析專題的研究發展趨勢。因此，教師需要在課堂教學中培養學生的學術研究能力，提供學生必要的研究理論背景、方法論、研究技能等。在課

堂教學中培養學生的研究能力，可以考慮下列幾個要項：

(一)深入探討課程內容的結構

　　博士班的課堂教學比一般的課堂教學來得更為專業、更為深入，需要學生花比較多的時間和心力，了解專業課程的內容結構。教師在課堂教學實踐中，需要引導學生探討學科領域的知識結構，讓學生可以理解課程內容，並且能運用課程內容知識於實際生活情境中。

(二)鼓勵參與課堂的討論

　　在博士班課堂教學中，教師為了培養學生的研究能力，需要鼓勵學生透過和教授與同儕的互動討論，分享自己獨特的觀點，並且要學習如何將複雜的專業問題，分解成簡單的步驟加以分析解決，透過課堂的討論，可以培養學生邏輯思考與表達能力，進而提升研究能力。

(三)將計畫撰寫納入教學要求中

　　博士班階段的學生，需要培養計畫撰寫能力。因此，教師在課堂教學時，需要將計畫撰寫納入課程中，要求學生一定要在課堂學習階段撰寫論文計畫、或報告等。論文計畫的撰寫，可以幫助學生蒐集相關的學術研究文獻，並且從研究文獻中篩選適合自己研究主題的材料，並且學習如何將這些資料整合成有效的文獻回顧、研究問題、研究方法等，透過課堂的學習活動，可以培養學生的學術研究能力。

(四)進行獨立研究並提出報告

　　博士班階段的學生，需要有自己的獨立思考，撰寫自己的研究計畫。教師在課堂教學中，可以針對學科領域、學習主題，要求學生擬訂獨立研究計畫，透過公開發表方式，向大家分享自己的獨立研究計

畫。在學期結束之前，利用課堂時間公開發表獨立研究成果。

(五)參與專業的學術論文發表

　　博士班課堂教學中，教師可以針對學科領域擬訂主題，要求學生在學期結束前提出研究報告，並且參與各種專業的學術論文發表，作為學期學習成績的參考之一。學生參與學術研討會，可以培養獨立思考和解決問題的能力，以及訓練實驗設計、數據分析和結果分析討論的能力。

(六)投稿專業學術期刊

　　學術研究成果報告的提出，可以培養學生學術研究結果撰寫的能力；參與專業學術期刊的發表，可以培養學生學術發表與被評論之後，論文修改與調整力的提升。

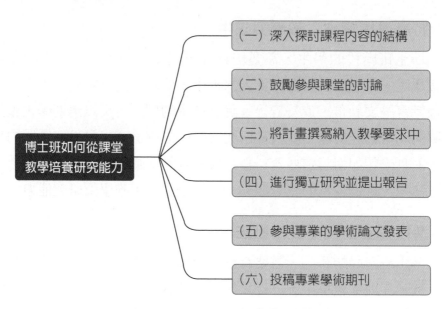

圖 6-7　博士班如何從課堂教學培養研究能力

博士班的課堂教學實施，不僅僅是傳授專業知識，同時也是輔導學生建立學術研究能力，培養未來學術研究與發表的能量。教師在課堂教學中，需要針對培養學生學術研究能力素養，納入課程設計與實踐，透過課程實施有助於提升學生的學術研究成效。

八 指導教授和博士生的互動關係

對教師而言，除了研究所的課堂教學之外，如何與指導的研究生相處，是一門相當重要的學問。不同的學校系所、不同的教師特性、不同的研究生心態，而有不同的「師生相處模式」。

(一)指導教授和博士生的互動關係

指導教授和博士生的專業互動關係，因為學術領域、文化差異、個人特質等因素而有所不同：

1. 學術論文指導的關係

指導教授和博士生之間的關係，建立在學術論文指導之上，其中的關係包括研究計畫的設計、研究方法的選擇、研究實驗設計與實施等方面的指導。

2. 研究所課程學習協助與支持的關係

在博士班課堂學習中，指導教授需要協助博士生克服各種學術研究上的困難，針對研究領域提供必要的資源與支持。例如：學術研究文獻、資料庫、學校圖書館期刊論文查詢、實驗室設備等。

3. 學術交流與討論的諮詢關係

指導教授和博士生的關係，需要在學習過程中進行經常性的討論與要求，討論學術研究的進展、學術研究問題與解決方案，以確保博士生的研究時程和水準，可以符合學術研究規準。

4. 監督與評估的專業關係

指導教授有責任監督博士生的研究進度和成果，針對研究生的學術研究提出回饋與評估，以確保博士生可以在預期時間內完成學位論文，以及完成各種學校系所規範的畢業門檻（或要求）。

5. 學術研究資源提供的關係

博士班研究階段，有相當多的研究生需要資源的輔助，才能在預期時間內完成博士學位。例如：研究所階段如果是「全職學生」就需要各種生活的補助，進行研究樣本的抽樣就需要相關的人力資源，資料分析與歸納就需要資訊方面的設備與人力協助等。因此，指導教授需要提供博士生在學術研究資源方面的資源，以利博士生可以在研究歷程中，順利完成學術研究並發表論文。

6. 培養職業技能的專業關係

博士生在完成學位之後，接下來就是就職的問題。指導教授應該針對博士生的專業領域，培養博士生建立職業技能、學術研究能力、教學技巧等方面的能力，作為未來就職或轉變職業的準備。

(二)指導教授和研究生的互動需要注意的事項

1. 開闢良好的互動管道

指導教授和博士生之間的關係，應該要提供良好的溝通互動管道，避免因為各種臆測、傳言、想像等，影響教師與學生之間良好的互動關係。例如：定期的指導論文會談（meeting）、固定的公開討論方式，透過這些方式作良好的互動。

2. 擬定明確的研究目標和時程

指導教授在指導博士生前，要先告知研究生明確的研究目標和時程，以利雙方共同努力實現目標。例如：幾年內完成博士學位？什麼時候提論文計畫口試？什麼時候提論文口試？要發表幾篇什麼等級

教學語錄 不管教學方法如何運用，學生學會才是重點。

的論文？要參與幾次重要的學術研討會？等，都需要明確的告知研究生。

3. 建立透明的專業關係

研究生和指導教授之間的關係（尤其是異性之間），最忌諱不必要的捕風捉影、不必要的猜測傳言。因此，在指導博士生論文階段，教師需要和研究生建立透明的專業關係，並且將這些規範明確的告知研究生，擔任指導教授本身也應該嚴格遵守。例如：研究生不可以送禮、研究生不可以私下找指導教授（除非特殊狀況）、異性師生會談需要在學校公開場所（例如研討室）、異性避免單獨在實驗室相處互動等。

4. 確保專業倫理關係

指導教授和博士生之間的關係，應該建立在研究的專業和倫理規範之上，指導教授應該明確讓研究生了解學術研究倫理與規範，確保研究的可信度和效度。

5. 相互支持與尊重的關係

指導教授和博士生之間的關係，應該要建立在相互尊重與支持之上，以確保相互合作和協作的順利進行。教師與研究生應該避免不當關係的發生，以及觸犯學術倫理規範的情景。

綜上，指導教授和博士生的互動關係，是學術研究上相當重要的關係，身為指導教授應該隨時自我提醒，避免不當的情形發生；博士生在學習階段，也應該恪遵學術研究倫理規範，避免有逾矩的情事發生，影響學術研究的尊嚴。

想要知道學習效果，反問學生就可以。　**教學語錄**

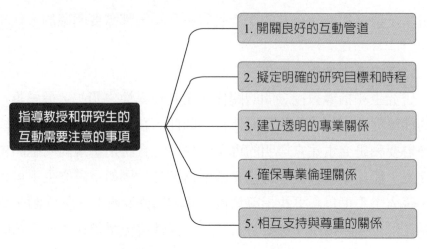

圖 6-8　指導教授和研究生的互動需要注意的事項

九 指導博士生的要領與訣竅

指導博士生是一項重要的任務，也是一項神聖的工作。需要教師和學生建立一種良好的默契，透明與明確的溝通關係，才能達成預期的目標。

(一)指導博士生的要領

1. 擬定清楚明確的指導目標

指導教授和博士生之間的互動關係，要先說明指導方式與明確的目標，讓學生了解學術研究的目標、時間表和期望的表現。

2. 提供學術研究的支持

博士生在研究所階段，由於來自學術研究的需要和需求，需要指導教授指導，克服各種挑戰。例如：學術論文研究的技術、學術論文的寫作、研究資料的分析與組織問題等，都需要指導教授從旁指導。

教學語錄　課堂教學要善用教學記錄表。

3. 建立良好的學術溝通

指導教授和學生之間建立良好的溝通，對於後續學術研究的發展，具有正面積極的意義。指導教授應該和博士生建立指導的學術溝通，透過定期聚會、討會方式，了解學生在學術發展的進展情形，提供及時的引導與協助。

4. 適度的鼓勵與激勵

博士班研究生在學習階段，需要指導教授各方面的引導鼓勵，以尋求自我激勵繼續學術方面的研究。指導教授應該在平日的互動中，透過鼓勵激勵、支持讚美等方式，引導博士生實現自己的學習目標。

5. 鼓勵獨立思考與創新

博士班階段的學習，需要以獨立思考與創新為重點，教師應該在課堂教學中鼓勵學生進行獨立思考與創新，針對問題提出創新的解決方法，進而培養獨立思考與創新能力。

6. 建立指導的正確文化

指導教授和博士生的關係在學術發展中，具有相當密切的關係。因此，需要在互動過程中建立一個支持和鼓勵博士生的積極文化，避免有違反學術研究道德與準則的情形發生。

指導教授與博士生的互動，需要建立在學術倫理與規範基礎之上。避免因為各種內外在環境因素，而形成不當的氛圍或導致違反倫理方面的現象發生。

(二)指導博士生應該避免的事項

指導教授與博士生的專業關係，和一般的互動關係有所差別。因此，要特別注意研究倫理與專業關係倫理的遵守：

1. 避免過度掌控的現象

博士生在課堂學習中，需要有獨立思考與執行研究的能力，指導

教授應該提供專業方面的指導與建議，避免不必要的干涉、過度掌控的情形發生。

2. 避免對博士生施加過度的壓力

指導教授在指導博士生的過程中，應該將指導的規則講清楚、說明白，避免對學生施加過度的壓力與不必要的期望，讓學生可以在輕鬆的氛圍中學習，不會因為指導教授經常的施壓，而導致學術研究上的過度壓力。

3. 避免觸犯學術倫理與規範

學術倫理與規範是指導關係的準則，教師和研究生都需要恪遵。指導教授應該在適當的時機，說明學術研究倫理與規範，讓學生清楚掌握規範的內容以及遵守的方式，避免指導教授本身和研究生有違反倫理的行為發生。

4. 避免忽略博士生的需求和意見

指導教授應該要重視博士生的專業需求和意見，盡可能在課堂教學或互動過程中，考慮學生的學術研究需求和意見，並且調整課堂教學方法。

5. 避免對博士生的論文過度篡改

指導教授應該尊重博士生的學術研究成果，儘量避免在學術研究論文或期刊論文做不必要的篡改或操縱，或者要求期刊論文的「掛名順序」或「不當掛名」等。

指導關係的倫理規範是教師和研究生需要遵守的準則，避免因為各種內外在因素而導致違反倫理的事情發生。教師在指導博士生時，需要將倫理內涵講清楚、說明白，除了自我要求之外，也應該要求研究生遵守。

教學語錄 透過社會經驗的教學，培養問題解決能力。

✚ 產出型的博士生課堂教學模式

博士班的課堂教學模式，與一般大學的課堂教學模式有所不同，博士班強調的是學術研究能力的培養與提升，大學課堂教學強調的是基礎理論的學習。大學教師在博士班的課堂教學，需要透過各種實作型（或產出型）教學模式的運用，才能在課堂教學中引導博士生完成學位論文。以產出型的課堂教學模式而言，需要透過下列幾個步驟：

(一)設定課堂教學目標

博士班課堂教學的主要目標，在於培養學生學術研究能力，精進學術論文撰寫能力等。因此，教師的課堂教學目標應該要針對上述重點，作課堂教學的規劃，讓博士生可以從課堂學習中培養各種學術研究能力。

(二)講解課堂教學模式

教師應該在課堂教學實施前，利用時間向學生講解課堂教學模式，讓學生了解課堂教學實施的步驟、流程等，作為課堂學習的準備。此外，教師應該讓學生了解課堂教學模式的精神，以及教師教學時，學生應該做哪些準備。

(三)提供學位論文模版

產出型的博士課堂教學模式，主要是透過課堂教學實踐，提供學生學術論文撰寫的練習機會。因此，教師應該在課堂教學設計階段針對學生教學特性與要求，提供學生學位論文（或學術論文）撰寫模版，讓學生了解學位論文撰寫的要領與訣竅。例如：一般博士學位論

課堂教學的關鍵在於講解和運用之間的關係。　教學語錄

文包括「緒論」、「文獻探討」、「研究設計與實施」、「研究結果分析與討論」、「結論與建議」、「參考文獻」等幾個部分。教師可以提供比較優秀的論文，讓博士生可以在課堂學習中作為學習的樣版。

(四)講解學位論文模版的意義

在課堂教學實踐時，教師應該講解學位論文模版的意義，引導學生了解論文的結構如何？以及論文結構是怎麼形成的？如何依據論文模版撰寫論文。例如：論文第一章緒論部分，包括研究動機與重要性、研究目的與問題、名詞釋義、研究範圍與限制、研究方法論等五個重要部分，教師可以利用論文模版的方式，講解這些部分是如何形成的？怎樣撰寫這幾個部分？等，引導博士生了解論文模版的意義，並依據論文模版模擬論文的撰寫。

(五)說明學位論文模版的應用

在學位論文模版意義說明之後，教師應該說明論文模版如何應用，引導博士生依據論文模版的樣式，練習撰寫構思學位論文。例如：教師可以先說明論文題目的形成與擬定，讓博士生了解學位論文的擬定與確認，透過學位論文題目的確認之後，接下來就是研究文獻的蒐集與綜合，透過參考文獻的蒐集與歸納，形成學位論文發展的方向，進而選擇重要的研究變項與研究方法。在學位論文模版熟悉之後，教師可以引導學生模擬論文的撰寫，練習蒐集相關資料並決定研究方法。

(六)指導學位論文模版的撰寫

利用學位論文模版作為模擬練習之後，教師就可以指導博士生論

文模版的撰寫，讓博士生從模版的擬定中，學習學位論文的撰寫。例如：在論文模版中第二章文獻探討，可以依據學位論文題目的確定，模擬文獻探討的形式和內容。以「大學教師教學效能、教學信念與教學實踐關係之研究」為例，在文獻探討方面，可以包括教學效能之意涵、教學信念之意涵、教學實踐之意涵、相關研究等部分。

(七)學位論文模版的撰寫與修正

當學位論文模版撰寫完成之後，教師可以指導博士生進行論文模版的撰寫與修正，讓學生有模擬撰寫論文的學習機會。透過論文模版的撰寫與修正，教師可以指導學生論文撰寫的優缺點，如何修正論文模版，將論文模版修正到理想的程度。例如：研究設計與實施部分，教師可以引導學生了解研究方法的設計與實施方面的問題，這一部分需要包括哪些層面？這些層面要如何規劃設計？研究流程與架構如何擬定？研究資料如何分析處理？研究倫理包括哪些？如何在研究過程中操作等。

(八)利用論文模版產出作品

論文模版的提供，可以讓博士生了解學位論文的形成過程，以及論文撰寫的要領與訣竅，這些論文模版如何修正等方面的問題。教師在課堂教學中，利用論文模版的擬定、模擬、撰寫、修正、形成等，可以引導博士生完成學位論文。例如：研究結果分析與討論部分，學位論文如何將蒐集的資料進行統計處理、質性的資料與文本如何分析、如何透過資料的歸納提出分析與討論、如何將相關研究與文獻運用作為研究的論證基礎等。

課堂教學方法的選擇要讓學生想要學習。 **教學語錄**

(九)完成實際論文作品

實作型的課堂教學模式，主要在於指導博士生透過學術論文模版的熟悉，從模擬撰寫的過程，寫出未來學位論文的模版，並且透過模版的模擬，完成實際的學位論文（或學術論文）。此方面的教學方法，在於課堂教學教師需要邊講解邊讓學生有模擬練習的機會，才能引導學生逐漸完成實際的論文。例如：研究結論與建議方面的形成，如何依據研究結果分析與討論，提出具體有效的結論？結論與建議之間的相互關係是如何形成的？教師需要花時間講解以引導學生學習。

(十)檢視產出型論文成效

產出型課堂教學模式的最後階段，就是檢視博士生完成的論文內容，是否符合學術論文的要求標準、內容是否符合學術論文規範等。在產出型論文的檢視方面，教師需要邊教學邊講解，邊講解邊修正學生的論文，使產出的論文質量皆佳。

教學語錄 鼓勵學生在課堂學習中養成記筆記的習慣。

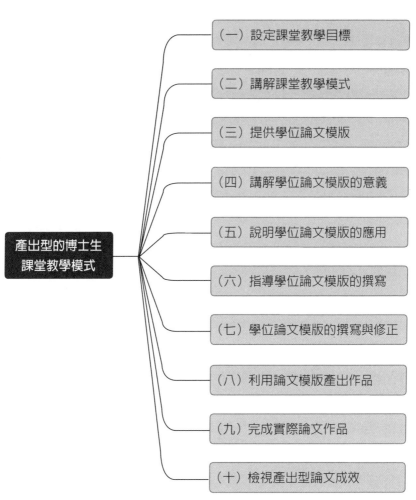

圖 6-9　產出型的博士生課堂教學模式

柒

邁向教學卓越
設計與實踐

課堂教學前，先將知識做系統的整理。 教學語錄

一 相見歡之第一節教學課

(一)課堂教學教師應該具備的要領

大學的課堂教學設計與實踐，需要教師花費比較多的時間，依據學生的學習狀況、學科領域的教學目標等，做各種課前的準備。大學課堂第一節課的教學，教師應該具備的要領如下：

1. 積極的做課前的準備

教師應該在學期開始之前，針對開設的課程提前準備課程內容，確保能有系統、有條理地做課堂講解，並且能充分地掌握所需要的教材、教學資源等，以利課堂教學實踐的順利進行。

2. 專業知識與技能的養成

大學的課堂教學與實踐，需要教師對所傳授的學科領域具有深入的了解和熟練的掌握，才能在課堂教學中清楚、清晰、準確地傳授知識和技能給學生，才能在學生有疑問時，提出專業正確的回應。

3. 激發學生的學習興趣

教師在課堂教學實踐時，需要激發學生學習上的興趣，以避免學生有三低的現象（低頭睡覺、低頭滑手機、低頭嘆氣等），教師應該讓學生在學習過程中感到有趣、有意義、有挑戰等。例如：可以運用各種生活上的實例、實施互動性比較強的小組討論、進行實踐性比較強的課程項目等。

4. 建立良好的課堂教學氛圍

大學課堂教學氛圍的建立，有助於教師與感情的聯繫，教師應該與學生建立起開放、互信、尊重的關係，以營造出良好的教學氛圍，讓學生放心、開心、有信心的在課堂中學習。

教學語錄 依據學生的特性，選擇適當的教學方法。

5. 隨時關注學生的學習狀況

教師在課堂教學實踐中，應該要經常與學生雙向互動，關心學生的學習狀況，引導學生克服學習上的各種困難，加強學生在課堂學習中的自信心和學科領域的學習動機，當學生有困難時，教師應該扮演「及時救援」的角色，或者透過「教學助理」的輔導，強化學生的學習參與。

6. 運用良好的教學方法

大學的課堂教學實踐，需要教師運用各種有效的教學方法與策略，吸引學生到課堂中學習，讓學生在學習過程中能夠積極參與學習理解和掌握學科知識。教師在教學方法的採用，除了傳統常用的教學方法，也應該交換採用各種教學方法，例如：啟發式教學、案例經驗教學、問題導向學習、分組合作學習等。

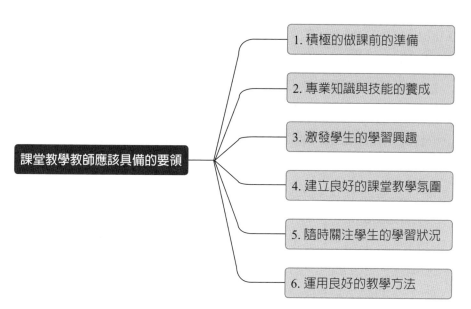

圖 7-1 課堂教學教師應該具備的要領

　　大學課堂的第一節課，主要關鍵在於「慎始」，讓大學生可以從第一節課中，對於大學課堂學習產生高度的興趣、濃厚的學習態度等。因此，教師在第一節課堂的教學實踐就需要運用各種有效的教學策略，吸引學生到課堂中學習。

(二)大學課堂第一節課的起手式

　　大學課堂教學第一節課，是建立學生對於課程學習的首要印象。因此，教師在第一節課的起手式，可以參考下列程序：

　　1. 破冰之旅

　　大學課堂教學的第一節課，主要關鍵在於建立「良好的師生關係」，因此，教師可以透過自我介紹、相互問候、討論學生對學科領域的期望等方式，以緩和學生的緊張情緒，打破教師與學生之間的陌生感。例如：給學生一枝粉筆（或白板筆），讓學生在黑板上寫上「對課程的期望」、「對教學的期望」等，透過此種形式的互動，教師可以了解學生對學習的期望，增進教師與學生之間的感情。

　　2. 激發學生的學習興趣

　　課堂教學實踐的主要關鍵，在於學生的學習態度、興趣、參與等。因此，教師在第一節課時，需要透過各種引人入勝的故事、影集、照片、音樂等形式，讓學生可以在輕鬆愉悅的氛圍中理解課程的主要內容，進而引發學生對於課程的興趣，激發學習動機等。

　　3. 建立互動的專業關係

　　在課堂教學第一節課時，教師可以透過各種形式和學生建立專業的互動關係，包括問答方式、小組討論、專題研討等方式，讓學生之間、師生之間建立好的互動關係，同時也可以讓學生了解學科領域學習的核心知識和技術。

教學語錄 依據學生的學習動機和參與，改變教學策略。

4. 傳達課程主要內容

課堂教學第一節課要明確讓學生了解，學科領域課程的主要內容有哪些、這些學科內容如何學習等，在介紹課程的內容時，應該包括核心內容、學習目標、課程目標、評量方式等，讓學生了解課程的總體架構，以及自己需要達到的學習目標等。

5. 說明課堂學習的規則

課堂教學第一節課，教師要明確讓學生了解課堂的規則內容。例如遲到、早退、缺課、作業繳交等，以及相對應的處理方式，讓學生可以事先清楚地掌握自己的課堂學習權利和義務等。

6. 課堂學習的其他規範

教師在課堂結束之前要總結一下學科領域的內容，讓學生了解後續的課堂學習、需要注意的事項，以及需要準備的事項，讓學生可以做好課前準備工作，為下一堂課做好各種準備。

俗諺「未教而殺謂之虐」，主要的意思在於說明，沒有講清楚、說明白，在學生犯錯之後就處罰，這是相當不好的措施。此外，做任何事情之「慎始」，主要意思在於說明，一開始就需要持著謹慎的態度，才能收到預期的良好效果。

二 課堂中隨時改變教學方法

(一)大學課堂教學方法改變的原因

大學的課堂教學設計與實踐，是一個多元多樣且瞬息萬變的景象，教師需要在備課階段時，針對課堂教學的需要、學科課程教學的特性、學生的學習期望等，隨時轉換不同的教學方法，以符合課堂教學上的需要。在課堂中隨時改變教學方法的原因如下：

1. 教學目標變化的需要

在課堂教學實踐中，教師如果發現原先設定的教學目標有需要調整或不夠明確，就需要依據學生的實際表現，或學科領域教學上的需要，隨時改變教學方法以期達成教學目標。

2. 學科內容變化的需要

學科內容知識和技能，會隨著時代的變遷和社會需要的變化，隨時更新學科內容，教師需要隨時關注學科的發展，依據最新的教學理念和方法，調整學科教學內容知識和技能。

3. 學生學習狀況不同的需要

大學的課堂教學實踐，教師應該依據學生的學習狀況，隨時調整教學方法。例如：學生的學習成效、生理狀況、情緒發展、先前概念、先備知識等，以滿足學生的學習需要。

4. 教學效果評估的需要

教師在課堂教學中，需要持續地評估學生的學習成效，作為調整教學方法與模式的參考，如果教師發現學生的學習成效不佳，無法達成預期的教學目標，教師就需要隨時調整教學方法，透過不同方式的教學形式，提升學生的學習參與和學習成效。

俗諺「如果教師不想一個笑話講 20 年」的話，就必須在課堂中不斷地改變教學方法，更新笑話的內容。教學方法的改變，是大學教師在課堂教學中必備的專業能力，只有靈活運用不同的教學方法策略，才能滿足學生的課堂學習需求。

(二)大學課堂改變教學方法的要領

1. 合理安排課堂教學時間

大學課堂教學時間的安排，除了依據學科教學內容之外，也應該依據課堂教學的實際需要而調整，教師需要在時間的安排上，考慮時

教學語錄 課堂教學的重點在於了解之後的運用。

間的分配、教學的重點、學生的反應等，以便讓學生更好地理解和掌握學科知識技能。

2. 廣泛蒐集教學資料

教師在大學課堂教學中，應該避免依賴單一的學科教學資源，以免在課堂教學時缺乏彈性調整空間。教師在學科備課階段，應該針對學科領域教學特質，蒐集各種教學資源，包括教學媒體、學習材料、案例分析等，以便隨時調整教學方法，以及調整教學方法上可以隨時運用。

3. 觀察學生的反應

課堂教學實踐主要的主角是學生，教師需要隨時觀察學生的課堂學習反應，包括學生的學習興趣、能力、態度、參與等，以便隨時調整教學方法，進而提高學生的學習成效。

4. 鼓勵學生課堂學習參與

學生在課堂中的主動參與學習，是學習成效高低的關鍵。教師應該在課堂教學中鼓勵學生積極參與學習，包括提問、討論、演練等，以增進學生的學習興趣和積極性。

5. 靈活運用各種課堂教學方法

教師在課堂教學中應該熟悉各種不同的教學方法，並且能夠隨時靈活運用，以滿足不同學生的學習需求。例如：準備多項教學資源，可以在課堂教學中隨時補充新的資料，提供學生新的學習輔助。

6. 不斷反思與改進教學

如果大學課堂過於僵化呆板，就無法吸引學生的學習興趣。教師想要提升課堂教學成效，必須具備各種變通方案，隨時更新教學內容，採用新穎的教學策略，吸引學生的學習注意力。此外，教師應該透過「教學助理」、「教學記錄」等制度的形式，隨時記錄自己的課堂教學情況，以作為反思教學與改進教學的參考。

課堂學習動機 = 學習期待 × 學習價值。　教學語錄

　　大學課堂教學第一次講笑話，學生會哄堂大笑；第二次講同樣的笑話，只有上一次缺席的學生會笑；第三次再講同樣的笑話，只有老師笑，學生不笑。上述的情景，在於描述呆板不知變通的大學課堂教學。如果想要避免上述的窘境，大學的教學就要隨時改變、隨時調整、隨時修正。

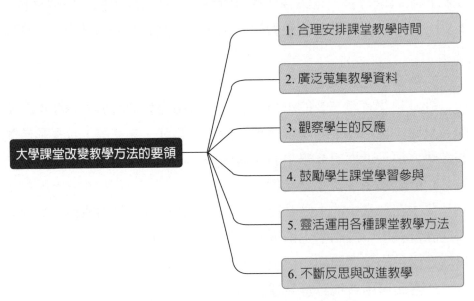

圖 7-2　大學課堂改變教學方法的要領

三 怎樣認識所有修課的學生

(一)掌握認識修課學生的方法

　　大學課堂教學時，教師應該要掌握所有學生，隨時可以點出學生的姓名、掌握學生的就讀班級、學生家人的聯繫方式等，有助於提升課堂教學效果。在認識修課學生的方式，可以考慮下列幾個要領：

1. 第一節課進行自我介紹方式

在大學課堂教學中的第一節課，教師可以要求每一位學生進行簡單的自我介紹，內容包括姓名、專業、年級、學號、興趣、家庭狀況等，透過自我介紹可以讓教師快速地了解每一位學生。

2. 填寫基本資料的方式

在課堂教學中想要認識每一位學生，可以事先設計一份有關的「學生個人資料表」（如附錄一），讓修課的每一位學生填寫，教師將學生基本資料表保存，在每一堂課上課時，攜帶基本資料表，以利隨時對照修課的學生，教師還可以在學生的基本資料表上面，標註與課堂學習有關的紀錄。

3. 填寫選課座位表

教師可以在課堂教學前，設計一份選課學生座位表，請學生依據自己喜歡的位置，填寫一張修課座位表，讓學生在座位表上面填註自己的姓名、手機電話（或增加一位聯繫人的手機號碼），一來可以增加教師課堂教學的記憶，此外，也可以在學生未到課時聯繫之用。

4. 製作學生選課名單

教師可以製作一份學生選課名單，包括學生的姓名、學號、班級、專業、年級等方面的訊息，可以讓教師隨時掌握修課學生的名單，更容易了解每一位學生。

5. 運用學校各種教學平台

教師在課堂教學時，可以運用學校教學平台，例如 Moodle、Blackboard 等的運用，掌握修課的所有學生，進而了解學生的學習狀況、學習表現、出席狀況等。此外，教師也可以透過平台和學生進行雙向互動，增加學生的學習參與，例如線上討論、作業分享、繳交作業等。

有系統的課堂教學可以避免學生遺忘。 **教學語錄**

6. 增加課堂教學互動

教師可以在課堂教學中，增加學生小組討論、小組活動，或者透過課堂教學互動，了解學生並讓學生之間有更多的交流，教師可以透過課堂教學互動，了解學生的學習情形。

(二)在課堂教學中認識學生

大學課堂教學實踐歷程，認識學生有助於提升教學效能，教師透過認識學生，可以在教學活動中運用自如：

1. 課堂第一門課自我介紹

大學教師在課堂教學第一節課，要讓學生認識自己，也要讓學生彼此認識。因此，可以讓每一位學生做簡短的自我介紹，包括姓名、班級、專長、興趣等，這樣可以增加教師對學生的印象，也能讓學生彼此相互認識。

2. 與學生進行面談

大學教師想要認識每一位學生，就需要透過各種方式了解學生。例如：教師可以和學生進行一對一的面談，詢問學生的學習情形，包括學習困難、學習參與、學習興趣等，透過一對一面談可以很快地掌握學生。

3. 實施課堂互動活動

課堂教學期間想要快速認識學生的話，教師可以增加課堂互動活動，例如小組討論、小組活動，透過活動可以增進學生之間的互動，教師可以快速地了解學生。

4. 運用學校的教學線上平台

一般的大學為了提升教師的教學品質，都會提供教師教學線上平台，以利教師課堂教學實施。教師可以透過教學平台察看學生的相關訊息、學習參與、學習成績、出缺席狀況，了解學生的學習和生活情形。

教學語錄 課堂教學應該將知識和生活事件結合起來。

5. 舉辦各類的課外活動

教師可以鼓勵學生多參與各種外活動，如專題講座、學術比賽、藝能方面的競賽。透過這些課外活動，教師可以和學生有更多機會接觸交流，進而更了解學生。

教師在大學課堂教學中，要透過各種形式認識學生，才能在教學實踐時有效掌握學生，隨時了解學生的學習，進而提升教學品質與學生學習成效。

四 怎麼實施思辯的教學

(一) 思辯教學的意義

思辯的教學（Inquiry-based teaching）是一種常用於大學課堂教學的方法，主要在於培養學生獨立思考和批判性思考的能力。思辯教學的運用，鼓勵學生將觀察、經驗、知識和想像力相互結合，並且透過思考、組織、統整、歸納等，提出問題、探究、分析、評估等解決問題，進而學習相關的專業知識。

(二) 思辯教學的特性

思辯教學是一種「學生為中心」的教學模式，教學的運用重視啟發學生思辯能力、探究和解決問題能力的教學。思辯教學的特性包括下列幾項：

1. 啟發學生思考和解決問題能力的特性

思辯教學強調學生自學習過程中，主動思考並提出問題和解決問題的能力，教師在課堂教學中引導學生分析問題的本質，鼓勵學生發揮創造和批判思考能力。

2. 培養學生協作和溝通能力的特性

思辯教學強調學生之間的相互協作和溝通，學生在課堂小組合作學習中解決問題，進而培養學生的團隊精神和溝通能力。教師可以透過問題的規劃設計，提供學生針對問題蒐集相關的資料，進行小組共同討論分析，進而達到學習的目標。

3. 課程內容由教師與學生共同建構的特性

思辯教學的實施，強調學生參與課程建構，教師的角色不只是知識的傳授者，而是和學生一起建立課程內容，引導學生從問題解決實踐中學習。例如：課堂教學中針對「大學生到柬埔寨打工賺錢被騙事件」，進行問題分析討論等，讓學生了解「社會詐騙集團的手法和策略」。

4. 引導學生主動學習的特性

思辯教學強調學生在課堂教學中的學習主導地位，由學生扮演課程內容主導的角色，透過自主學習和自主探究方式學習知識技能，教師在課堂教學中，扮演的是引導和協助學生學習的角色。

5. 評估思辯和解決問題能力的特性

思辯教學強調學生思辯和解決問題能力，而不只是關注學生的知識學習情形，透過課堂學習評估方式，學生可以了解自己在課堂學習上的不足，進而提升自己的學習能力。

(三)實施思辯教學的策略

大學的課堂教學實施思辯教學，主要目的在於培養學生獨立思考和批判思考能力，引導學生針對問題，將觀察、經驗、知識、想像力等相互結合，提出解決問題的良好策略。

1. 問題導向的教學策略

思辯教學的首要步驟，是引導學生提出問題，並且從問題本身探

索可能的情形、相對應的答案，教師在課堂教學中擔任引導學習的角色，鼓勵學生思考問題的本質，以及可能解決的方法。例如：面對年輕人到柬埔寨打工賺錢的詐騙手法，教師可以引導學生先蒐集「臺灣年輕人擔任什麼工作、有多少工資」、「柬埔寨的年輕人擔任什麼工作、有多少工資」、「臺灣各行各業人員需要哪些基本能力、有多少工資」等訊息，進而討論能力和工資的關係問題。

2. 培養質疑精神態度

在大學課堂教學中，實施思辯教學可以鼓勵學生質疑各種假設、概念討論，以促進深度思考和批判思考能力。例如：上述的社會詐騙事件，可以透過臺灣和柬埔寨工資的分析比較，引導學生思考不對應的工作條件和工資，是詐騙集團慣用的手法，請大家不要輕易上當。

3. 多元思維能力的培養

傳統的課堂教學實施，偏向於引導學生進行單向的思維。因此，教師可以在課堂教學中採用思辯教學，鼓勵學生使用不同的思維方式，例如創造性思維、系統性思維、邏輯思維等，幫助自己解決生活上的各種問題。例如：陌生人來電表示父親車禍重傷，需要一筆手術費用。思辯教學可以透過事件分析，父親車禍重傷哪來能力找陌生人打電話？現在的醫院緊急救人，要求先繳手術費用嗎？等議題思考事件的前因後果關係。

4. 主動學習能力的培養

課堂教學實施思辯的教學，學生在學習過程中扮演積極主動的角色，透過自主學習、小組問題討論、合作學習等方式進行學習，因而培養主動學習的能力。

5. 培養反思能力

思辯教學的運用，鼓勵學生對自己的學習進行反思，了解自己的

學習風格與優缺點，並且依據課堂教學目標促進個人的學習與成長。

　　大學的課堂教學設計與實踐採用思辯的教學方法，幫助學生發展批判思考與解決問題的能力，進而在日常生活中做出正確的決定。

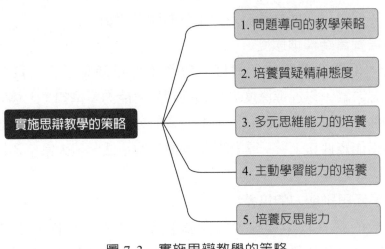

圖 7-3　實施思辯教學的策略

五 運用案例講解概念的教學

(一)運用案例講解概念教學的意義

　　在大學課堂教學中，運用案例講解概念的教學，主要是教師透過引導學生觀察、分析生活中的各種實際案例，以深入了解抽象概念或相關理論，此種方法的運用可以引導學生將抽象概念轉化成為具體的行動和決策，並且將此種案例應用到真實生活中。

(二)案例講解概念教學的特性

1. 將抽象概念轉化成為具體行動的特性

案例講解的教學透過實際案例的分析，學生可以更深入理解抽象概念，並且將抽象概念轉化成為具體的行動和決策。

2. 加強學習動機的特性

課堂教學實踐中，學生學習動機的增強，讓學生可以從抽象概念運用在實際情境中，並且認識抽象概念的重要性和實用性，進而增加課堂學習的動機。

3. 精進知識長期記憶的特性

課堂教學運用案例講解的教學，可以透過與實際案例的聯結，學生可以更容易地將知識與實際運用聯結，且將知識存在長期記憶中，並且在需要運用的時候回憶起來。

4. 批判思考能力培養的特性

課堂案例講解概念可以透過討論和案例的分析，引導學生學會批判思考能力，了解概念和原理的不同面向，以及如何運用在生活中不同情境中。

大學的課堂教學可以運用各種講解概念的教學方法，幫助學生了解和應用抽象概念，並且和學科原理緊密結合，強化學生的學習成效。

(三)案例講解概念教學的步驟

案例講解的教學步驟，是大學課堂教學常用的方式，主要目的是將學生引入一個特定的概念情境中，引導學生理解並將各種案例概念應用到日常生活。案例講解概念的教學步驟，包含下列幾個流程：

課堂要讓每一位學生分享學習成功的經驗。 教學語錄

1. 依據課程目標選擇重要的概念

教師在課堂教學設計時，依據課程目標選擇一個重要的概念，將這個概念的相關理論轉化成為日常生活中或學習中的經驗。例如：簡訊詐騙「一頁式的詐騙」內容之分析與討論。

2. 透過講解分析介紹案例概念

教師在提供課堂討論案例之後，透過講解方式介紹概念的定義，讓學生了解主題概念的背景和歷史，以及在不同情境下如何應用。例如：簡訊之「一頁式詐騙」的文字內容分析、邏輯關係的分析、因果關係的分析等。

3. 提供具體的案例經驗

課堂教學中的案例經驗分析，對學生而言可以有效結合理論與實務，並且精進生活經驗。教師提供具體的案例（或社會實例），可以讓學生更容易理解概念，透過真實案例的分析，可以增強學生對於理論概念的理解。

4. 案例概念的分析與解釋

課堂教學中的案例概念分析，主要在於解釋每個範例與理論概念之間是如何相互聯繫的，透過案例概念的分析可以引導學生了解範例和概念（或理論）之間的關係，理解二者的邏輯關係。

5. 確認學生進行思考活動

在運用案例概念講解時，教師要引導學生思考概念如何運用在不同的情境中，這些案例是如何形成的？讓學生透過思考分析等能夠運用所學的知識，解決生活上的各種問題。

6. 確定學生理解的情形

當課堂提供的案例概念分析之後，教師應該要透過各種方式了解學生的學習情形，使用測試、練習、分析或問題處理形式，確認學生是否理解重要的概念，並為學生的學習提供及時的回饋。

教學語錄 想要提高學生的注意力就要經常變換教學方式。

7. 概念應用到實際生活情境中

當學生學習概念分析之後，教師要讓學生將所學的概念應用到實際生活情境中，讓學生真正了解概念的價值與應用。

8. 學習歷程和成效的回顧

當課堂教學進行到一個階段之後，教師應該要透過各種形式的評量，幫助學生回顧所學的知識和技術，並且將與日常生活中的情境或工作實際情形，做相互的聯結，了解學生的運用情形。

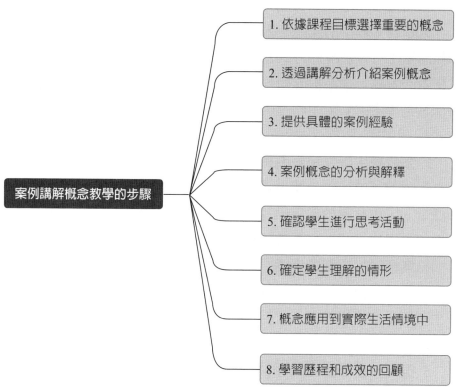

圖 7-4　案例講解概念教學的步驟

六　用學生理解的方式進行教學

(一)課堂教學的重要性

1. 提高學生的學習效果

大學課堂教學採用學生可以理解的方式進行教學，學生比較容易理解和記憶所要學習的學科知識，因為教師的教學方式貼近學生的認知水準和學習風格，並且是學生可以了解的，學習成效會更好。

2. 增強學生自主學習能力

大學課堂教學的實踐，很多時候需要學生自主學習。因此，當教師採用學生可以理解的方式教學時，學生就有機會展現獨立思考、自主學習的方式，進而提升學生的學習成效和自主學習能力。如果課堂的學習是學生感到陌生的、困難的，此時學生就無法展開自主學習的方式。

3. 激發學生課堂學習動機

課堂教學中，學生如果了解教學內容的過程，會對知識產生興趣和好奇心，也會對於課堂學習知識技能，激發學習的興趣和動機，教師應該引導學生積極參與各種課堂教學活動，激發課堂的學習動機。

4. 增進師生之間的溝通

大學課堂教學用學生可以理解的方式進行教學，能夠幫助教師與學生有更正向積極的溝通，促進師生之間的互動和交流，增進師生之間的信任感和相互之間的理解。

5. 迎合學生多樣化的學習風格

課堂教學中，學生的學習風格，會因為個體不同而有很大的差異。教師如果使用學生理解的方式進行課堂教學，就可以適應學生多樣化的學習風格，讓學生的學習產生好的成效，激發對課堂教學的興趣。

教學語錄　課堂教學的關鍵在於經驗的分享交流。

(二)以學生理解的方式進行教學

大學的課堂教學活動實踐，如果想要以學生可以理解的方式進行教學，則可以考慮下列教學方式之運用：

1. 問答互動的教學法

在課堂教學中，教師可以利用問答互動的方式，與學生產生教學上的溝通，透過問答方式回答學生的問題，引導學生理解知識內涵，加深學生對知識的理解。

2. 實施問題導向教學

在課堂教學中，教師可以依據課程目標的特性設計一些問題，引導學生思考和探究知識，幫助學生在思考中理解知識，進而提升學生的學習成效。

3. 實施圖像化教學

在課堂教學中，教師可以將學科課程知識轉化或運用圖像與影像方式，將知識轉化成圖像化的形式，引導學生更容易掌握和理解所學的知識。

4. 分組合作學習方式

教師可以在課堂教學時，以分組合作學習方式，促進學生之間彼此的交流和合作，讓學生可以相互學習、討論、分享、合作等，以提升學生的課堂學習成效。

5. 以學生為中心的教學

以學生為中心的課堂教學，主要是教師在教學設計與實踐中，以學生的學習需求和學習風格為主，依據學生的差異性調整教學方式，以學生為中心的教學，增加學生的學習成效。

6. 適度啟發學生的學習

在課堂教學中，教師應該引導學生針對學科學習，進行各方面的思考，讓學生發現學習的知識點，進而加深學生對學科學習知識的理

不同的課堂教學方法配合不同的經驗分享。　**教學語錄**

解，以提升學生的學習興趣。

　　大學的課堂教學實施，需要以學生可以理解的方式進行教學，才能提升學生的學習興趣、動機、參與，進而願意在課堂學習中積極地進行學習，當遇到學習困難時，才願意花更多的心力在學習的改變上面。

七 教師的學科教學知識PCK之運用

(一)教師學科教學知識的意義

　　教師學科教學知識（Pedagogical Content Knowledge, PCK）指的是教師在特定學科領域中的教學知識，主要內容包括如何教授學科內容、如何使學生了解學科學習內容、如何調整教學策略以滿足學生的學習需求，以及如何評估學生對於該學科內容的理解程度等（林進材，2021）。例如：教師在課堂教學中要教導「微積分」這一門學科，就必須具備如何教授微積分的學科內容、如何引導學生了解微積分學習內容、如何調整教學策略引導學生學習微積分等方面的知識。

(二)學科教學知識的內涵

　　學科教學知識內涵，依據 Shulman（1986）提出的概念，包括幾個重要的內涵（林進材，2022）：

　　1. 學科內容知識（Content Knowledge, CK）

　　指的是教師需要掌握學科領域的知識和理解，包括學科概念、原則、理論、發展歷史、現況、發展、趨勢等，以利在課堂教學中進行解釋和示範的相關知識。例如：「班級經營」學科領域的教學，教師

需要了解學科內容知識，指的是班級經營學科概念、原理原則、相關理論等。

2. 學科教學知識（Pedagogical Content Knowledge, PCK）

學科教學知識指的是教師如何將學科內容知識轉化成為教學內容，以利學生了解和學習的知識。例如：擔任「教育行政」學科教學的教師，需要了解如何將教育行政相關知識，轉化成為學生可以了解的方式，提供學生學習的機會。

3. 學科教學策略知識（Pedagogical Strategies Knowledge, PSK）

學科教學策略知識指的是教師在學科教學實踐中，需要選擇或應用適當的教學策略與方法，將學科知識教給學生的知識。例如：行政理論中的「權變理論」教學，教師需要透過哪些策略與方法，才能將權變理論講得很清楚，讓學生學習起來輕鬆自在。

4. 學生學習特質的知識（Student Characteristics Knowledge, SCK）

學生學習特質的知識，指的是教師在課堂教學中，要能深入掌握學生的學習特質和背景，以便在課堂教學中因應學生的個別差異採用不同的策略。例如：教導「微積分」學科的教師，需要了解學生在數學方面的學習經驗、學習成效等，作為微積分教學設計與實踐的參考，進而依據學生的學習程度，採用不同的教學策略。

5. 評估與評鑑知識（Assessment Knowledge, AK）

評估與評鑑知識，指的是教師在課堂教學中，了解如何針對學生的學習情形，進行有效的評估與評鑑，尤其是學生對學科內容的理解和學習情形。當教師了解這些知識之後，就可以在課堂教學中評估學生的學習成效。

6. 學習診斷性知識（Diagnostic Knowledge, DK）

學習診斷性知識，指的是教師要能夠透過各種形式，了解學生的學習情形、學習需要與學習困難，以利在課堂教學中能隨時調整教學

教學方法需要經常性的改變。 **教學語錄**

策略和方法，以因應學生的學習情形。

　　大學教師在學科教學知識方面，需要透過各種形式或方法，充實特定學科的教學知識，並且將各種知識有效地運用在課堂教學中，結合學生的學習情形，進而提升教學效能。

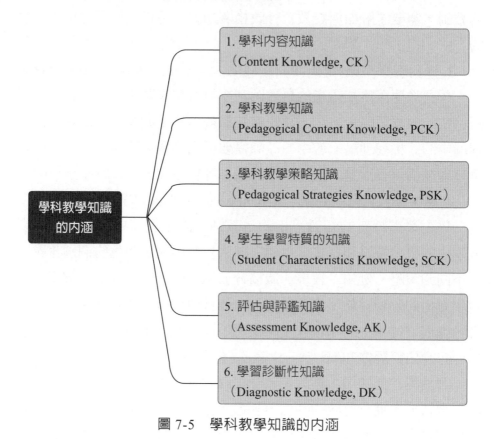

圖 7-5　學科教學知識的內涵

(三)學科教學知識的運用

　　學科教學知識的運用，影響教師的課堂教學設計與實踐，可以提升教師的教學效能。學科教學對課堂教學的影響包括下列幾項：

教學語錄　課堂知識的教學需要理解和舉例的過程。

1. 課堂教學設計的影響

在課堂教學設計與實踐中，教師可以運用學科教學知識，設計教學內容與教學活動，以便將學科知識有效地教給學生。學科教學知識的運用，包括教材的選擇設計、制定課堂教學目標、規劃課堂教學流程和步驟、安排教學評鑑和回饋活動等。

2. 課堂教學實施的影響

在課堂教學設計與實踐中，運用學科教學知識可以引導學生更有效理解和掌握學科知識的內容。在教學實施中，可以將學科內容轉化為學生容易理解和學習的形式、選擇適當的課堂教學策略與方法、進而適應不同學生的學習需求，提供及時的教學回饋和引導等。

3. 課堂教學評估的影響

在課堂教學設計與實踐中，運用學科教學知識，可以協助教師選擇和使用適當的教學評估工具、設定教學評估標準、分析評估學習成效，並且作為調整修正教學策略與方法的參考。

教師運用學科教學知識，可以針對課堂教學設計、教學實施、教學評估等，提供教師專業上的參考，進而提升教學品質與學習成效。

八　學生的學科學習知識之運用

(一)學生學科學習知識的意義

學生學科學習知識（Learning Content Knowledge, LCK）指的是學生在特定學科領域中所獲得的知識、技能和理解，所需要的學習知識。例如：數學、語文、科學、語言、社會學科等，在學習時需要具備哪些知識。這些知識和技能包括學科的概念、原理原則、公式定

義、法則、規則、策略與方法等，具備這些學科學習知識，才能在課堂學習中擁有好的學習成效。

(二)學生學科學習知識的內涵

學生的學科教學知識，一般包括下列幾個重要內涵（林進材，2022）：

1. 學科基本概念知識

學科基本概念知識，指的是學生需要熟悉學科的主要概念和理論。例如：數學中的運算和代數學、科學中的各種自然現象和科學方法論、語文學習中的語音、語法和詞彙等方面的知識。

2. 學科基本技能知識

學科基本技能知識，指的是學生在學科學習需要的基礎技能，例如語文中的詞彙、數學的計算和解題能力、自然科學中的實驗和觀察技能、英文學習中的聽、說、讀、寫等方面技能的知識。

3. 學科歷史與發展學習的知識

學科歷史與發展的學習知識，指的是學生需要了解各學科的歷史與發展，例如數學中的數學發展歷程、科學中的各種大發現、語言學習中的語言變化和文化背景等方面的知識。

4. 學科問題解決策略的知識

學科問題解決策略知識，指的是學生在學習學科的問題解決策略方面的知識，例如數學中的各種應用題解題策略、科學中各種探究策略、語言學習中的語言學習策略等方面的知識。

5. 學科應用和實踐的知識

學科應用和實踐的知識，指的是學生需要學習學科的應用和實踐方面的知識。例如：數學中的應用數學、科學中的科技應用、語言學習中的跨文化溝通和實際生活上的應用等。

教學語錄 有計畫的課堂教學才有好的學習成效。

學生的學科學習知識，指的是學生在課堂學習中，需要具備的各種學習知識和技能，透過學科學習知識的熟悉，可以幫助學生提升學習成效。

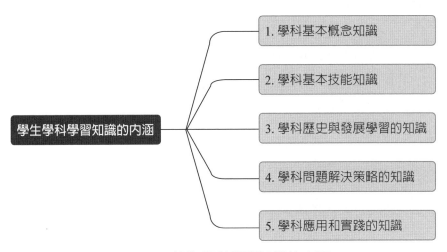

圖 7-6　學生學科學習知識的內涵

(三)學科學習知識對課堂教學的意義

教師在課堂教學設計與實踐中，善用學生學科學習知識的意義，在於提升學生的學習成效。

1. 深化學生學科學習知識

大學課堂教學善用學生的學科學習知識，有助於深化學生對於特定學科知識的理解和掌握，例如：對於文學、數學、物理、化學等各學科的知識與理解。

2. 培養學生批判思考能力

大學課堂教學可以透過學生學科學習知識，鼓勵學生對於學科知識進行分析與評估。例如：學生可以透過討論、分析、辯論等方式，

對於學科的特定主題能更深入的理解。

3. 學科知識的學習與實踐

大學課堂教學透過學生學科學習知識之運用，可以引導學生將學科知識應用到實際生活中。例如：透過實驗室實踐、現場考察與案例研究等方式，可以讓學生獲得更豐富和深入的學科知識，並且將學科知識運用在實際生活情境中。

4. 培養學生創造思考能力

大學課堂教學可以透過學生的各種學科學習知識運用，引導學生將學科知識運用到創造性的解決方案中，進而培養學生創造思考能力。

學生的學科學習知識之具備，主要在於協助學生於課堂學習中，更有效地進行學習，更深入理解學科知識的內涵與重要性，透過學科學習知識的運用，培養學生批判性和創造思考能力。

九 用學生理解的方式教學

大學課堂教學的實踐，需要教師從學生理解的角度出發，用學生熟悉的方式教學，提供學生學習成功的機會。

(一)主要意義

大學的課堂教學設計與實踐要從學生的角度出發，理解學生對學科領域知識的掌握程度和理解程度，進而針對學生的學習程度和需求，採用適合學生學習理解的方式進行教學。這樣的教學方式才能讓學生容易了解和吸收知識，才能提升學生的學習動機和參與，教師在運用學生理解的方式教學，就需要具備良好的教學技巧和對學生的觀

教學語錄 讓學生相互問答是教學的好方法。

察能力，以便在課堂教學實踐中隨時調整教學模式，以符合學生的學習需求。

(二)學生理解方式的教學步驟

用學生理解方式的教學，依據不同學科領域有不同的策略，教師可以參考自己課堂教學上的需要，調整教學步驟。一般來說，讓學生了解方式的教學步驟，可以考慮下列幾個步驟：

1. 啟發學生的學習興趣

課堂教學實踐要讓學生對學習主題感到高度的興趣，才能引導學生參與課堂的教學，透過實力或是提出問題激發學生的學習興趣。

2. 分析前置知識提供學習

教師想要透過學生理解的方式教學，就需要確認學生在學科領域中「已經學會什麼？」、「還沒有學會什麼？」作為教學設計的參考，讓學生了解前置知識與未來需要學習的主題，有哪些重要的關聯，這些關聯在後續學習的重要性。

3. 完整解釋學習概念

大學的課堂教學實踐，教師需要針對學生需要學習的學科概念，有關「懂」與「不懂」的關鍵概念進行完整的解釋，並且透過實例、案例、經驗或圖像等說明，讓學生可以簡單地學習。

4. 示範操作提供學習

在課堂教學中，教師應該將學科重要概念透過實際操作，作為是引導學生對學習主題的熟悉，並且提供學生參與操作的機會。

5. 引導學生進行練習

在示範操作提供學習之後，教師應該在課堂教學中引導學生進行練習，透過不斷的練習，加深學生對主題的深入理解。

課堂教學三大基本原則：講解、理解、練習。　　**教學語錄**

6. 檢視學生的學習成效

教師在課堂教學實踐之後，應該透過各種形式，針對學生的學習成效進行檢視，讓學生了解自己已經熟悉哪些知識，透過學習成效的檢視調整課堂教學設計，調整學科領域的教學內容。

教師在運用學生理解的方式進行課堂教學，需要針對學生的各種學習特質，以及學生的先前概念等，有完整的掌握和了解，針對學生的學習狀況，將學科領域知識轉化成為學生理解的方式，進行課堂教學並且評估學生的學習成效。

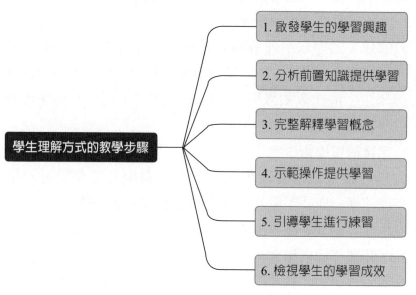

圖 7-7　學生理解方式的教學步驟

(三)學生理解方式的教學注意事項

大學的課堂教學在學生學習理解方面，教師的教學要注意下列事項：

教學語錄 ｜ 不同的課堂教學方法，導致不同的學習成效。

1. 了解學生的學習風格

學生的學習風格影響學習成效，不同的學生在學習風格上，差異甚大，例如視覺、聽覺、口語表達、動手做能力等，教師在課堂教學設計時，要能了解學生的學習風格，作為教學設計的參考標準。

2. 確認學生的先備知識

學生的課堂學習成效受到先備知識的影響，因此在進行新的學習內容前，教師必須先確定學生先備知識的情形，以及學科領域的學習準備度，透過這些訊息的掌握，可以幫助教師在課堂教學實踐中，有效率地引導學生進行學習。

3. 建立正向的學習環境

教師的課堂教學實踐，需要創造一種積極、支持學習、鼓勵學習的環境氛圍，引導學生參與各種課堂學習，進而提升學生的學習動機、學習信心等。

4. 明確的課堂學習目標

教師在課堂教學實踐時，要讓學生了解學習目標是什麼，以及完成學習之後可以獲得哪些成果，讓學生可以更熟悉學習的成效有哪些，進而更專注於學習內容上。

5. 運用多樣化的教學方式

一般來說，大學生對於課堂多樣化的教學方式，比較容易產生高度的興趣。因此，教師要運用各種多樣化的教學方式，例如互動式教學、團體合作學習、分組討論等，透過不同的教學方式，讓學生可以從不同形式中，了解學科學習的內容知識。

6. 及時給予學習回饋

教師的課堂教學實踐要依據學科領域的教學進度，提供學生及時的回饋，以了解自己的學習優點和需要調整之處，引導學生調整課堂學習策略和方法。

與其想要改變學生，不如先改變自己的教學。 教學語錄

　　教師的課堂教學實踐，想要學生積極地參與，就需要以學生可以理解的形式，進行教學設計與實踐，隨時關注學生的學習風格、前置知識和學習動機等。透過建立積極的學習氛圍，提供多樣化的教學方式和及時的回饋，才能引導學生在課堂學習中擁有良好的學習成效。

✚ 課堂教學改變的契機

　　大學課堂教學改變，需要教師在教學設計與實踐中，將改變的元素慢慢融入教學中。透過課堂教學改變契機的掌握，提供學生適合的學習機會。

(一)課堂教學改變的原因

　　課堂教學改變的原因，包括各種內外在因素，引導教師從傳統的課堂教學模式，轉變而加入現代化、多元的教學模式。

1. 教育改革與政策的推動

　　基於時代的變遷與國際教育改變的原因，大學課堂教學實踐，是為了提高教學品質和培養更具有競爭力的人才。所以，課堂教學需要持續的改變，鼓勵教師應用創新教學模式。

2. 教育科技的發展

　　隨著教育科技不斷進步，教育科技發展越來越成熟，大學課堂教學擁有更多現代化、互動性強、靈活性高的教學工具，可以輔導教師的教學實踐，使教學更為生動、有趣、高效等。因此，教師的課堂教學就需要隨著教育科技的進步，隨時調整教學策略與方法。

3. 學生學習需求與興趣的轉變

　　學生的學習需求和興趣，隨著社會環境的變遷與外在環境的改變，需要在課堂學習中學習與實際生活情境更貼近的知識。教師在教

學方式和內容方面，需要隨時調整以因應學生學習上的需要。

4. 教學改變帶來課堂學習樂趣

大學教師的課堂教學如果一直圍繞在傳統教學方法上，則學生的課堂學習容易一陳不變，導致學習上的疲憊而欠缺學習動機。因此，教師的課堂教學不管在內容方面、教學方法方面、教學策略方面，都需要隨時更新、隨時調整，提供學生學習上感興趣的主題和內容，才能激發學生的學習動機，提升學生的學習成效。

(二)課堂教學改變的方法

大學課堂教學改變的方法，可以依據學科教學的特性、教師的教學風格、學生的學習風格等內外在因素而改變，一般來說，課堂教學改變的方法如下：

1. 採用問題導向學習

問題導向學習（Problem-Based Learning, PBL）的採用，主要是以問題為導向，將學科教學內容知識轉化成為問題方式，讓學生可以在課堂學習中進行自主學習，並且以解決問題為主要目標。

2. 運用遠距教學方式

遠距教學（Distance Learning）方式的運用，是利用網路科技提供學生上課學習彈性的學習時程和地點，透過線上討論、影音課程等教學方式，達到預期的教學效果。例如：疫情期間（COVID-19）全臺灣的停課不停學政策，要求各級學校採用遠距教學方式，教師的課堂教學實踐就需要運用遠距教學方式，實施課程教學活動。

3. 翻轉教學策略的運用

翻轉教學（Flipped Classroom）策略的運用，是讓學生在課堂學習前進行預習，課堂教學時間用於解答學習問題、進行討論，以提高學生學習成效（林進材，2021）。

反省，能精進教師的課堂教學。　　教學語錄

4. 採用學生中心的教學方式

學生中心的教學有別於教師中心的教學，學生中心的教學是將學生視為學習的中心，透過討論、互動、反思等方式，引導學生進行課堂學習，以提升學生的學習成效。

5. 運用小組分組學習方式

小組分組學習方式又稱之為「合作學習」（Cooperative Learning），就是在課堂教學中，讓學生以分組方式進行學習，透過小組合作、互動、資源分享等，以增進學生之間的互動，進而提升學習效果。

6. 運用遊戲化學習方式

在課堂教學實踐中，將學習過程轉化成為「遊戲形式」，以增加學生課堂學習的樂趣與參與，透過遊戲化學習方式，提升學生的學習成效。

7. 運用課程結構重組策略

課程結構重組（Curriculum Restructuring）策略指的是，將課程教學規劃的內容中，增加各種實際生活中的問題，在課程內容中引進現實生活問題的討論分析，使課程更貼近社會需求，引導學生進行學習。

教師的課堂教學改變會帶來不安，但教學改變會帶來想像不到的效果，唯有教師在課堂教學中將改變的元素加入，並提供學生不一樣的學習機會，才能提升課堂教學的成效。

(三)課堂教學改變的成效

大學課堂教學實踐，需要擔任課程教學的教師，依據不同情境、不同需求、不同現實，隨時改變教學方式與模組，才能為課堂教學帶來不一樣的精彩活動。有關課堂教學改變成效的研究成果，簡要

教學語錄 不是學生笨，而是課堂教學需要更新。

說明臚列如下：

1. 教師的教學風格對學生學習成效有重要的影響

大學的課堂教學實踐活動，教師的教學風格與學生的學習風格具有相當正面的關係。因此，教師應該在課堂教學中，注意建立良好的師生關係，提供學生適當的學習輔導系統，引導學生更好的學習。

2. 多元化的教學策略可以提高學生的學習參與

教師在課堂教學中，可以運用各種多元化的教學策略，提升學生的學習動機和參與。例如：運用課堂討論方法、案例經驗分析、角色扮演、分組合作學習等不同的教學策略，可以引導學生更積極的學習，更理解學習知識和技能。

3. 積極參與課堂學習可以提高學習成效

大學的課程學習中，學生如果能積極參與課堂活動，對於學習成效的提升具有正面、積極的意義。因此，教師應該要設計各種充足的學習機會，讓學生可以積極參與各種課堂活動。例如：回答各種問題、發表意見、分享生活經驗等。

4. 教學媒體輔助可以提高學生的學習效率

在課堂教學實踐中，教師可以運用各種教學媒體提升學生的學習樂趣和學習效率。例如：使用線上學習平台、數位教材、互動式教學工具等，讓學生可以在課堂學習中更主動參與學習活動，進而提高學習成效。

大學的課堂教學設計與實踐，需要在傳統的教學模式中，慢慢導入新的教學元素，透過教學活動的更新、改變，調整課堂教學模式，依據不同的學習需求和課程特色，選擇比較適當的教學策略和工具，才能讓課堂教學充滿新的元素，提升教學效果。

任何知識的結構都需要舉例說明。　教學語錄

十一 從教學札記中修正教學活動

大學教師的課堂教學設計與實踐，要養成記「教學札記」的習慣，透過教學札記的紀錄，可以提供教師教學反思與教學回顧的參考，了解「教過哪些？」、「哪些未教？」的問題，作為調整教學的參考。

(一)教學札記的意義

「教學札記」指的是教師在課堂教學時所做的筆記或記錄，內容包括教學目標、課程大綱、教學重點、教學理論、教學方法、學生表現、教學反思等內容。透過教學札記的撰寫，教師可以更有系統地規劃和進行教學。同時，有助於教師對於課堂教學進行反思和改進。教學札記也可以提供教師作為評估課堂教學成果的參考，同時可以和同儕教師分享教學經驗。另外，教學札記可以在教師面臨「教學評鑑」時，作為「佐證資料」之用。

(二)教學札記包括哪些內容

教學札記主要目的，在於協助教師將課堂教學情形透過文字（或錄影）記錄下來，作為教學後反思或檢討的參考。一般而言，教學札記包括下列項目：

1. 記錄課程大綱

教師在課堂教學時，需要依據教學目標設計課程大綱，並且在教學札記中記錄下來，以利掌握課堂教學進行的方向。

2. 記錄教學目標

課堂教學時將教學目標記錄下來，可以讓教師了解每一堂課的主要教學重點，作為下一節課的參考。透過教學目標完成的檢視，可以

在新的課堂教學中，調整教學內容和教學實施方式。

3. 記錄教學重點

教學札記將教學重點記錄下來，可以讓教師了解教學過程中，需要強調的特定知識技能，透過教學重點的紀錄，可以作為日後檢討教學和複習學習重點的參考。

4. 記錄教學方法

在教學札記中記錄教師運用不同的教學方法，以達成教學目標的情形，透過教學方法的紀錄，可以提醒教師在教學方法的採用和更新的時機。當教學方法記錄下來，教師就可以避免「一個方法用 30 年，30 年用同一個方法」的現象。

5. 記錄學生的學習表現

教學札記記錄學生的學習表現和問題，對於日後課程與教學方法的改進，具有正面積極的意義，同時可以作為評量學生的參考。例如：學生的課堂出席狀況、學習參與情形、學習表現等。

6. 記錄課堂師生對話錄

教學札記將課堂師生對話記錄下來，有助於日後檢討教學實施成效之依據。同時，當教師的課堂教學出現問題時（例如被學生檢舉教學不當），可以作為檢討與佐證之用。這些教學札記的內容，可以提供「呈堂證據」之參考。

(三)教學札記的具體建議

大學的課堂教學札記，依據不同教師的要求與學科領域特性，而有不同的的規範和內容：

1. 教學札記形式的選擇

教學札記的形式，可以包括書面式、數位式、影音式的教學札記，將課堂教學情形簡要的記錄下來。

鼓勵是課堂教學最好的策略。　**教學語錄**

2. 鼓勵學生記錄課堂筆記

教師可以在課堂教學中鼓勵學生進行學習方面的筆記，並且提供筆記的形式和示範，例如如何記筆記、如何提取相關的訊息、筆記如何運用，教師可以考慮將學生的筆記情形，納入學習成效的一部分。

3. 提供學生課堂筆記範例

教師可以鼓勵學生記錄課堂筆記，並且提供課堂筆記的範例和指導，讓學生了解如何記錄重點、組織筆記，教師提供的範例筆記可以由教師提供，或者由學生提供等。

4. 提供評估與回饋意見

教師在課堂教學之後，可以察看學生的筆記，提供相關的評估與回饋，提醒學生課堂筆記的品質與內容，透過對學生筆記內容的查閱，可以作為調整教學的參考。

5. 強調課堂筆記的重要性

教師在課堂教學中，要隨時提醒學生課堂筆記的重要性，以及學生如何運用課堂筆記幫助自己的學習記憶和理解課程內容。

6. 請教學助理協助記錄教學札記

教師在課堂教學實踐中，可以商請教學助理（TA）幫助進行教學札記的紀錄，透過教學札記的撰寫，翔實記錄課堂教學的過程，以提供任課教師修正課堂教學的參考。

大學教學札記在於提供教師課堂教學實踐反思與修正的參考，透過教學札記的檢視，可以讓教師了解「講過哪些」、「未講哪些」，作為後續課堂教學實踐的參考，也可以作為修正教學策略的依據。

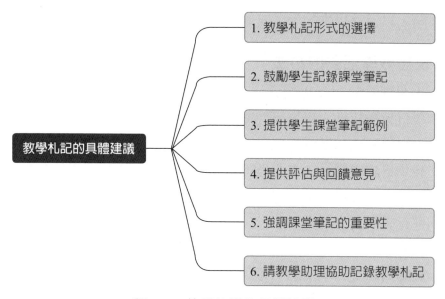

圖 7-8　教學札記的具體建議

（圖中文字：
教學札記的具體建議
1. 教學札記形式的選擇
2. 鼓勵學生記錄課堂筆記
3. 提供學生課堂筆記範例
4. 提供評估與回饋意見
5. 強調課堂筆記的重要性
6. 請教學助理協助記錄教學札記）

十二 從教學活動中反思的運用

　　大學的課堂教學，需要教師從教學活動中隨時進行反思，以利教學實踐的修正，調整課堂教學策略方法，進而提升學習成效。

(一)教學活動中反思的意義

　　從教學活動中反思，是指教師在課堂教學實踐到一段時間之後，對於自己的教學過程、學生的學習參與、學生的學習反應等進行深入的思考和分析，以期進一步改進自己的課堂教學方法，以提升學生的學習成效的過程。教學反思可以幫助教師了解自己課堂教學的優缺點，進而改進自己的教學方法，同時透過教學反思，可以深入了解學生的學習需求和問題，並且針對學生的學習特性擬定各種不同的教

學策略，以促進學生的學習成效。

(二)反思教學活動的方法

大學課堂教學反思的方法，每一位教師可以依據自己的教學屬性、學科教學特性、學生學習需求等，進行各類型的教學反思：

1. 教學日誌的撰寫方式

教學日誌的撰寫，主要是將自己的課堂教學活動和學生的學習反應記錄下來，透過教學日誌的撰寫將課堂教學想法和體驗表達出來，以利進行教學反思活動。

2. 問題回顧的方式

教師的課堂教學反思，可以透過問題回顧的方式，將課堂教學中遇到的問題，分析問題的原因，並且找出問題解決的方式。

3. 實施小組討論的方式

教師的課堂反思活動可以和其他教師或同儕教師進行討論，分享自己的教學經驗和學生的反應，聽聽其他專業人員的看法和建議，以取得更多教學反思的觀點和回饋。

4. 透過學生的回饋方式

課堂教學的反思活動，可以蒐集學生對於課堂教學活動的反應和評價，了解學生的課堂學習情況和反應，以利教師發現自己的教學優點和缺點，以及需要調整的地方。

5. 影像回放的評論方式

教師想要了解課堂教學需要調整的地方，可以透過課堂教學影像的錄製，回放並分析課堂教學過程、學生的學習參與情形和自己的教學，有助於發現教學中的優缺點。

6. 專家評估的方式

課堂教學反思活動，可以將課堂教學影像錄影下來，送給外審的

教學語錄 | 課堂教學需要有充分的準備。

專家進行評估，從專業的角度分析教學方法與學生的學習情形，以提供專業改進的建議。

　　大學的課堂教學反思，需要教師依據不同情境的需要，採用各種適合的教學反思活動，從各種反思形式提供教師改進教學的參考，進而提升教學效果與學習品質。

(三)教學反思的具體建議

　　大學實施課堂教學反思，具有多方面的效果，值得教師在課堂教學之後，實施各種反思活動：

1. 定期教學反思有助於改進教學

　　教師在課堂教學之後，應該定期進行教學反思活動，例如每節課後或學期結束前進行教學反思。這樣，有助於教師及時調整教學策略與方法，以提升課堂教學效果。

2. 記錄教學反思過程和結果

　　教師在進行課堂教學反思時，可以記錄自己的反思過程和結果，有助於教師更好掌握自己的教學方式和學生的學習狀況。例如：使用教師教學日記、教學筆記等方式進行反思。

3. 鼓勵教師與學生參與教學反思

　　鼓勵教師與學生參與教學反思，可以透過雙向互動的方式，提供教學上的反饋與建議，讓教師了解課堂教學需要修正之處，並且了解學生的學習需求與問題。

4. 結合教師專業發展活動

　　教師可以結合專業發展活動進行教學反思，提供各種專業意見以調整教學活動。例如：參加教學研討會和各種教學工作坊，可以精進各種新的教學策略與方法。

課堂教學技巧和經驗需要更多時間的累積。　**教學語錄**

5. 分享教學反思成果和經驗

教師在實施課堂教學反思之後，應該透過各種途徑和同事（或同儕）分享自己的反思成果和經驗，以利教師教學相互學習與成長。

教師的課堂教學實踐，需要定時、定期、定量的進行反思活動，將反思成果與經驗，透過學術研究報告的方式，以文字形式呈現出來，並且在各種學術研討會的場合和學術同好分享研討，以利形成新的教學模式和典範。

十三 教學模組的建立與課堂教學改革

大學的課堂教學設計與實踐，需要教師依據自己的教學風格，建立教學模組並加以實施，才能在後續的教學設計與實踐中，進行專業性的課堂教學改革。大學教師可以針對自己多年來的教學設計與實踐，進行專業方面的反省檢討，了解自己慣用的教學方法，是否有需要檢討改進之處，例如在教學設計、教學理論、教學方法、教學策略、教學評量等，是否有需要微調的地方；其次，在教學模式的設計與運用方面，是否經過多年的實踐經驗之後，建立屬於自己的教學模式，這些模式有無需要調整之處，或是建立新的教學模式典範，精進各領域的教學成效。

(一)教師教學模組的建立與實踐

大學的課堂教學實踐，在教師教學模組的建立與實踐方面，希望教師在教室教學中，透過教學設計與實踐經驗的累積，可以建立屬於自己特色的教學模組，作為教室教學設計與實施的參考模式。在教學模組的建立，不必過於依賴固定的教學流程，將平日「習以為用」的

教學語錄 課堂教學前，要先掌握自己的學生。

教學方法，結合「適用學科領域」的教學策略，揉合「教師中心」與「學生中心」的教學型態，提供學生最適當的學習活動。本文以「問題導向教學結合心智圖概念的教學改革」爲主題，說明教師教學模組的建立與實踐經驗，作爲大學課堂教學改革「拋磚引玉」之用。有關教學模組的建立與實踐流程，請參見圖7-9。

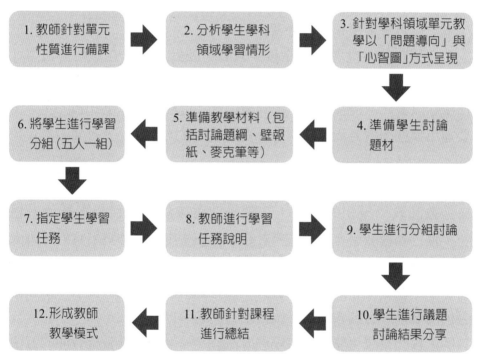

圖 7-9　教師教學模式圖：問題導向教學結合心智圖概念的教學改革

有關大學課堂教學改革之「問題導向教學結合心智圖概念的教學改革」模式與流程圖的實施，簡要說明如下：

1. 教師針對單元性質進行備課

問題導向結合心智圖概念的教學模式，教師在教學前需要針對學科單元性質，進行教學前的備課，了解學科單元性質爲何？教導哪

些學科知識？哪些核心素養？學生學習哪些知識？學生需要具備哪些核心素養等，在單元性質的備課期間，教師需要思考運用哪些教學媒體？哪些教學方法？哪些教學材料？哪些教學設備等方面的問題。以筆者在大學課堂教學中，小學師資培育課程中的「班級經營」爲例，在教學前就需要針對班級經營中的學科知識，進行教學計畫與教學設計方面的準備工作。

2. 分析學生學科領域學習情形

在學科單元性質分析之後，教師需要針對學生在學科領域單元的學習「先備知識」，進行專業方面的分析與理解，包括學生「具備什麼知識」、「需要學習什麼知識」、「已經知道什麼知識」、「需要運用哪些學習方法」、「需要哪些新經驗的加入」等方面的學習情形。

3. 針對學科領域單元教學以「問題導向」與「心智圖」方式呈現

教師教學模組的建立，在教學前應該針對學科學習單元的性質，進行課程教學方案的改寫計畫。例如：中小學師資培育的「班級經營」課程，在教學前備課階段需要將課程目標與教學目標（或學習目標），改寫以「問題導向」與「心智圖」方式呈現，提供學生在學習前的準備。有關教學目標改寫成爲問題導向的方式，如「擔任級任教師怎樣鼓勵學生閱讀，有哪些方法」、「教師提升教學效能的方法有哪些」、「教師如何提升學生的學習動機」、「教師提升學生的學習效能方法有哪些」、「學生的數學解題方式有哪些」等方面的問題（參見圖 7-10）。

4. 準備學生討論題材

在準備學生討論題材方面，需要結合學科單元目標與學習目標，將原有的教材（或課本），進行內容分析與內容轉化的工作，透過分析轉化成爲學生討論的「問題導向」議題，並且以心智圖的方式

教學語錄 課堂教學要善用 50 分鐘的時間。

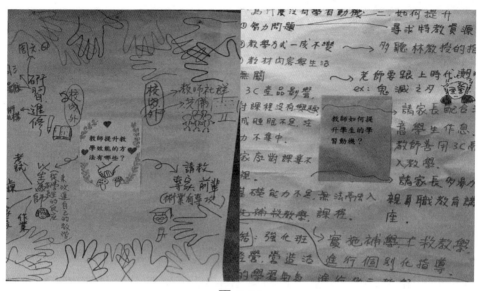

圖 7-10

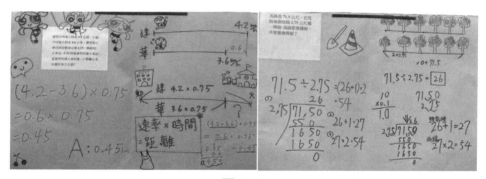

圖 7-11

呈現各種學習材料。以小學高年級的數學領域學科為例，教師需要將學生學習的知識，以問題導向與心智圖的方式呈現出來（參見圖7-11）。

5. 準備教學材料

在教學材料的準備方面，教師可以依據原先的教學設計與實

施，考慮需要用到哪些材料，例如壁報紙、雙面膠帶、討論題綱、撰寫討論結果的麥克筆、分組討論標示牌、討論結果彙整表等，作爲學生上課討論與呈現討論結果之用。

6. 將學生進行學習分組

由於問題導向與概念圖教學設計與實踐，需要運用到分組合作學習教學法之「異質性分組」方式。因此，教師需要在講完教學規則之後，針對班級學生進行「異質性」學習分組。原則上，以每五個學生爲一組的方式，進行學習討論分組。

7. 指定學生學習任務

教師在進行學習分組時，請班級學生依序由 1 到 5 報數，每五個學生爲一組。1 號學生當學習討論主席；2 號學生進行討論結論紀錄；3 號學生撰寫討論結果並負責將心智圖畫出來；4 號學生負責討論結果、壁報紙美工與插圖工作；5 號學生擔任分享報告人員。將修課學生依據分組原理，做分組學習任務方面的指派，以利後續教學活動的實施。

8. 教師進行學習任務說明

當學習小組分組之後，教師需要針對本課程的學習任務，進行簡要的說明，內容包括：(1) 討論時間；(2) 討論規則；(3) 場地規劃與說明；(4) 討論結果呈現方式；(5) 準備的材料如何運用；(6) 人員的分工與任務；(7) 各成員負責的工作和職責；(8) 課堂的規則等。

9. 學生進行分組討論

學習任務說明完成之後，教師可以請學生說明主要的學習任務有哪些，象徵性的請幾個擔任不同學習任務的學生，簡要說明學習任務和規則，以確定學生已經熟悉該課堂目標與討論方式。此外，教師在學生進行分組討論時，應該到各小組巡視，了解學生的討論情形，以確保討論結果分享的流程和成效。有關學生進行分組討論，參見圖

教學語錄　課堂教學策略的運用要考慮學生的特質。

7-12 至 7-15。

圖 7-12

圖 7-13

課堂教學要讓學生知道有效的學習方法。 教學語錄

圖 7-14

圖 7-15

教學語錄 課堂教學要以學生的需要為主。

10. 學生進行議題討論結果分享

學生進行議題討論結果分享，是本節課的關鍵，同時也是教師驗收教學成果的重點。因此，教師在分組討論期間，需要到各小組去了解學生的學習情形，以及各小組討論結果的呈現方式。因此，教師在學生學習小組的討論期間，需要進行教學方面的監督工作。有關學生進行議題討論結果分享，參見圖 7-16 至 7-19。

圖 7-16

圖 7-17

課堂教學活動要考慮適合與否的問題。 **教學語錄**

圖 7-18

圖 7-19

教學語錄 課堂教學活動要讓學生有表現的機會。

11. 教師針對課程進行總結

在教師針對課程進行總結階段，需要針對學科領域單元教學目標，進行教學與學習成效的總結，以確定達成教學目標。此外，學生的分組討論成果可以作爲班級教室布置之用，參見圖 7-20 至 7-22。

圖 7-20

圖 7-21

想要提升課堂教學效果就需要研究教學。　教學語錄

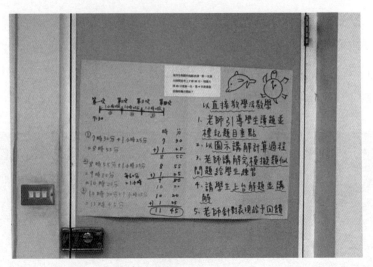

圖 7-22

12. 形成教師教學模式

教師教學設計與實踐過程，需要考慮與教學有關的各種因素，將影響教學的因素融入教學模式中，進行有效教學設計與實施，才能將教學成效實施精緻化、效率化，提供班級學生學習的最佳模式。

(二)大學課堂教學改革的意義

大學課堂教學改革的推動，實施的重點不在於「改變多少」，而在於「如何改變」，實施的要領不在於「改變幅度」，而在於「幅度微調」，希望透過可行方案提供教師在教學改革上的思考，讓教師了解「你也可以改變」的理想，在原有的、傳統的、固定的教學流程中，找出「需要改變之處」進行微調式的修正，透過修正方案的嘗試，給自己一個改變的機會、一個成長的契機。雖然，改革一定會帶來不安，但創新必歷經改革。

教學語錄 用學生可以理解的方式進行課堂教學。

十四 大學的教學評鑑活動制度

國內各大學為了確保教師課堂教學與學生學習品質，多會在課堂教學結束之後，針對教師的教學進行大學的教學評鑑，將評鑑結果提供給教師作為修正課堂教學的參考。

(一)大學教學評鑑的意義

大學的課堂教學評鑑是指針對教學活動進行的系統性評估，以確保教學品質。評鑑的主要目的，在於透過學生對教師教學的觀察（或感受），提出量化與質性的意見，以提高教學質量，促進教學改革與發展，並且為學生的學習提供更好的學習體驗。教學評鑑的內容，包括教學目標、教學方法、教材準備、教學資源、師生互動、指定作業、教學評量等（參見附錄二：國立臺南大學教師課堂教學意見調查表）。透過量化和質性意見方式，評鑑教師課堂教學品質的好壞。大學教學評鑑的結果，除了用來提供教師修正課堂教學的參考之外，也會和大學各種獎勵制度聯結在一起，作為制定改進教學計畫和措施的參考。

(二)大學教學評鑑的影響

大學針對教師的課堂教學實施教學評鑑制度，對於教師的教學實踐產生相當大的壓力，督促教師進行課堂教學改革，進而提升教學與學習品質。大學教學評鑑實施之後，產生的影響包括下列：

1. 課堂教學質量的提升

大學實施教師課堂教學評鑑，能夠提醒教師對課堂教學質量的關注，並且強化對於課堂教學目標的擬定與調整，進而提升課堂教學質量。

課堂教學需要結合科學與藝術。 教學語錄

2. 提醒教師關注課堂教學實踐

傳統的大學課堂教學，尊重教師的教學自主性。因此，並沒有實施課堂教學評鑑。大學的課堂教學評鑑能反應出教師的課堂教學情形，提高教學的透明度，提醒教師關注課堂教學實踐，提高教師的教學熱情和積極性。

3. 擴大學生課堂學習參與度

大學實施課堂教學評鑑，能夠讓學生更加關注自己的學習情況，提高學生的學習動機與參與度，同時可以針對教師的教學情形，提出學習者的意見。因此，大學課堂教學評鑑的實施，增加學生對教學質量的關注，並且透過教學評鑑提出學生層面的意見。

4. 優化課程設計與實踐

大學的課堂教學評鑑可以提供評鑑結果，讓教師了解學生的學習狀況和反應，也讓教師了解課堂教學實施的成效與影響，從教學評鑑結果的呈現，可以進行課堂課程設計與實踐的修正，改變後續的課堂教學實踐活動。

5. 促進課堂教學改革行動

課堂教學評鑑活動，能夠為課堂教學改革提供重要的參考與支持線索，促進教師教學理念的更新與教學方法的創新，有助於提升大學教育發展與課堂教學改革行動的進行。

(三)大學教學評鑑的負面影響

大學課堂　教學評鑑的實施，為教師的課堂教學帶來許多的負面影響，同時也改變了教師課堂教學的理想性。其中的負面影響，簡要如下：

1. 教學評鑑形成師生緊張關係

大學課堂教學評鑑制度的實施，對於教師與學生之間，形成一種

教學語錄 不同的單元要用不同的教學方法。

不對等且緊張的關係。例如：少數學生課堂參與度不高、經常遲到或不到課，被教師念幾句之後，就會在評鑑制度上無端攻擊任課教師，導致任課教師對教學失去信心。

2. 過於強調教學評鑑結果

部分大學過度強調評鑑結果，導致教師只關注課堂教學評鑑得分（或結果），而忽略教學質量提升的問題。或者，教師會因為少數學生的不客觀意見，而肆意改變教學策略與方法，迎合少數學生對課堂教學實踐的意見。

3. 學生評鑑教師課堂教學過於主觀

學校透過學生評鑑課堂教學，學生的評鑑存在主觀性的問題，可能因為個人喜好、課業負擔、學科特性等因素，對教師的教學進行不公平（或肆意攻擊）的評價，影響課堂教學評鑑的公平性與客觀性。

4. 可能導致異化教學的現象

部分大學在評鑑教師時，過於依賴課堂教學評鑑的結果，或將課堂教學評鑑與教師升等（教師賞罰）制度聯結一起，導致大學教師因為擔心升等和賞罰，過於關注評鑑結果，而忽略課堂教學本身的真正目的，使教學實踐過程出現異化的現象。

5. 單一指標無法評鑑教學的全面

大學透過學生實施課堂評鑑教學，容易因為單一指標而無法收到評鑑教學的全面性，無法反應課堂教學質量的全貌。因為，教學質量的高低不僅取決於教師個人的專業能力，同時受到課程設計、學生素質等各種內外在因素的影響。

綜上所述，大學要實施課堂教學評鑑，應該要掌握可能產生的負面影響，以及訂定一個公正客觀的評鑑制度，提供教師改進課堂教學的參考。

課堂中，不是每一位學生都需要相同的教學。 **教學語錄**

(四)課堂教學如何因應教學評鑑

大學實施課堂教學評鑑，對於大學教師而言，是需要常常面對的挑戰，對於課堂教學評鑑帶來的影響，大學教師需要有一些準備加以因應：

1. 充分的課堂教學準備

教師在準備課堂教學時，應該針對課程內容與學科教學領域，做充分的準備，清楚地呈現課程教學目標和學習目標，讓學生可以了解課堂學習的內容和學習方式，以利後續課堂教學評鑑時的參考。

2. 培養良好的教學互動

教師應該在課堂教學中，主動與學生互動，鼓勵學生積極參與各種課堂學習，提供有效的回饋和支持，幫助學生更好地理解課程和學習課程。

3. 使用良好的教學方式

教師課堂教學方式的使用，影響學生的學習參與和成效。教師應該依據學生的學習風格和水平，選擇合適的教學方式，例如採用專題演講、討論、小組合作學習等方式，讓學生可以掌握課堂學習活動。

4. 使用課堂多元評量方式

課堂教學成效的評量，教師應該採用多元評量方式，讓學生了解教師評量學習成效的方式和標準。在多元評量方式的採用，例如紙筆測驗、作業報告、專題報告等，讓學生了解教師評量學生學習成效的方式。

5. 接受建設性的回饋

教師課堂教學評鑑的實施，容易讓教師產生失敗、灰心的感覺。建議教師應該要敞開心胸，接受學生和同儕教師的建設性回饋，依據回饋意見調整課堂教學策略與方法，不斷提升課堂教學水平。如果遇到學生惡意的攻擊或不當的評價，教師可以選擇以適當的方式回應。

教學語錄 課堂教學策略要用正向的方法。

捌

教學研究設計與實踐

要讓大學課堂成為最有成就感的地方。 　教學語錄

一 教學與研究之間的關係

(一)教學與研究的關聯性

教學與研究之間的關係是相當密切的，教學是將知識與技能傳授給學生，研究是透過科學方法探索新知識與解決問題：教學可以激發研究的動力，研究為教學提供更新、更深入的知識。

1. 教學可以提供研究的素材

教學活動的實施是將知識傳授給學生的過程，涉及到綜合應用各種知識與技能。在教學實踐過程中，教師可能遇到學生學習的問題，需要透過進一步深入研究。因此，教學可以提供研究素材、激發研究的動力，提供教師深入研究、探討更為深入的知識與應用。

2. 研究可以為教學提供更深入的知識

教學研究可以協助教師了解新的研究發現、趨勢和知識，透過研究可以更新教學方法和內容。教學研究可以幫助教師深入理解學生的學習行為和需求，進而調整適當的教學策略。

3. 教學與研究需要相關的知識與技能

教學和研究都需要相關的知識和技能，研究需要科學研究的方法與技巧的運用，教學需要擁有教學的方法和技巧。因此，教學與研究之間的關係是相當密切的，彼此相互聯繫且相互影響。

綜上所述，教學和研究之間的關係是相輔相成的，彼此在不斷的交流和互動中相互影響，為課堂教學的進步與發展做出相關的貢獻。

(二)教學與研究之間的相互運用

1. 教學提供研究的實踐場所

教學與研究之間的關係是相輔相成的，二者之間相互運用，有助

於促進課堂教學成效。教學可以提供研究的實踐場所，將研究成果應用在課堂教學實踐中，以提高課堂教學品質和成效。例如：教師可以透過最新的研究成果，擬定新的教學策略和方法，以提高教學效果；學生在課堂學習過程中，可以成為教學研究的對象，從學生的學習參與情形，發現教學活動實踐存在的問題和挑戰，進而啟發研究者透過教學展開新的教學研究。

2. 研究為教學提供專業支持與引導

研究成果可以為大學課堂教學提供專業方面的支持與引導，可以提供更深入、更全面的了解和知識，有助於指導教師進行課堂教學實踐。例如：從學生學習心理和認知過程的研究，可以掌握學生學習策略與方法的運用，深入了解學生學習的認知歷程，可以提供教師作為改進課堂教學的參考。

二 教學實踐研究的意義

教學實踐研究的主要意義，在於教師班級教學中想要了解與教學有關的因素，在教學計畫與實施中，所扮演的主要地位、實施的歷程與實施成效，將教學活動歷程透過嚴謹的教育研究方法論，蒐集相關的教學資料作為驗證或佐證教學實施成效的參考，並依據研究結論提出教學方面的建議，就稱之為教學實踐研究。教學實踐研究的主要特色，包括下列幾個特徵（林進材、林香河，2020）：1. 教室裡的教學研究指的是「以教師為中心」的研究；2. 教室裡的教學研究包括教師的教學、學生的學習、影響教學與學習的相關因素；3. 教室裡的教學研究主要用意在於改進教學活動；4. 教室裡的教學研究比較常用的是行動研究法、實驗研究法等；5. 想要改進教室裡的教學品質，透過研究途徑是比較理想的方法。

課堂有備而來是最好的教學計畫。 **教學語錄**

因此，教學實踐研究和一般的教育學術研究，在性質、流程、方法、資料蒐集，具有相同的特性。是教師在班級教學中，運用各種社會科學研究的方法，蒐集班級教學實施中與教學和學習有關的資料，透過質性資料與量化資料的彙整、分析、歸納、統計等，提供研究結論與建議，作為改進教師教學的參考。

三 課堂教學研究類型與概念

在班級課堂教學中的教學研究，主要與教學有關係的因素、變項、情境、方法、理論、策略等，都是教學實踐研究的範疇。有關教室裡的教學研究類型，加以說明如下：

(一)教師教學方法研究

教學方法的研究，主要是將教室中各學科教學可能使用的方法，透過教學研究的方式，探討各種教學方法在學科教學上的應用情形，以及教學方法使用的實施成效。例如：將傳統教學法、適性教學法、創意教學法、多元教學法、資訊教學法、新興教學法等，運用在各學科單元的教學歷程，有哪些優缺點？如何運用在各學科中？和學科教學知識如何結合？對教師的教學效能產生哪些效果等。

(二)學生學習方法研究

學生學習方法的研究，主要是針對學生在班級教學中，透過教師教學活動實施，學生在單元學科學習中可以運用哪些高效能的學習策略、方法等，透過這些學習策略的運用，對於學生的學習效能產生哪些積極、正面的意義。例如：概念圖的學習、心智圖的學習策略、摘要圖策略、筆記的學習策略等，在學科單元學習上是否可以提升學生

的學習成效等。

(三)教師教學效能研究

　　教師教學效能的研究，主要是在班級教學中，教師如何「提升教學效能」議題方面的研究。在研究內容方面，包括初任教師的教學效能、專家教師的教學效能、經驗教師的教學效能等，當然也包括教師教學困境與因應策略之分析。在教師教學效能方面的研究，也可以將各種提升教學效能的策略（或方法），以導入的方式進行教學實驗研究。例如：研究主題「新手教師班級教學現況、困境與因應策略之研究」，透過對新手教師在班級教學中遇到的困境，以及採用的因應策略分析，作爲教師提升教學效能策略擬定的參考。

(四)學生學習效能研究

　　學生學習效能的研究，主要是針對在班級教學中，學生如何運用有效學習策略（或方法），幫助自己精進學科學習知識，並進而提升學習效能方面的研究。在學生學習策略的研究議題方面，教師可以依據學科單元知識的內涵，加上「學科學習知識（LCK）」的概念，進行學生學習效能方面的研究。例如：研究主題「國小學生數學解題單元有效學習策略之研究」，教師可以在班級教學中設計有關數學解題策略教學，引導學生在數學解題中運用有效的學習策略，並進而評估學生的學習成效。

(五)師生關係研究

　　大學班級教學實踐研究，在師生關係議題的研究方面，主要是源自於行政管理的理念，透過班級生活中，教師與學生關係的型態、互動品質等，了解師生在學校生活中是如何建構專業關係的，這些關係

　　　　　　　課堂教學要適時引導各種概念的練習。　**教學語錄**

的建構與互動品質，對於教師的教學與學生的學習產生哪些方面的影響等。例如：「班級生活中，師生關係建構及其相關因素之研究」，透過上述研究議題的擬定，相關理論與實際的相互印證，進而了解這些關係對於教學實踐的意義和啟示。

(六)親師生關係研究

教室生活中的親師生關係研究，指的是教師、家長、學生三者之間關係的探討，透過親師生關係議題的研究，提供教師在此種專業關係發展方面的訊息，作為班級經營與教學設計實施的參考。例如：「大學班級生活中，親師生關係建構歷程及相關因素之研究」，透過這個研究主題的設計與實施，教師可以以研究方法（如問卷調查、經驗敘說、觀察法等）將親師生關係建構的歷程詳細地進行分析，並且將相關因素作學理方面的論述，以提供教師在班級經營與班級教學的參考。

(七)班級經營與管理研究

班級經營與管理方面的研究，指的是教師在班級生活中有關班級經營與管理方面的實施與成效問題。透過班級經營與管理方面的研究，讓教師了解班級教學活動實施的前置作業，作為教學設計與實施的參考。例如：「大學班級管理策略運用與教學效能關係之研究」，透過班級管理的策略運用，探討與教學效能之間的關聯性，作為提升教師教學效能的參考。

(八)教室生態研究

教室生態的研究，主要的重點在於將教室生活當成一個教育方面的生態系統，在這個生態系統中存在的所有人、事、物、因素等，與

教學和學習有關的要素，都是教室生態研究的議題和重點。透過教室生態的分析與研究，可以讓教師透視班級生活中的各種事物，作爲教學設計與實施的參考。例如：「一個稱爲教室的地方（A place called classroom）之研究」，將教室這個教育生態做各種詳細的描述和描繪，可以提供教師在教學設計與實施歷程的參考。

(九)班級經營管理相關研究

班級經營是教學的前置作業，影響班級教學實施的成效。班級經營的研究，主要是將班級管理的各種議題，包括班級常規、班級學習氣氛、班級行政管理、班級座位安排、班級物理環境、班級心理環境等與班級經營有關的議題，透過教學實踐研究的理念，提供教師教學設計與實施上的安排依據。例如：「班級學生座位安排原則與教學效能關係之研究」，可以提供教師在學科教學時，安排學生座位上的參考。

(十)教室氣氛營造研究

教室氣氛營造的研究，主要是透過各種研究方法，分析教室氣氛的營造與教學實施成效的關係。教師可以依據不同的學科性質，配合學生的學習參與、學習動機，營造各種有利於班級教學的氣氛，以提升教師教學效能。例如：「大學班級教學氣氛營造與學科單元教學成效關係之研究」，可以進行不同學科性質的教室氣氛營造的分析，並與學生的學習成效做學理方面的比對，提出提升學生學習成效的教室氣氛策略，作爲教師教學設計與實施上的參考。

課堂學習成功需要正確的方法。　**教學語錄**

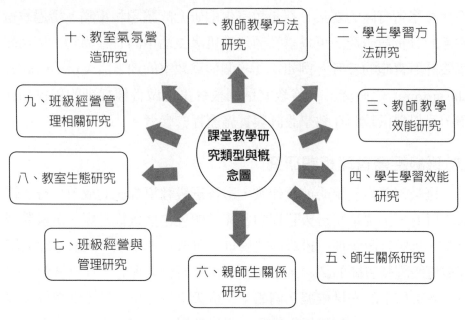

圖 8-1　課堂教學研究類型與概念圖

四 課堂裡的教學研究與取向

　　課堂教學裡的教學研究取向，一般包括量化研究與質性研究二個重要的研究取向。

(一)量化研究

　　教師為了了解班級教學的各種影響因素，透過量化工具（如問卷）蒐集各種教室中的現象，轉化成為數字（或大數據），作為研究分析的依據。量化研究主要是採用實證主義的觀點，以自然科學的方法或程序，處理各種複雜的教學問題，並藉研究過程建立法則及效率指標。

量化研究容易將教學現象的複雜程度過分化約與簡化，反自然科學者一致認為教學必然牽涉到賦予意義的意向和目標，科學牽涉到直接、單向的因果關係。但是，教師的教學行為與學生的學習行為之間並無絕對「一對一」的因果關係。科學方法只能用於不受時間與脈絡影響、穩定而一致的自然現象，而在真實的教學情境中，這些是不存在的（林進材，1997）。

(二)質性研究

教師為了了解班級教學的各種相關因素，透過文字描述、觀察、個案研究等廣泛蒐集教室中的各種訊息，作為研究分析的材料。

自 1980 年代起，為匡正實證取向教學研究的偏失，重視教學意義的詮釋取向成為教學研究的主流，質性研究隨之興起。相對於量化研究，質性的研究重視數字背後的意義。從研究者的參考架構理解人類行為、人類行為的意義及其社會交互作用的脈絡，並針對主觀的狀態予以移情地去理解教育過程的整體現象和情境。質性的研究應用於教學研究時，通常關注的是在教室層次的教學事件及活動，如透視教師如何將形式課程轉化為實質課程、如何教學、如何與學生互動、學生如何學習、如何統合各種刺激、如何詮釋經驗等，重視對教學者和學習者之間的互動過程及社會脈絡（social context）的了解。

教學實踐中的質性研究過程的幾個階段：

1. 界定研究問題

問題來自於研究現場的現象或每一事件，尤其是不尋常的事件，或是某些平常容易被視為理所當然的事件。

2. 選擇研究場所

質的研究現場並非刻意安排的實驗情境，而是從日常生活中，自然的情境導引而出。

3. 進入研究現場與維持關係

質的研究者在進入研究現場時，需先自我介紹，並且告知研究目的，以尊重被研究者。在研究過程中需和團體內各分子維持良好而信賴的關係。

4. 研究資料的蒐集與檢核

研究資料的蒐集可運用參與觀察、無結構性訪問和文件分析等。蒐集的資料必須經過嚴格的檢核。

5. 資料分析與整理

研究資料的分析與整理工作是同時進行的，在此過程中，通常運用三角校正（triangulation）以降低研究者的偏見，提高資料詮釋性的正確性。

1 量化研究	1. 受實證主義影響 2. 過程──結果研究典範 3. 建立法則與效率指標 4. 將複雜現象轉成數字
2 質性研究	1. 重視數字背後的意義 2. 重視社會情境脈絡 3. 受符號互動論、俗民方法論、知識社會學、現象學影響
3 質量統合研究	1. 統合量化與質性研究 2. 重視數字與數字背後的意義 3. 兼重實證主義與社會情境脈絡

圖 8-2　量化與質性研究概念圖

教學語錄 改變課堂教學就會有不一樣的學習效果。

6. 研究結果的呈現

撰寫質的研究報告，重要的是反省性（reflexivity），研究者隨時保有自我意識，將資料的形式、用語、內容加以反省（歐用生，1989）。

五 大學教室裡的教學研究方法概念

一般而言，大學教師在教室的教學歷程中，如果想要提升教學效能與學習品質，就需要在教室中進行教學實踐研究。教室中的教學實踐研究，其實是將教室裡的教學研究方法與一般學科單元的教學結合，透過研究方法論的運用，釐清並分析教學實施成效及其相關因素之間的學理關係。茲將教室裡常用的教學研究方法簡要說明，舉例如下：

(一)問卷調查法

問卷調查法是調查研究的方式之一，屬於量化取向的研究。主要是將教室中的教學歷程與教學現象，透過問卷調查的方式，轉化成為數字加以描述。例如：教師如果想要了解學生對於某一種教學方法採用的看法，就可以透過問卷調查的方式，進行研究調查分析。

(二)觀察法

在班級教學中，教師如果想要了解某一個現象，或是分析某一種存在的事實，就可以透過觀察工具進行觀察研究。例如：教師想要了解班級學生在教學歷程中的發言次數與發言內容，就可以透過「班級學生發言觀察工具表」的設計，由觀察員在班級教學活動中，進行學生發言次數與內涵的觀察記錄。

課堂教學氣氛，有時候比教學方法重要。　　　教學語錄

(三)訪談法

　　訪談法一般是教師透過訪談調查的方式，蒐集教室中與教學有關的資訊。例如：教師想要了解學生對於學科教學的觀點，可以透過問題的規劃設計，以結構式或半結構式訪談綱要，讓學生針對相關的議題發表自己的看法。訪談法的運用，可以配合教室教學行動研究或實驗研究法，在教學方案實施之後，透過訪談綱要（或問題），請學生發表自己的看法。

(四)內容分析法

　　內容分析法的實施，主要是解釋某特定時間某現象的狀態，或是在某段時間內該現象的發生情形（王文科、王智弘，2019）。例如：教師想要了解綜合活動課本中，有關性別角色的議題的呈現次數和呈現方式，就可以採用內容分析法針對各出版社出版的教科書，在綜合領域課本中，不同性別角色的出現次數以及出現的情形。

(五)實驗研究法

　　實驗研究法的實施，主要是教師想要了解某一個教學方案，在班級學科教學中實施的成效或影響情形。例如：大學教師想要了解自我導向學習對於學生閱讀理解產生的影響，就可以在教室語文領域教學中，設計自我導向學習的教學方案，在閱讀課中進行教學實驗，再針對實驗結果進行統計分析處理，了解自我導向學習方案的實施，對於大學生在閱讀理解方面的影響。

(六)焦點團體座談法

　　焦點團體座談法的實施，主要是教師在教學實踐中想要了解相關人員對特定主題的看法或觀點，而進行的研究方法。例如：教師想要

教學語錄　課堂教學溝通可以縮短師生之間的隔閡。

了解大學教師教學評鑑指標的建構和內容，就可以邀請相關的人員，針對大學教學實施成效評鑑指標提出專業上的意見。

(七)個案研究法

個案研究法的實施，主要是教師想要了解個案（或個體）在某一個特定主題上的特質、觀點、發展、特徵等，所採用的研究方法。例如：教師想要了解班級學生學習困難的主要原因及相關因素，就可以選擇特定的個案，進行學習歷程與學習成效方面的研究。

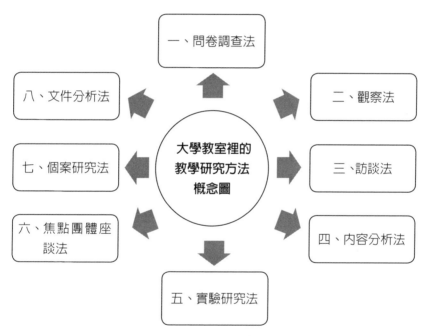

圖 8-3　大學教室裡的教學研究方法概念圖

(八)文件分析法

　　文件分析法的運用，主要是教師想要了解與教學、學習有關的議題，透過相關文件的蒐集，進行議題方面的分析。例如：教師想要了解學生在教室學習的過程與成效，可以透過對學生「學習檔案」文件的蒐集與分析，進行系統性的分析，進而綜合歸納，提出學理方面的建議。

六 教師的教科書研究與應用

　　教師教科書研究的主要意義，在於引導教師對於任教科目的課本有更深入的了解，透過教科書研究的實施，有助於教師了解教科書研究的意義、教科書研究的內容概念、教科書的學科教學內容知識、教科書的學科學習內容知識、教科書的研究流程等方面的專業知能，茲詳加說明如下：

(一)教科書研究的意義

　　教師教科書的研究，是屬於教學實踐研究的一環，讓教師可以從研究觀點與學習觀點，對於學科教學中使用的教科書，有更深入的理解和認識。

　　1. 提供教師了解教科書的意義

　　教科書的研究，可以讓教師了解教科書本身的性質、意義、內涵，同時讓教師了解教科書本身和學科單元教學之間的關係，教科書與教學活動、學習活動如何進行緊密的聯結。

　　2. 提供教師未來教學方法與策略

　　透過教科書的研究，可以讓教師理解教學方法與策略如何運用，在教科書中呈現的知識類型，如何與學生的學習知識進行有效的

聯結，這些聯結關係與班級教學如何進行聯結並落實教學效能。

3. 釐清學科教學知識內涵與類型

教科書的研究，有助於教師釐清學科教學知識的內涵與類型，透過這些議題的了解與掌握，對於教師的教學設計與實施，具有正面積極的意義。當教師進行教科書的教學內容知識分析時，有助於和學科教學理論方法，進行學理方面的聯結。

4. 掌握學科學習知識內涵與類型

教科書的研究除了提供教師學科教學知識外，同時也提供學科學習知識的內涵與類型，讓教師在教學設計與規劃中，掌握學生應該要具備的知識，以及需要學習的知識，這些知識要運用哪些策略才能收到預期的效果。

(二) 大學教科書研究的內容概念圖

一般教科書研究的內容，主要是針對教科書性質，進行教學與學習上的概念分析，在內容方面包括教科書的學科知識、教學知識、學習知識、教學轉化等。

1. 學科領域教科書的內容分析

學科領域教科書的內容分析，主要是針對學科領域的教科書，進行各單元學科知識性質、學科知識類型、學科知識內容等，進行學理方面的分析。透過學理分析結果，讓教師在教學設計與實施階段掌握學科領域的知識。例如：小學高年級的數學，偏重於問題解決、表面積的計算、速度與速率等知識的運用，在數學領域教科書的內容分析中，可以提供教師在上述知識教學方面的訊息，讓教師可以運用各種教學理論與方法，作爲教學轉化之策略。

2. 教科書的學科教學知識分析

學科教學知識（pedagogical content knowledge, PCK）乃教師因

應該學科之教學，而須具備之教學專業知能，即該教師能依據教學內容及學生先備知識與個別差異，採用適當的教學方法與策略，將學科知識加以分析、重整、組織、表達，以將其適當地轉換而教給學生的知識（林進材，2019）。在教科書的學科教學知識分析方面，主要是提供教師在學科教學知識內涵方面的理解，讓教師了解不同的單元學科，所要包含的教學知識有哪些，教師在面對學科教學知識議題時，需要採用哪些教學理論與方法，才能提供學生各方面適性的學習。

3. 教科書的學科學習知識分析

教科書的學科學習知識（learning content knowledge, LCK）的觀點，主要的概念源自於學科教學知識的闡釋，認為教師在進行教學時，必須針對學科性質的各種知識，作為教學轉化的底蘊。如Shulman（1987）與 Wilson、Shulman 和 Richart（1987）的研究，教師在教學中運用多種知識類型，才能完成教學的任務。學生在學科學習歷程中，也需要運用多種的學習知識類型，才能完成學習的任務。這些學科學習的知識包括：(1) 學科學習知識：包括對學科學習的整體概念、學科學習的本質、學科學習信念等；(2) 學習表徵知識：指的是學習策略和技巧的知識；(3) 課程學習知識：如課程架構、目標、對課本與學習教材的理解；(4) 一般學習知識：如學習歷程的知識；(5) 學習情境知識：對學習情境變化的認知；(6) 學習理念、個人信念：個人對學習的觀點；(7) 內容、學習法等知識（林進材，2019）。

教科書的學科學習知識研究，提供教師、學生「學什麼？」、「為什麼學？」、「如何學」等方面的訊息，讓教師在教學設計與實施階段，可以針對學生的學科學習知識做各種教學上的準備，同時可以擬定有效的學習策略與方法，提供學生各種精熟學習的機會。

4. 教科書的教學理論與方法分析

大學教科書教學理論與方法的分析，主要是針對學科單元領域

的教科書，分析教師有關「教什麼？」、「如何教？」、「用什麼方法教」、「用什麼理論教」等方面的訊息，提供教師在單元領域教學時，可以考慮採用的教學理論與方法，避免教師對教學理論與方法不熟悉，而導致教學效能方面的差異。一般的教室教學活動，除了教育單位提供的《教師手冊》（或備課手冊）之外，教師可以參考各種教學理論與方法的專業書籍，研究學科單元可以採用的教學理論與方法，作為課堂教學之用。

5. 教科書的教學轉化策略分析

　　教科書的教學轉化策略分析，指的是從形式課程到實質課程的轉化，所運用的策略或方法。換言之，教師是如何將教科書中的知識，用學生可以理解的方式，引導學生達到精熟學習。例如：醫師是如何講解讓病人或家屬了解目前的症狀？護理師是如何讓病人知道打點滴的作用？教師是如何讓學生熟悉梯形面積的計算方法等。透過教科書的教學轉化策略分析，同時可以分析經驗教師與新手教師，在教學歷

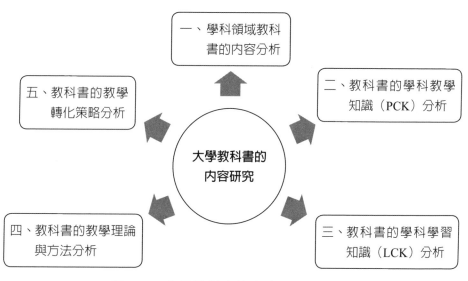

圖 8-4　大學教科書的內容研究概念圖

課堂教學活動應該少於學習活動。　教學語錄

程中的差異有哪些？這些差異對教學實施有哪些啟示？對學生學習效能的影響到什麼程度等。

(三)教科書的學科教學知識研究

教科書的學科教學知識研究，指的是這一本教科書內容包含哪些重要的概念？性質是什麼？教學目標與學習目標有哪些等議題；在教科書的學科教學知識指的是這一本教科書中，要教哪些重要的學科知識？這些知識的類別有哪些？知識如何與生活聯結？教師需要運用哪些方法等。教科書的學科教學知識研究，依據 Shulman（1987）提出的概念，包括下列幾個要項：

1. **學科知識**

學科知識的研究議題和內涵，包括對學科的整體概念、學科教育的目的、學科內容知識、學科的本質、學科教學信念等。例如：教師在教導數學時，需要具備對數學的了解，以及數學教材教法的熟悉。

2. **教學表徵知識**

教學表徵知識，指的是教師的教學技巧與策略方面的知識。例如：教師在教導語文領域課程、數學領域課程、自然與生活科技領域課程時，所需要的教學技巧與策略，會有等級和程度上的不同。

3. **對學習和學習者的知識**

包括對學生和學生知識的了解、預計學生在學習時可能出現的問題。例如：學生學習英語時，需要具備哪些知識，學習英語時可能遇到哪些問題，這些問題如何在教學中克服。

4. **課程知識**

如課程架構、目標、課程計畫和組織，對課本和教材的理解。例如：教導學生理化科目時，教師應該要了解理化學科的課程架構、課程目標、知識內容以及知識如何呈現，這些知識如何轉化成為教學活

教學語錄 教師應該站在學生的立場設計教學活動。

動。

5. 一般教學知識

　　一般教學知識包括教學歷程中的知識。例如學科單元教學的班級經營、如何引導學生學習、如何進行教學活動、如何結合資訊融入教學、如何選用教學媒體等方面的知識。

6. 教學情境知識

　　教學情境知識方面包括對教學情境變化的認知，例如在數學領域教學中，教師如何進行班級常規經營，以提升學生的學習注意力等。

7. 教學理念、個人信念等

　　指的是教師對教學的想法、觀點、秉持的信仰等。

8. 內容、教學法與個人實務知識的整合

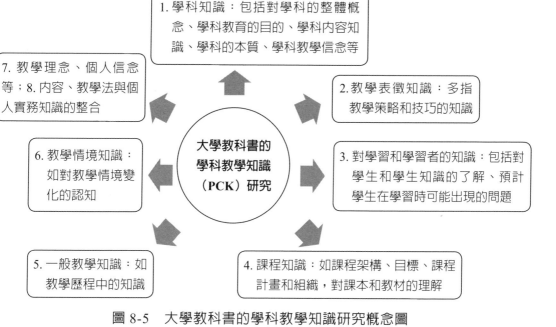

圖 8-5　大學教科書的學科教學知識研究概念圖

課堂學習動機如同引擎的作用一般。　**教學語錄**

(四)大學教科書的學科學習知識分析

　　教科書的學科學習知識指的是這一本教科書中，學生需要學習哪些重要的知識？這些知識的類別有哪些？知識如何與生活聯結？學生需要運用哪些方法等。在教科書的學科學習知識分析方面，包括下列幾個要項：

1. 學科學習知識

　　學科學習知識包括對學科的整體概念、學科教育的目的、學科內容知識、學科的本質、學科學習信念等。例如：學生在學習社會領域課程時，學生對社會領域的整體概念是什麼、學生對社會領域課程的目的了解多少、學生對社會領域學科的本質掌握多少等。

2. 學習表徵知識

　　指的是學生對於學科學習策略和技巧方面的知識。例如：學生學習歷史、地理學科時，需要運用哪些有效的讀書方法、學習策略等，有助於將學科知識轉化成為長期記憶等方面的知識。

3. 對學習和學習者的知識

　　包括對學生和學生知識的了解、預計學生在學習時可能出現的問題。例如：教導學生數學「微積分」的概念時，要針對學生學習過程中可能出現的問題，做教學前的因應並擬定有效的測驗。

4. 課程學習知識

　　課程學習知識包括課程架構、目標、課程計畫和組織，對課本和教材的理解，這些在學習上的意義。例如：學生在學習「教學原理」這一門科目時，要對於教學原理學科的課程架構、目標、課程計畫與組織等，是否具備足夠的知識。

5. 一般學習知識

　　一般學習知識指的是學習歷程中的各類知識，包括學科學習的方法、學科知識的學習、從短期記憶到長期記憶等。例如：學習國中的

教學語錄　有了學習動機，學生才會積極學習。

英語動詞，包括過去式、現在式和未來式的運用。

6. 學習情境知識

學習情境知識指的是和學科學習情境有關的知識，如對學習情境變化的認知、數學學科學習什麼時候需要用演算方式學習、什麼時候需要用驗證的方式學習、什麼時候需要用反覆練習的方式學習等。

7. 學習理念與個人學習信念等

學習理念與個人學習信念的分析，包括學習者對學科學習的觀點、立場、想法、信念等，這些學習信念是如何形成的？對於學習成效的提升有什麼意義？教師如何從學習理念與學習信念中，擬定提升學生學習的方法等。

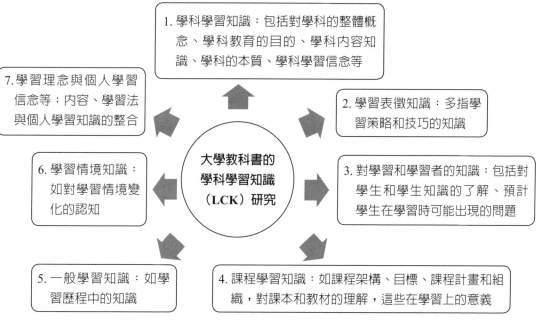

圖 8-6　大學教科書的學科學習知識研究概念圖

(五)教科書的教學理論與學習方法分析

教科書的教學理論與學習方法的研究，包括這一個單元（或一課）教師要運用哪些教學理論與方法，進行教學活動比較適合；學生在這一單元（或課）要運用哪些學習策略，這些學習策略如何運用在學科學習上面等方面的分析。

(六)教科書的教學轉化分析

教科書的教學轉化分析，包括每個單元的教學時間、教學的輕重緩急、如何與生活經驗聯結等。

(七)教科書研究的流程與步驟

大學教科書的研究對教師而言，是屬於教學實踐研究中的一環。對教師的教學設計與實施具相當的啟示作用，透過教科書議題的研究，讓教師對於教科書有更深入的了解。有關教科書研究的流程與步驟，簡要說明如下：

1. 分析教科書的性質

教科書性質的分析研究，主要是引導教師掌握教科書的性質和內容，了解教科書的知識內容，這些知識內容如何在教學與學習活動中呈現。

2. 進行教科書的內容分析

教科書內容知識的分析，主要是透過研究方法將教科書的內容進行分類歸納，了解教科書的內容和教學與學習活動如何聯結，教師在教學設計與規劃中，如何將教科書與教學理論作密切的聯繫。

3. 教科書內容知識的分析

教科書內容知識的分析，是教科書研究的核心議題。當教師將教科書的內容知識作系統性的分析之後，才能思考教學計畫中的教學活

動、教學策略、教學方法的議題。

4. 教科書的學科教學知識分析

教科書的學科教學知識分析，讓教師了解擔任的學科單元教學需要運用哪些和教學有關的知識，這些學科教學知識如何在單元教學中運用，如何透過教學活動的實施，增進教學效能促進學習效果。

5. 教科書的學科學習知識分析

教科書的學科學習知識分析，指的是在這個單元學科的教科書中，學生需要學習哪些知識？這些知識需要運用哪些學習方法才能學會？這些學科知識和哪些學習策略有關等。

6. 教科書中的教學理論與方法分析

教科書中的教學理論與方法分析，指的是在單元學科的教科書中，不同的小節、不同的概念、不同的頁次中，教師需要運用哪些不同的教學理論與方法，才能在教學活動中順利，讓學生的學習成功。

7. 教科書中的學習理論與方法分析

教科書中的學習理論與方法分析，指的是在單元學科的教科書中，不同的小節、不同的概念、不同的頁次中，學生需要運用哪些不同的學習理論與方法，才能在學習活動中進行高效能的學習，達到學習精熟的目標。

8. 教科書中的教學轉化分析

教科書中的教學轉化分析，是當教師分析學科知識、教科書中的教學理論與方法、教科書中的學習理論與方法之後，所形成的教學轉化概念。換言之，教師在這些不同的單元、不同的小節、不同的概念、不同的頁次中，適合運用哪些方法或策略，可以讓學生學會這個單元的知識。

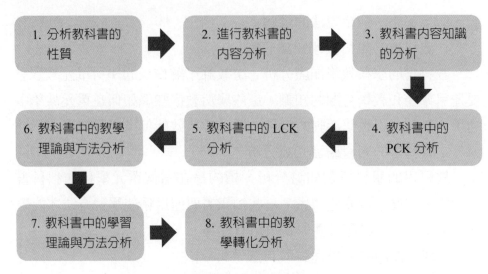

圖 8-7　大學教師教科書研究的流程與步驟

(八)邁向教師教學實踐研究的新典範

　　大學教師教學實踐研究的發展，主要是讓教師在教室的教學活動中，針對自己的教學設計與實施，透過嚴謹的研究方法，蒐集自己的教學活動資訊資料，進行系統化的分析，綜合歸納教學活動實施的成效，進而提出學理方面的建立，作為改進教學的參考。在教學實踐研究過程中，包括教室裡的教學實踐研究、教科書的研究、教學知識分析研究、學習知識分析研究等議題方面的探討，透過教育研究量化與質性取向的學理研究，可以提供教師教學反思與改進的機會，透過教學實踐研究的實施，同時提供教師在教學設計與實施的修正參考模式，有助於教師邁向教學專業的新典範。

七 大學課堂教學研究論文撰寫與形成

大學課堂教學改革方案的執行與成效，需要教師在班級教學活動設計與實踐之後，透過文字表達方式說明教學改革實施歷程與執行成效，讓同儕教師對班級教學改革有所了解，且透過改革論文的分享，作為班級教學改革之參考。

(一)思索主題內容

大學教學改革方案的設計與實踐，需要教師在班級教學中，思考自己平時的教學流程（或模式）需要做哪些方面的修正，或是哪些幅度的改變，並且針對班級教學活動，思考班級教學可以做哪些方面的教學改革，或者是如何配合現有課程改革中教學政策的主張。在大學課堂學教學改革論文的主題方面，主要是教師在班級教學設計與實踐中，針對自己的教學活動而思索主題的內容，以進行教學改革方案的實施，並透過研究方法的運用與研究工具的測量，以評估教學改革的實施成效。

例如：大學學教師想要在班級教學設計與實踐中，了解運用問題導向教學（PBL）以及分組合作學習，在學科單元教學的實施成效則教師需要先釐清教學改革方案的主題內容，針對課堂學科單元教學的特性，進行教學實驗設計與實施。在主題內容的思索方面，教師可以依據班級教學實際上的需要，結合各種教學方法的運用，以進行教學實踐方面的研究。例如：

1. 分組合作學習在學科教學解題策略之運用研究；
2. 問題導向教學在學科領域課程之設計與運用研究；
3. 世界咖啡館教學法在學科領域課堂教學設計與實踐之研究；
4. 心智圖教學法在學科課堂教學上的設計與運用研究；

每一位學生都是課堂教學的貴人。 教學語錄

5. 概念圖教學法在學科領域課堂教學上的設計與運用研究；
6. 異質性分組教學法在學科領域課堂教學設計與運用研究；
7. 個別處方教學法在學科領域課堂教學設計與運用研究；
8. 發表教學法在學科領域課堂教學設計與實踐成效之研究。

(二)構思主題和綱要

在思索主題內容之後，教師進行課堂教學改革方案時，可以針對想要實施的教學改革主題，進行主題和綱要的思考，作為課堂教學改革後續的參考。例如大學教師想要在課堂的教學單元中，了解運用分組合作學習的教學實施成效，則研究主題和綱要的擬定，可以「運用分組合作學習在大學課堂教學成效之研究」為主題，進行教學改革主題和綱要的擬定。主題和綱要構思的用意，在於提供研究者（或教學者），將課堂教學設計與實際歷程轉化成為教育研究之學術論文，提供對於教學現場有興趣的人員，作為參考之用。

一般而言，研究主題和綱要是相當密切的，當研究主題決定之後，接下來就是綱要的擬定。綱要的擬定需要依據主題的內容，選擇相關的理論與論述，作為研究主題的依據標準。如上述的分組合作學習的運用，在詳細綱要方面，就需要先探討分組合作學習的意義、內涵、流程、模式、方式等方面的文獻，接下來決定分組合作學習的異質性分組、共同學習分組、同質性分組等類型，進而探討分組合作學習的運用等。

(三)建構詳細的主題綱要

大學課堂教學改革行動方案，在主題和綱要確定之後，教師需要針對教學改革方案的實施，進行相關理論的探討與詳細綱要的建構，此一步驟主要的用意在於提供教師進行教學改革方案時，以相關理論

與學術研究爲基礎，避免在教學改革行動方案實施中，缺乏相關理論作爲基礎，並且可作爲後續方案實施與成效分析討論的主要依據。

(四)針對主題綱要蒐集相關文獻

大學教師在課堂教學改革研究時，和一般的學術性論文與學位論文有所差異，雖不必透過很嚴謹的文獻探討，或形成系統的文獻支持，但透過改革主題的相關理論或研究的引用，可引導教師在教學改革實施中，有更爲明確的方向、具體的理論作爲引導。課堂教學改革論文的形成，文獻探討提供教師教學設計與實施的參考依據，了解自己關心的教學改革主題，有哪些相關理論可以引導，目前這個主題的研究有哪些發展與趨勢，教學改革的設計有哪幾種模式可以作爲參考等，透過相關文獻的梳理，可作爲後續執行方案的標準。

(五)詳細閱讀蒐集的參考文獻

在大學課堂教學改革論文的呈現中，參考文獻主要是提供各種方案的相關理論基礎、研究設計與實踐上的思考，以及教學改革主題研究發展與趨勢。教師在課堂教學改革行動方案實踐的設計方面，需要參考關心的教學主題之參考文獻。因此，在蒐集參考文獻之後，教師需要詳細閱讀蒐集的參考文獻。

(六)從參考文獻中摘要論述或研究

參考文獻是一篇研究論文的理論重點，透過參考文獻的整理，可以透視研究主題的過去、現在及未來，從參考文獻的閱讀整理提供研究者，在研究設計與實施以及結果分析與討論參考架構。以大學課堂教學改革方案設計與實踐爲例，教師如果想要在課堂教學中進行「差異化教學策略對大學生物理學習成效之研究」，則教師需要針對差異

化教學策略之意義、大學物理學習策略與成效，進行相關參考文獻之探討，從參考文獻中摘要論述或相關研究。在參考文獻論述方面，包括差異化教學之意義、模式、概念圖、評量等，物理學習策略之意義、類型、策略、方法、流程、評量等，從這些參考文獻中摘要重要的論述與研究，作爲後續教學改革方案實施的參考，並且從相關研究中摘要作爲未來研究結果分析與討論之依據。

(七)將論述依據年代順序與思考邏輯排列

　　教師在進行大學課堂改革方案論文整理撰寫時，有關主題方面的參考文獻，在整理運用時，應該將文獻中的論述依據年代順序與思考邏輯排列，主要的用意在於年代順序本身具有學術研究上的意義，思考邏輯可以提供改革方案設計之參考架構。其中的寫法如「在合作教學中，每個學習者不只對自己的學習負責，也對其他學習者的學習負責，讓每個學習者都有成功的機會，對團體都有貢獻，能爲小組的學習成功進一份心力（黃政傑，2016）。因而，合作學習教學是建立在以團體方式，達到學習目標的教學策略之上。合作學習教學在教學原理方面，主要的構成因素，包括任務結構、酬賞結構、權威結構（林進材，2020）。」上述文獻引用二筆參考文獻，其中一筆是2016年，另一筆是2020年，需要依據不同年代由遠而近排列，才不會有年代順序與論述邏輯上之問題。

(八)針對論述提出作者的主張或歸納

　　大學課堂教學改革實施成效方面的論文撰寫，和一般學術論文的撰寫相似，在內容方面包括緒論、文獻探討、研究設計與實施、研究結果分析與討論、結論與建議等部分。在論文的撰寫與呈現方面，主要是撰寫的教師需要針對關心的教學改革主題，做文獻方面的回顧與

梳理。在文獻梳理與論述方面，教師可以針對論述提出主張與歸納，作為教學改革研究報告之主要內涵。

例如：分組合作學習與傳統教學的差異，分組合作學習與一般傳統教學的差異是相當大的，包括教學活動與學習活動的實施，二者主要差異簡要說明如下（林進材，2020）：

1. 合作學習與傳統教學活動的實施，在各方面差異性相當大；

2. 傳統教學活動的實施，強調只要將課程教材內容教給學生，引導學生達到知識學習的精熟程度即可；

3. 傳統教學活動的進行偏重於學科教學知識的傳授，而忽略學生在學習方面的參與和樂趣，學習活動的進行是單向的；

4. 合作學習的實施強調以學生為學習的主體，教師提供各種合作技巧的情境，引導學生進行學習活動，在教學中協助學生，達到各種精熟的程度；

5. 合作學習強調學習的責任是學生本身，由學生為自己的學習負責。

合作學習教學和傳統教學的主要差異，包括教學者角色、獲得知識方面、課堂主角、座位安排、小組分組方式、學習責任、互動方式、教學成效檢討等。

(九)完成學術論文，進行邏輯和論述的檢核

大學課堂教學改革方案與實施成效，以學術研究報告形式呈現，在上述流程完成之後，主要的工作在於完成學術論文，並且將學術論文做文字呈現的邏輯與論述方面的檢核，前者指的是研究報告撰寫的因果關係、前後論述之檢核，後者指的是方法論與結果討論一致性的問題。一篇優質的教學改革實踐報告，如果在邏輯和論述方面缺乏一致性、系統性，則無法提供對該主題有興趣的教師，在方法運用

教師與學生的互動是課堂教學美麗的風景。 教學語錄

與改革方案設計實施上的實質參考，且容易導致有誤導教師之情事發生。

(十)論文 APA 格式檢查修正

一般的學術論文或研究報告，最常聽到的專有名詞為 APA 格式問題。APA 格式全文為 American Psychological Association，指的是美國心理學會出版的《美國心理協會刊物準則》，目前已出版至第七版，是一個廣為接受的研究論文撰寫格式，特別針對社會科學領域的研究，規範學術文獻的引用和參考文獻的撰寫方法，以及表格、圖表、註腳和附錄的編排方式。具體而言，APA 格式主要在於凡是學術中人，透過 APA 格式的呈現，可以了解一篇學術論文（或報告），哪些部分是參考引用、哪些部分是研究者的主張、哪些部分是原創、哪些部分是修正、哪些部分是創生的；此外，如果讀者對於任何一篇學術報告中的引用文獻，想要掌握其中的全部內容或有興趣時，到圖書館或資源單位，如何快速地找到研究報告中的參考資料。

大學課堂教學改革實施歷程與成效，以學術研究的方式出版，需要透過論文 APA 格式的方式呈現，才能提高其學術價值與參考價值，讓教學研究界、教學實務界可以透過論文或研究報告，掌握該教學改革方案的精華。所以，大學教師在課堂教學中，教學改革方案的設計與實踐建議採用學術論文形式轉化成為文字報告，並且以 APA 格式方式呈現，有助於提供各界的參考。

教學語錄 課堂教學的實施需要了解學生的學習需求。

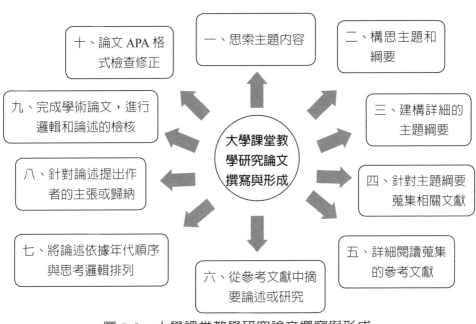

圖 8-8　大學課堂教學研究論文撰寫與形成

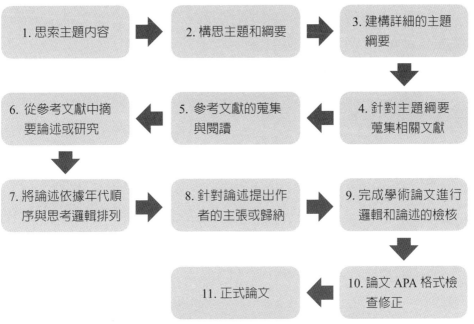

圖 8-9　大學課堂教學改革論文撰寫與形成

當課堂教學遇到困難時，教師應該與學生協商。　**教學語錄**

參考文獻

一、中文部分

王文科、王智弘（2019）。**教育研究法**。臺北：五南。

王慧茹、周倩（2015）。開放式課程網站評鑑面向與指標建置之研究。**教育資料與圖書館學**，**52**(2)，197-225。

王鐘慶（2015）。視訊會議軟體 Zoom。**計資中心電子報**，**33**。取自 http://www.cc.ntu.edu.tw/chinese/epaper/0033/20150620_3306.html

史美瑤（2014）。混成學習（Blended/Hybrid Learning）的挑戰與設計。**評鑑雙月刊**，**50**，34-36。

李雪莉、周原（2011 年 3 月 9 日）。淘課潮，襲捲全球。天下雜誌，**467**，152-164。

余肇傑（2014）。淺談佐藤學「學習共同體」。**臺灣評論月刊**，**3**(5)，122-125。

林進材（1997）。**國民小學教師教學思考之研究**。國立臺灣師範大學教育研究所博士論文。

林進材、林香河（2019）。**教學效能的第一本書**。臺北：五南。

林進材（2020）。**教師教學實踐智慧：從設計到實施**。臺北：五南。

林進材、林香河（2020）。**教學原理**。臺北：五南。

林進材（2021）。**中小學教學改革：議題與方法**。臺北：五南。

施文玲、殷聖楷（2018）。磨課師：磨課師標竿課程全都錄。**科學發展**，**549**，40-47。

教育部（2020）。**【DIGI+ 科技會報】科技防疫之遠距教學**。資料來源：https://futurecity.cw.com.tw/article/1535

陳年興、林甘敏（2002）。網路學習之學習行為與學習成效分析。**資訊管理學報**，**8**(2)，121-133。

黃富順（1998）。**成人教育**。高雄：麗文。

黃郁倫、鐘啟泉（2012）（譯）。**學習的革命：從教室出發的改革**。（原作者：佐藤學）。臺北市：天下。

黃盈瑜（2018）。**台南市國小教師對翻轉教學認知與態度之調查研究**。國立臺南大學教育學系課程與教學碩士論文（未出版）。臺南市。

黃政傑（2014）。翻轉教室的理念、問題與展望。**臺灣教育評論月刊，3**(12)，161-186。

張淑萍、張瀞文（2018）。磨課師課程與教材：設計、發展與實施策略。**科學發展，549**，19-26。

駐法國代表處教育組（2020）。法國因應疫情封城期間所採取之多媒體教學措施。**教育部電子報**，916。取自 https://epaper.edu.tw/windows.aspx?windows_sn=23310

蔡進雄（2020）。歐美各國遠距教學的挑戰與具體做法。**國家教育研究院電子報**，198。取自 https://epaper.naer.edu.tw/edm.php?grp_no=2&edm_no=198&content_no=3495

國立臺灣師範大學教育研究與評鑑中心（2013）。**差異化教學的意義與概念**。臺北：臺灣師範大學。

歐用生（1989）。**質的研究**。臺北：師大書苑。

蕭錫錡（1996）。自我導向學習在教師專業發展上之應用。**成人教育，34**，32-37。

簡志峰（2020）。**比較台美遠距教學差異：「一體適用」的台式教學，為何失去民主教育精神**？取自 https://www.thenewslens.com/article/133525

Kaitlyn, M. (2020). 常春藤盟校（Ivy League）提供免費線上課程，在新冠肺炎蔓延時期，供學生免費修讀（Ivan Huang 翻譯）。取自 https://tw.asiatatler.com/generation-t/超過450堂八所常春藤盟校提供的免費課程在疫情期間學生修讀。

二、英文部分

Keller, J. M. (1983). Motivational design of instruction. *Instructional design theories and models:An overview of their current status*. NewsJersey, NJ: Lawrence Erlbaum Associates.

Kennedy, K. J., & Lee, J. C. K. (2010). *The changing role of schools in Asian societies: Schools for the knowledge society* (oaoerback version). London; New York: Routledge.

Lortie, D. C. (1970). *School-teacher: A sociological study*. Chicago: University of Chicago Press.

OECD (2017). The OECD handbook for innovative learning enviornments. Paris,

France: OECD. Retrived From http://dx.doi.org/9789264277274-en

Shulman, L. S. (1986a). Paragidms and researcher programs in the study of teaching: A comtemporary perspective. In M. C. Wittrock (Ed.) *Handbook of on teaching* (3rd ed) (PP3-36). New York: Macmillan.

Shulman, L. S. (1986b). Those who understand: Knowledge growth in teaching, *Educational Researcher, 15*(2), 4-14.

Shulman L. S. (1987). Knowledge and teaching: Foundations of the new reform. *Harvard Educational Review, 57*(1), 1-22.

Toffer, A (1970). *Future shock*. New York: Random House.

Wilson, S. M., Shulman, L. S., & Richart, A. E. (1987). 150 different ways of knowing: Representations of knowledge in teaching. In J. Calderhead (Ed.), *Exploring teachers'thinking* (pp. 231-253). London, UK: Cassell.

附錄一：國立（私立）○○大學學生個人資料表

班　　級		學　　號		
姓　　名		性　　別		
出生日期		婚　　姻	已婚　未婚	

身　　高		體　　重		電話	
學　　歷		血　　型		手機	

現在地址	
e-mail	
Line	
專長	
經歷	
健康情形	
簡要自傳	

附錄二：國立臺南大學教師課堂教學意見調查表

一、問卷調查

題號	題目	5	4	3	2	1
1-1	教師準備的教材難度適當					
1-2	教材內容豐富					
1-3	教材的內容有助於本課程的學習					
1-4	教師於課前有充分的準備					
2-1	教師教學態度認真負責					
2-2	師生於課堂中互動良好					
2-3	教師樂於解答學生問題					
2-4	教師上課不遲到、不早退，若缺課會安排補課					
3-1	教師的表達有條理、課程解說清楚					
3-2	教師具有教學內容之專業知識					
3-3	教師教學能引起我的學習興趣					
3-4	教師注重啟發學生思考					
4-1	作業或考試的份量適當					
4-2	作業或考試的內容難度適中					
4-3	教師評量結果公正客觀					
4-4	教師於學期初明確告知評量方式					
5-1	教師教學進度控制恰當					
5-2	教師有提供學生晤談時間（Office hours）及課後輔導					
5-3	教師鼓勵學生發問及討論並予以回饋					
5-4	教師會注意學生學習反應，適當調整教學方式					

二、質性意見

國家圖書館出版品預行編目資料

大學課堂教學設計與實踐／林進材著. ——初
版. ——臺北市：五南圖書出版股份有限公
司, 2023.08
　面；　公分
ISBN 978-626-366-311-4（平裝）

1.CST: 高等教育　2.CST: 教學設計
3.CST: 教學法

525.3　　　　　　　　　112010954

1I7V

大學課堂教學設計與實踐

作　　者 — 林進材（134.1）

發 行 人 — 楊榮川

總 經 理 — 楊士清

總 編 輯 — 楊秀麗

副總編輯 — 黃文瓊

責任編輯 — 李敏華

封面設計 — 陳亭瑋

出 版 者 — 五南圖書出版股份有限公司

地　　址：106臺北市大安區和平東路二段339號4樓

電　　話：(02)2705-5066　　傳　真：(02)2706-6100

網　　址：https://www.wunan.com.tw

電子郵件：wunan@wunan.com.tw

劃撥帳號：01068953

戶　　名：五南圖書出版股份有限公司

法律顧問　林勝安律師

出版日期　2023年8月初版一刷

定　　價　新臺幣460元

經典永恆・名著常在

五十週年的獻禮──經典名著文庫

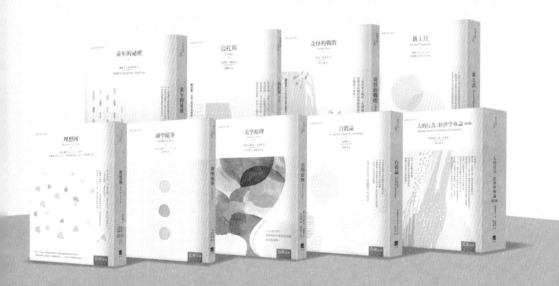

五南，五十年了，半個世紀，人生旅程的一大半，走過來了。
思索著，邁向百年的未來歷程，能為知識界、文化學術界作些什麼？
在速食文化的生態下，有什麼值得讓人雋永品味的？

歷代經典・當今名著，經過時間的洗禮，千錘百鍊，流傳至今，光芒耀人；
不僅使我們能領悟前人的智慧，同時也增深加廣我們思考的深度與視野。
我們決心投入巨資，有計畫的系統梳選，成立「經典名著文庫」，
希望收入古今中外思想性的、充滿睿智與獨見的經典、名著。
這是一項理想性的、永續性的巨大出版工程。
不在意讀者的眾寡，只考慮它的學術價值，力求完整展現先哲思想的軌跡；
為知識界開啟一片智慧之窗，營造一座百花綻放的世界文明公園，
任君遨遊、取菁吸蜜、嘉惠學子！